U0102116

国家出版基金项目
NATIONAL PUBLICATION FOUNDATION

"一带一路"和拉丁美洲
新机遇与新挑战

郭存海 等 / 著

朝华出版社
BLOSSOM PRESS

图书在版编目（CIP）数据

"一带一路"和拉丁美洲：新机遇与新挑战 / 郭存
海等著 . -- 北京：朝华出版社，2018.9
ISBN 978-7-5054-4314-3

Ⅰ . ①一… Ⅱ . ①郭… Ⅲ . ①"一带一路"—国际合
作—研究—中国、拉丁美洲 Ⅳ . ① F125.573

中国版本图书馆 CIP 数据核字（2018）第 174149 号

"一带一路"和拉丁美洲：新机遇与新挑战
YI DAI YI LU HE LADING MEIZHOU: XIN JIYU YU XIN TIAOZHAN

著　　者　郭存海　等
选题策划　吴红敏
责任编辑　吕　哲
责任印制　张文东　陆竞赢
出版发行　朝华出版社
社　　址　北京市西城区百万庄大街 24 号　　邮政编码　100037
订购电话　（010）68413840　68996050
传　　真　（010）88415258　（发行部）
联系版权　j-yn@163.com
网　　址　http://zhcb.cipg.org.cn
印　　刷　北京图文天地制版印刷有限公司
经　　销　全国新华书店
开　　本　710 mm × 1000 mm　1/16　　　字　　数　270 千字
印　　张　18.75
版　　次　2018 年 9 月第 1 版　2018 年 9 月第 1 次印刷
装　　别　精
书　　号　ISBN 978-7-5054-4314-3
定　　价　79.00 元
审 图 号　GS（2018）4579 号

版权所有　翻印必究·印装有误　负责调换

目 录
Contents

第一部分　理论和历史

第二部分　"五通"在拉美

序 一
"一带一路"：当拉美面对历史的列车

当今世界不再是我们所熟知的 20 世纪末的那个世界，甚至也不是 21 世纪头 10 年的那个世界。众多纷繁复杂的因素改变了国际体系成员的格局，新联盟的成立和旧组织的瓦解影响了国际体系本身的结构。

在我写下这几行字的同时，我们正见证着一场史无前例的"贸易战"。中国，那个曾经故步自封的国家，如今变成了保护国际贸易和金融自由往来的"侠客"。虽然当前许多受此局势牵连的政府和个体层面的人士感到恐惧，而且"贸易战"这个字眼也在媒体报道中根深蒂固，我个人却相当不乐意使用这个词，并一直用双引号将它括起来。我认为我们面临的并不是一场有关霸权争夺的战斗，而是一种伙伴关系的重新调整。人们偶尔把这个伙伴关系称作"G2"，也就是指在当今世界舞台起领导作用的两个国家：中国和美国。

不过，这种"伙伴关系的重新调整"也是应运而生的：毫无疑问，中国这个发展中国家的"元老"，必将引导 21 世纪，这是它的世纪，就像 20 世纪曾是美国的世纪、19 世纪曾是英国的世纪一样。背后的真正架构，则是中国为这个世纪提出的国际秩序建议，这个建议毫无疑问就反映在"一带一路"倡议中。

虽然中华人民共和国官方坚持认为自己仍是发展中国家，"一带一路"倡议却的的确确是一个影响深远的倡议。它体现了这个国家对承担未来领导责任的意识，向世界提出了一个发展建议，也为对外关系安排了"剧本"。

　　这个倡议绝不仅仅是只放眼于将这个既古老又年轻的世界重心与周边国家在经济上相联系的简单计划，它的目的远不止这些。中国已经清醒地意识到作为领导者需要多维度发展，意识到文化软实力的重要性，也认识到世界舞台上的主要成员应该相互了解并共同发展，形成真正的利益共同体和命运共同体。从中国这样一个现实主义国家的角度来看，这个提议也许显得有些理想主义，但是关于理想主义和现实主义的二分法可能才是另一个我们现在需要重新审视的理念，从我们拉美、西方的边缘的角度看待中国的全新角色。

　　除理论以外，这项倡议对拉美来说毫无疑问是一个充满发展机遇的苗圃。中国当前是拉美最大的市场、融资方和投资者，还向我们传播技术和知识。

　　有时候，我也会陷入悲观。我会问自己：拉美究竟有没有充分理解，与中国开展战略合作其实是为我们打开了机遇的窗口？当我读到这本书里的文章，读到那些来自不同地域、不同学科的作者的前瞻观点时，我认为答案是肯定的，拉美正在理解这个全新的世界格局带来的机遇以及不错过这趟历史列车的重要性。

　　在过去的 10 年里，我们付出了很多努力，形成了如今中国与拉美和加勒比地区的关系。1972 年，我的祖国阿根廷与中华人民共和国建立外交关系时，我们完全无法想象两国关系能够达到今天这样丰富多元的程度。把中国作为阿根廷的关键战略伙伴，在那个时期的政治家看来是难以置信的。我认为其他拉美国家在看待与中国的关系时也面临同样的情况。然而，40 多年过去了，一切都已经成为确凿的事实：中国不仅是我们最重要的伙伴，也成为通过一段史无前例的发展历程改变了全世界的新兴大国，还是 120 个国家的主要贸易伙伴。拉美与中国的关系，在贸易方面资源永远不会枯竭，并且还涉及文化、教育、技术和学术交流等众多领域。

　　虽然我们携手从过去一路走到现在，但我还是要说，未来的路还很长。在"一带一路"倡议背景下，拉美实际上面对的是一次绝无仅有的机会，而且，借用本书一篇文章的标题，还面临着多种"挑战"。这些挑战中最严峻的就是，如何不让我们的国家陷入过去的中心—边缘模式，并仅仅作为原材料出口国的境地。这一点十分关键，我们需要建设更公平的关系，形成真正的创造共同利益的进程——在这个进程中，拉美国家可以提高初级产品的附加值，让我们的供应多样化，使我们的工业生产和服务以中国市场的特点为导向，并把科技交流作为发展战略。

中国和拉美正面临一次重要的历史机遇，可以让我们的关系达到历史上最丰富、最重要的时期。我们有责任为这样一个结构性、深层次、成熟且长期的关系奠定良好基础。

我真切地相信，像本书一样的著作会对我们以上的目标做出贡献。在此，我们必须感谢中拉青年学术共同体（CECLA），特别是该组织的联合发起人兼负责人郭存海博士的大力推动。当然，我们也要感谢并祝贺每一位作者与我们分享他们的思考以及对我们共同期盼的深刻且成熟的双边关系做出的贡献。

盖铁戈（Diego Ramiro Guelar）

阿根廷共和国驻华大使

2018 年 7 月 30 日于北京

序　二
"一带一路"新视界

————————

两个伟大文明在 21 世纪重聚。21 世纪以来，拉美和中国克服文化差异，地理距离遥远和经济、社会、政治不对等的挑战，在发展强化中拉关系方面取得了巨大进展。

中拉关系天然互补。双方长期以来通过促进双边贸易增长、开展工业发展合作、建立融资机制、投资公共基础设施项目、加强政治对话，发展中拉关系，并使这一关系在新的全球化模式挑战下得以实现战略转型。

中国和拉美地区正在发生的深层次变革，正是引发这一战略转型的根源。一方面，中国正不断调整经济模式，既要适应全球化工业生产中出现的新的需求和新的竞争，又要满足扩大内需的要求。另一方面，拉美以开采、出口原材料作为经济增长模式的基础。这种不可持续的发展模式迫使各国政府重新制定经济发展战略，使经济发展能够以更加公平的方式惠及人民。

中国和拉美拥有世界四分之一的人口，2017 年双边贸易额达 2473.81 亿美元。面对新的机遇和挑战，双方通过建立和实施多项机制（其中大部分由中国提出），紧密地融合在一起。2014 年，习近平主席出席在巴西利亚举行的中国—拉美和加勒比国家领导人会晤并发表主旨讲话，建议拉美各国领导人一同构建命运共同体。《中国与拉美和加勒比国家合作规划（2015—2019）》为中拉合作奠定了基础，开辟了道路，引领拉美逐渐融入中国面向全球提出的"一带一路"倡议。

时至今日，"一带一路"倡议已不仅局限于最初的两条路线，即跨越亚欧大陆的丝绸之路经济带和21世纪海上丝绸之路。2017年9月，即巴拿马与中国建交3个月后，中国外交部长王毅对巴拿马访问时表示，拉美是21世纪海上丝绸之路自然延伸的重要方向。"一带一路"倡议被重新定义。

毫无疑问，巴拿马同中国付诸的行动巩固了拉美对"一带一路"倡议的参与。这要求拉美各国在落实各种发展规划方面采取更加具体的措施，并制定统一的对华政策。

中拉关系目前处于过去60年里的最高水平，而"一带一路"倡议向拉美和加勒比地区的自然延伸则将进一步明确双边关系短期和长期的发展方向。

这本名为《"一带一路"和拉丁美洲：新机遇与新挑战》的学术著作，通过具体分析，帮助我们以崭新的视角洞察充满活力的中拉关系。

本书第一部分清晰地介绍了支撑"一带一路"倡议与拉美之间联系的历史框架和理论框架。第二部分通过5篇文章，深入分析了构成当前中拉关系基础的具体要素——这些要素均旨在优化"互联互通"。第三部分从国别案例视角探讨了5个拉美国家和"一带一路"倡议的关系。第四部分则探讨了可能影响我们在拉美经商方式的新视界。

对于所有致力于中拉再次成功相遇的参与者而言，这本学术著作都当是必读之作。

豪尔赫·巴拉卡特·皮蒂（Jorge Barakat Pitty）

巴拿马共和国海事部部长兼海事局局长

2018年7月31日于巴拿马城

前　言

2018 年是"一带一路"倡议提出 5 周年。

5 年来,"一带一路"从理念转化为行动,从愿景转变为现实,从战略走向倡议,更重要的是从针对沿线 65 国到向所有志同道合的国家和地区开放。至此,"一带一路"完成了它作为全球公共产品的华丽转身,更为世界提供了解决全球问题的中国智慧和中国方案。

2015 年 3 月,中国政府制定并发布了《推动共建丝绸之路经济带和 21 世纪海上丝绸之路的愿景与行动》。该文件一发表,就引起了全球的密切关注和积极响应,甚至包括距离中国最遥远的拉美地区。鉴于"一带一路"倡议被认为最初主要针对沿线国家,中国国内也引发了一场"拉美是否与'一带一路'有涉"的争论。不管争论结果若何,一个真切的事实是:"一带一路"自其正式推出以来就引起了拉美的广泛关注;抑或换而言之,拉美虽未被公开纳入"一带一路"覆盖范围,但从未缺席。

2017 年 4 月 18 日,王毅外长在"一带一路"国际合作高峰论坛中外媒体吹风会上明确表示:"一带一路"本质上是一个国际合作倡议,中国无意为"一带一路"划定明确的地理界限,而向所有志同道合的国家和地区开放。只要认同丝路精神,都可以以各自认为合适的方式参与共建"一带一路",都可以从"一带一路"中分享发展机遇。[①] 王毅外长的这一表态为包括拉美地区在内的所有国家参与"一带一路"提供了基本合法性。

---

① 《王毅:"一带一路"向所有志同道合的国家和地区开放》,新华网,2017 年 4 月 18 日,http://www.xinhuanet.com/world/2017-04/18/c_1120833185.htm,访问日期:2018 年 6 月 5 日。

2017 年 5 月 14 日—15 日，第一届"一带一路"国际合作高峰论坛在北京举行。阿根廷总统马克里、智利时任总统巴切莱特，以及来自秘鲁、巴西、墨西哥、乌拉圭等其他 20 多个拉美国家的部长参加了本次论坛。马克里总统在演讲中表示，"一带一路"是一个不容错过的良机，南美地区可以借此增强区域互联互通，进而促进社会发展和经济增长。① 巴切莱特总统则表示，"我们今天的出席表明我们支持这一倡议……'一带一路'是缩短距离、建立现代互联互通之路"②。联合国拉丁美洲和加勒比经济委员会执行秘书阿莉西亚·巴尔塞纳博士也呼吁，"一带一路"是一个开启互联互通和共同繁荣的文明倡议，拉美和加勒比地区不能被落下。③

事实上，拉美和加勒比地区也不可能被落下。2017 年 5 月 15 日发布的《"一带一路"国际合作高峰论坛圆桌峰会联合公报》指出，"该倡议加强亚欧互联互通，同时对非洲、拉美等其他地区开放"。第六条列举了 21 个国际、地区、国别合作框架和倡议，其中包含南美洲基础设施一体化倡议；强调要"促进欧洲、亚洲、南美洲、非洲等地区之间伙伴关系的努力"④。5 月 17 日，习近平主席在北京会见马克里总统时，特别强调拉美是 21 世纪海上丝绸之路的自然延伸。他赞赏阿根廷支持并积极参与"一带一路"建设，表示要深化中阿两国利益融合，推动"一带一路"倡议同阿国内发展规划实现对接。11 月 17 日，习近平主席同首位来华访问的巴拿马总统巴雷拉会见时，再次强调拉美是"一带一路"建设不可或缺的重要参与方。

2018 年 1 月，中拉论坛第二届部长级会议在智利首都圣地亚哥举行，

①　El Presidente expuso en el foro "Una Franja y una Ruta para la Cooperación Internacional"，15 de mayo de 2017，https://www.casarosada.gob.ar/slider-principal/39552-el-presidente-expuso-en-el-foro-una-franja-y-una-ruta-para-la-cooperacion-internacional.

②　Speech by H.E. Ms. Michelle Bachelet Jeria，Republic of Chile's President，by participating in the Plenary Session of "One Belt One Road" High Level Dialogue，Beijing，May 14th 2017，https://prensa.presidencia.cl/lfi-content/uploads/2017/05/may142015achina-one-belt-one-road-forum.pdf.

③　"One Belt One Road" is a Civilizing Proposal of Interconnectedness and Shared Prosperity，ECLAC，15 May 2017.

④　《"一带一路"国际合作高峰论坛圆桌峰会联合公报》，《人民日报》2017 年 5 月 16 日第 5 版。

会后发布的《关于"一带一路"倡议的特别声明》正式确认拉美被纳入"一带一路"共建范围。这场"拉美是否与'一带一路'有涉"的争论由此画上句号。

5年来，拉美对"一带一路"的态度经历了一个从观望到关注，从沟通到对接的上升过程。而发生关键性转变的2017年更被视为"中拉对接'一带一路'元年"①。2017年11月17日，在巴拿马总统巴雷拉访华期间，中巴双方签署了两国政府间《关于共同推进丝绸之路经济带和21世纪海上丝绸之路建设的谅解备忘录》。这是中国同拉美和加勒比国家签署的第一份共建"一带一路"合作文件，也是中拉寻求发展战略对接和实质性推进"一带一路"共建的标志性事件。由此发轫，截至2018年8月，中国已经先后同7个拉美和加勒比国家签署了共建"一带一路"合作文件，分别是：巴拿马（2017年11月）、特立尼达和多巴哥（2018年5月）、苏里南（2018年5月）、安提瓜和巴布达（2018年6月）、玻利维亚（2018年6月）、圭亚那（2018年7月）和乌拉圭（2018年8月）。鉴于此前哥斯达黎加等国对"一带一路"倡议的积极态度，完全有理由相信，年内参与"一带一路"共建的拉美国家还将持续增加。中拉关系或将由此开辟一个共建"一带一路"的新时代。

正如习近平主席在写给中拉论坛第二届部长级会议的贺信中所言：历史上，我们的先辈劈波斩浪，远涉重洋，开辟了中拉"太平洋海上丝绸之路"。今天，我们要描绘共建"一带一路"新蓝图，打造一条跨越太平洋的合作之路，把中国和拉美两块富饶的土地更加紧密地联通起来。②这预示着，当前和未来几年是加速推进中拉对接"一带一路"和凝聚"共建"共识的关键期。③

尽管蓝图绘就，但达成共建"一带一路"的共识似乎更富有挑战性。"一

---

① 谢文泽：《共建"一带一路"：开启中拉关系新时代》，载袁东振、刘维广主编《拉美黄皮书：拉丁美洲和加勒比发展报告（2017—2018）》，社会科学文献出版社，2018，第439页。

② 《习近平致信祝贺中国—拉美和加勒比国家共同体论坛第二届部长级会议开幕》，《人民日报》2018年1月23日第1版。

③ 谢文泽：《共建"一带一路"：开启中拉关系新时代》，载袁东振、刘维广主编《拉美黄皮书：拉丁美洲和加勒比发展报告（2017—2018）》，社会科学文献出版社，2018，第439页。

带一路”倡议对遥远的拉美及其人民而言，很大程度上仍然是一个相对陌生的概念，甚至还对此存在诸多疑虑和误解。对巴西、墨西哥和阿根廷3个拉美大国主流媒体关于“一带一路”报道的研究就佐证了这一点。

　　巴西主流媒体对“一带一路”倡议的报道并不客观，也不全面，而且报道数量相对较少，且重点集中于该倡议对巴西经济的潜在影响与短期实际意义。此外，还有少量报道甚至将“一带一路”倡议与“中国威胁论”和“中国全球经济渗透论”相提并论。[1] 墨西哥主要媒体对“一带一路”倡议的关注同样集中于经济领域，但大部分报道基本持肯定和积极态度；不过对“一带一路”仍存疑虑，“经济渗透”“扩张主义”等字眼不时闪现。[2] 阿根廷主流媒体对“一带一路”倡议的报道频率逐年递增且聚焦于中阿具体合作项目，其对“一带一路”倡议的态度经历了一个由最初忧虑逐渐向期待和肯定转变的过程。不过，阿根廷舆论普遍认为，虽然“一带一路”是一大良机，但要对潜在的合作风险保持足够警惕。[3]

　　上述3国主流媒体对“一带一路”倡议的态度，基本上反映了拉美的社会情绪。总结来看，这些问题的出现首先应当归结于拉美社会对“一带一路”倡议普遍缺乏了解；其次是围绕“一带一路”倡议，中拉媒体和学界缺乏交流、对话甚至辩论，无法增信释疑；再次是“一带一路”倡议在拉美的传播力度较弱，内容缺乏，渠道单一。这意味着围绕“一带一路”倡议加强中拉之间，特别是媒体和学界之间的交流、对话和传播，不仅势在必行，而且迫在眉睫。

　　本书正是响应这种时代要求、搭建中拉“一带一路”沟通桥梁，进而促进达成思想共识的努力的一部分。

　　为中拉读者奉献一本全面介绍“‘一带一路’和拉美关系”的书是我们

①　钟点：《巴西主流媒体“一带一路”报道倾向分析》，《国际传播》2018 年第 2 期。

②　徐四海、张海波：《墨西哥媒体“一带一路”报道特征研究》，《国际传播》2018 年第 2 期。

③　贾诗慧、张凡：《阿根廷媒体看“一带一路”：焦点、舆情及报道框架》，《国际传播》2018 年第 2 期。

的原初目标和根本动力。"一带一路"对接拉美的时间并不太长，在拉美国家甚至对国际事务相对敏感的媒体和学界人士对此都不太了解，更不用说普罗大众了。基于此，我们充分考虑了不同领域、不同层次的读者的需要，努力做一本向拉美读者讲好中国"一带一路"故事的好书——通俗易懂而又不失深度。

在写作风格上，本书秉持论证的严谨性和阐释的通俗性相结合。本书作者均来自中国和拉美两地，或是该领域颇有影响的资深学者，或是有着丰富实践经验的业界领袖。他们从理论和实践两个层面探讨"一带一路"和拉美的关系，在保持学术严谨性的同时，尽可能地用浅显易懂的语言讲明白所探讨的深刻问题。同时，为保持阅读的便利性和流畅性，本书放弃了摘要、关键词和参考文献，而仅基于"必要"原则保留了部分注释来源。

在内容结构上，本书充分考虑了知识普及和讨论拓展两个层次的诉求。本书分为 4 个部分，第一部分着力于从理论和历史两个角度分析"一带一路"和拉美的关系。开篇文章首先由中国学者从宏观上阐释了什么是"一带一路"倡议，该倡议提出的背景、目标及其对于世界和拉美的现实意义。紧接着，由拉美学者从历史文化视角系统论证了"拉美是 21 世纪海上丝绸之路的自然延伸"这一命题的合理性，并标识了"太平洋海上丝绸之路"拓展至拉美后的海陆两条行进路线及其支点城市或港口。

第二部分由中国学者分别从政策沟通、设施联通、贸易畅通、资金融通、民心相通（即"五通"）等视角阐释"一带一路"倡议的五大核心内容及其当前在拉美的表现和进展。事实上，它是第一部分第一章的承续、拓展和深化。这一部分之所以由中国学者撰写，很大程度上是因为它属于对"一带一路"倡议的解释，中国学者相对更加了解和熟悉。在此基础上，各章就其各自领域同拉美可能发生的对接或进展予以讨论。

第三部分是国别案例研究，由 5 位拉美学者分别从本国视角探讨"一带一路"对于巴西、阿根廷、墨西哥、智利和秘鲁等国的意义及在当前"一带一路"框架下可能的发展战略对接。这 5 个国家的选择是基于作为支点国家的实力和影响力、响应"一带一路"的积极程度，以及具有重大项目对接和合作的潜能等因素的综合考虑。

第四部分试图拓展"一带一路"倡议对接拉美的新视域、新空间——电子商务和中小企业。长期以来中拉贸易主要发生在大型企业之间且集中于原材料和矿产能源等领域，中拉中小企业之间的合作潜力和活力一直没有被充分挖掘出来。跨境电商的成功或将给中拉贸易带来一场革命：连接中拉中小企业，让占比高达 95% 以上的两地中小企业参与并享受全球化的好处。原计划由中拉学者围绕跨境电商和中小企业这两个主题各自撰写一章，以探索这个长期被忽视而愈见新兴的领域。但后因中拉跨境电商数据稀缺且难以获取而不得不作罢，仅集中于探讨"一带一路"框架下中拉中小企业之间的合作潜力和空间。

最后，需要做两点特别说明。

其一，本书的阅读对象并不单纯是中国读者或者拉美读者，而有着双重目标：既帮助拉美读者了解"一带一路"倡议的内涵和意义以及同拉美之间的关联和对接，又帮助中国读者，特别是决策者了解"一带一路"倡议在拉美的接受度和拉美学界对该倡议的期待或意见（鉴于"一带一路"本来是开放性的，所以我们保留各种理解）。基于这一点，本书是双语出版，既有中文版，又有西班牙语版，以助力中拉达成更广泛的"一带一路"共建共识。

其二，本书可谓是中拉学者合力撰写的有关"'一带一路'和拉美关系"的第一本专著，也是全球范围内该主题的第一本双语著作。正因如此，这本书本质上带有很强的学术探索性，其中难免存在一些瑕疵，甚或缺陷。但这并不能阻挡我们试错，我们不会因为害怕试验、害怕错误、害怕批评而选择不做。我们乐见学界同人和读者提出意见或批评，我们会因你们的真诚反馈而心存感激。

郭存海

中拉青年学术共同体联合发起人兼负责人

第一部分

理论和历史

第一章 "一带一路"的理论
内涵及其对拉美的意义

王义桅[*]

从人类历史上看，大国崛起一定会提出引领世界未来的合作倡议和价值理念。"一带一路"就承载着这一使命。"一带一路"倡议的提出，标志着中国在全球治理中开始发挥重要作用，并努力为解决全球问题贡献自己的智慧和方案。它意味着中国不仅关注自身的利益，而且将中国利益和全球利益有机地融合在一起。这就是人类命运共同体，而"一带一路"倡议正是构建人类命运共同体的重要路径。随着这项倡议从理念演变为行动，从沿线国家延伸到更远的拉美，"一带一路"也将中国同拉美紧密地联系在一起，并日益对拉美地区彰显出越来越重要的意义。

一、"一带一路"：渊源与内涵

"丝绸之路"是德国人李希霍芬于 1877 年提出来的对古代东西方文化、贸易交流之路的统称。欧洲传教士盖群英在漫长的丝绸之路旅程中如此记述："宽而深的车辙分分合合，犹如江面上的涡流。在这条路上，无数人走过了几千年，形成了一条永不止息的生命之流……"

1453 年，奥斯曼帝国开始崛起，切断了东西方贸易、文化交流的桥梁

* 王义桅，中国人民大学国际关系学院教授、博士生导师，欧洲问题研究中心／欧盟研究中心研究员、主任，中国人民大学习近平新时代中国特色社会主义思想研究院副院长。研究方向："一带一路"、欧洲一体化与中欧关系、公共外交。著作有《世界是通的："一带一路"的逻辑》《"一带一路"：机遇与挑战》等。

（史称"奥斯曼之墙"），欧洲人被迫走向海洋，开创西方中心时代或海洋型全球化。及至美国崛起为超级大国，赢得冷战，有学者提出"历史终结"和"世界是平的"，这造成了我们这个时代最大的错觉。其实，贫富差距、人心不通，乃是各国都面临的紧迫挑战。所谓的全球化更多是沿海地区与发达群体的"部分全球化"。今天，现代化人口规模从起初欧洲的千万级、美国的上亿级，向新兴国家的几十亿级迈进，单靠欧洲所开辟的航线、美国所确立的规则，早已无法承载。

在这种时代背景下，习近平主席于 2013 年提出了"一带一路"国际合作倡议，其含义可用"一二三四五六"来概括：

"一"是"一个概念"："一带一路"。

"二"是"两只翅膀"：一个是陆上，一个是海上，即丝绸之路经济带和 21 世纪海上丝绸之路。

"三"是"三个原则"：共商（集思广益——利益共同体）、共建（群策群力——责任共同体）、共享（人民受惠——命运共同体）。

"四"是"四大丝绸之路"：绿色、健康、智力、和平的丝绸之路。

"五"是"五个方向"，即"五通"：政策沟通、设施联通、贸易畅通、资金融通、民心相通。

"六"是"六廊六路""多国多港"："六廊"就是六大经济走廊（新亚欧大陆桥经济走廊、中蒙俄经济走廊、中国—中亚—西亚经济走廊、中国—中南半岛经济走廊、中巴经济走廊、孟中印缅经济走廊）；"六路"就是铁路、公路、水路、空路、管路、信息高速路；"多国"就是培育若干支点国家；"多港"就是建设若干支点港口。

"一带一路"倡议体现了中国崛起后的天下担当，同时也预示着文明的复兴而非单向度的全球化才是世界大势所趋。以政策沟通、设施联通、贸易畅通、资金融通、民心相通等"五通"所代表的互联互通，才是塑造人类命运共同体的根本，推动实现真正的"包容性全球化"，让全球化普惠而均衡，并落地生根。就此而言，"一带一路"倡议不仅为中华民族伟大复兴规划了路径，而且推动更多国家脱贫致富，开创了 21 世纪地区与国际合作新模式。

"一带一路"，是"丝绸之路经济带"和"21 世纪海上丝绸之路"的简称。这里有 3 个关键词，第一个是"21 世纪"。"一带一路"首先是由铁路、公路、航空、航海、油气管道、输电线路、通信网络组成的综合性立体互联互通的交通网络，其核心词是互联互通。第二个是"带"，是经济带、经济走廊与经济发展带，是中国改革开放模式经验的体现。第三个是"路"。中国人有句话："要致富，先修路；要快富，修高速；要闪富，通网路。"总而言之，"一带一路"4 个字有其深刻内涵："带"是经济发展带，是中国 40 年改革开放经验的浓缩，即习近平主席所言"共同建设'丝绸之路经济带'，以点带面，从线到片，逐步形成区域大合作"[①]；"路"是浓缩了中国 170 多年近代探索经验，鼓励各国走符合自身国情的发展道路。

非洲 11 亿人中有 4 亿贫困人口，5 亿人还没有用上电，工业化没有开始或处于初级阶段。非洲十分看重中国的经验，积极响应中非"三网一化"合作——建设非洲高速铁路、高速公路和区域航空"三大网络"及基础设施工业化，使非洲从对接"一带一路"中看到工业化、农业现代化的希望，推动实现联合国 2030 年可持续发展目标。

"一带一路"在新时期推行开放、包容、均衡、普惠、可持续的全球化，倡导将分裂的世界、分割的市场互联互通起来，形成平等、横向的合作架构，解决跨国公司全球分工所推行的发展中国家向发达国家单向度开放，或主要是发达国家间联系的全球化所产生的不公正、不均衡发展问题；倡导战略对接，将发达国家、发展中国家、新兴国家最广泛地连接在一起，真正实现东西南北、古今中外的大融通。

习近平主席说过："'一带一路'建设是我在 2013 年提出的倡议。它的核心内容是促进基础设施建设和互联互通，对接各国政策和发展战略，深化

---

① 《习近平在纳扎尔巴耶夫大学的演讲（全文）》，新华网，2013 年 9 月 7 日，http://www.xinhuanet.com/politics/2013-09/08/c_117273079_2.htm，访问日期：2018 年 7 月 4 日。

务实合作，促进协调联动发展，实现共同繁荣。"①"基础设施互联互通""战略对接""国际产能和装备制造合作""协调联动发展"，这就是"一带一路"为什么能的关键词。通过倡导基础设施的互联互通，"一带一路"正在治疗新自由主义全球化的顽疾，引导热钱流向实体经济，努力消除全球金融危机之源。不仅如此，"一带一路"成为推动国际社会实现联合国 2030 年可持续发展目标的重要合作倡议，让全球化惠及更广泛的民众。该倡议探讨构建全球能源互联网，推动以清洁和绿色方式满足全球电力需求，就是典型例子。

基础设施互联互通，充分展示了中国的"新比较优势"。中国在"铁公基""天电网"、陆海空、人机交互、万物互联等传统及新兴基础设施各个领域，在设计、建造、运行、管理、资金、技术、人才等各个环节，都具有无与伦比的比较优势。这是中国国有企业的强大、中国人的勤劳智慧和统筹协调能力的综合体现。"一带一路"倡导立体的互联互通交通网络，打造陆、海、空、网四位一体格局，铁、路、港、区、贸五位一体的发展态势，弥补了西方私人资本不能也不会投资市场不成熟国家基础设施，更不能形成基础设施网络的不足。

一句话，"一带一路"融通古今中外，连接东西南北，抓住了发展作为解决所有难题的总钥匙，牵住了基础设施互联互通的牛鼻子，彰显了"政府＋市场"双轮驱动的中国模式魅力，正在解决人类社会贫困、贫富差距和治理难题，这是其吸引越来越多国家广泛参与的根本原因。

二、"一带一路"的重大意义和深远影响

"大时代需要大格局，大格局需要大智慧。"②2016 年 8 月 17 日，习近平主席在推进"一带一路"建设工作座谈会上的讲话中指出，加强"一带一路"

① 《习近平在"一带一路"国际合作高峰论坛圆桌峰会上的开幕辞》，新华网，2017 年 5 月 15 日，http://www.xinhuanet.com/politics/2017-05/15/c_1120976082.htm，访问日期：2018 年 7 月 4 日。
② 《APEC 授权发布：组织工商领导人峰会开幕式上的演讲（全文）》，新华网，2014 年 11 月 9 日，http://www.xinhuanet.com/politics/2014-11/09/c_1113174791.htm，访问日期：2018 年 7 月 4 日。

建设学术研究、理论支撑、话语体系建设。"一带一路"涉及内容、学科如此之广，有没有可能超越近代作为分科之学的学科界限，打造一套西方主流体系也能理解的理论？

进一步说，有三大基本问题待回答："一带一路"与古丝绸之路是什么关系？"一带一路"包含哪些国家，空间上如何布局，拉美地区如何抓住"一带一路"机遇？"一带一路"未来如何发展，与中国模式和全球化是什么关系，如何通过解决中国问题进而解决世界性问题？这些根本问题困扰着国内外舆论，需要做出有效回答和前瞻性研究。

笔者在拙著《超越国际关系：国际关系理论的文化解读》中提出了分析国际关系的 3 个维度：时间维度、空间维度、自身维度。除了时空维度外，事物有其自身发展规律，就像一个组织创造出来以后，有其生老病死，这就是自身维度。[①]"一带一路"倡议提出来之前，很多项目或者很多想法也是有的，并不完全是新的。以下尝试用 3 个维度的分析范式理解"一带一路"。

（一）"一带一路"的时间维度

为什么不用"新丝绸之路"？"一带一路"跟古丝绸之路有什么关系？

"丝绸之路""新丝绸之路"的说法都是舶来品。"一带一路"倡议，不是简单地复兴古丝绸之路，而是激活东西方共同的历史记忆，复兴它的精神——和平合作、开放包容、互学互鉴、互利共赢的丝路精神，进行全球产业链布局。

从人类文明史看，"一带一路"肩负推动人类文明大回归的历史使命。

首先是推动亚欧大陆回归人类文明中心。古丝绸之路被"奥斯曼之墙"切断后，欧洲人走向海洋，以殖民化方式开启全球化，而东方文明走向封闭保守，进入所谓的近代西方中心世界。直至美国崛起，世界中心从欧洲转到美国，欧洲衰落，虽历经欧洲一体化也无法从根本上挽回颓势。如今，欧洲

---

① 王义桅：《超越国际关系：国际关系理论的文化解读》，世界知识出版社，2008。

迎来了重返世界中心地位的历史性机遇，这就是亚欧大陆的复兴。作为"世界岛"的亚欧大陆一体化建设，将产生布热津斯基《大棋局：美国的首要地位及其地缘战略》一书所说的让美国回归"孤岛"的战略效应，和让亚欧大陆重回人类文明中心的地缘效应，重塑全球地缘政治及全球化版图。其次是改变边缘型国家崛起的近代化逻辑。近代以来，葡萄牙、西班牙、荷兰、英国相继经由海洋崛起，并通过地理大发现与海上殖民确立世界霸权，直至二战后的美国。然而，这些国家皆非处于人类文明中心地带的文明古国，而是作为"世界岛"的亚欧大陆的边缘国家或海洋国家。"一带一路"推动大河文明和内陆文明复兴，正在改变近代边缘型国家崛起的历史，纠偏海洋主宰大陆、边缘主宰核心的局面。

"一带一路"不仅超越海洋型全球化，而且超越古丝绸之路本身。古代丝绸之路从东方到西方，中亚只是过道，并没有实现共同富裕。"一带一路"就是要消除这种贫富差距，真正让沿线国家的命运铆在一块，寓命于运，寓运于命，形成命运共同体。

"一带一路"将人类四大古文明——古埃及文明、古巴比伦文明、古印度文明、中华文明串在一起，通过由铁路、公路、航空、航海、油气管道、输电线路和通信网络组成的综合性立体互联互通交通网络，推动内陆文明、大河文明的复兴，推动发展中国家脱贫致富，推动新兴国家成功崛起。一句话：以文明复兴的逻辑超越现代化的竞争逻辑，为 21 世纪国际政治定调，为"中国梦"正名。

（二）"一带一路"的空间维度

在空间上，"一带一路"到底包括哪些国家？如何布局？根据最早的界定，是指"一带一路"沿线的 65 个国家，占世界经济总量的 29%，人口占 63%，也就是相对比较落后的国家。但目前"一带一路"是一个开放的国际合作倡议，向所有志同道合的国家和地区开放。许多人不理解：为什么以前改革开放盯着发达国家，现在开始关注发展中国家？还有人把"一带一路"说成对外撒钱，等同于对外援助。这实在是误解。这些国家虽然不够富裕，但发展潜力非常大，他们对中国的需求与改革开放初期我们对发达国家的需求一样：他们要资金、技术，我们要市场。所以若要将"一带一路"落到实处，无论是决策者还是普通民众，都需要进行观念和思想的转变。

第一，要转变发展观。《史记·六国年表》写道："东方，物所始生，西方，物之成熟。夫作事者必于东南，收功实者常于西北。"中国改革开放初始主要向西方开放，尤其向美国开放。而今看来，这种开放发展模式是不可持续的。2008 年金融危机以后，西方消费者手头紧，购买不了那么多标有"Made in China"的商品，而中国的产能过剩，产品卖不出去，这证明只盯着发达国家的市场是不够的。经济学家提出，除了发达国家这个环流以外，能不能跟广大的发展中国家，尤其是周边国家，建立一个新的产业链环流，形成"双环流"，对冲发达市场的风险，这就是"一带一路"最早的思想原型。①

第二，要转变时空观。"一带一路"的提出，超越了历史上"以空间换取时间"的大战略——在天下观里，空间并不是很重要。今天我们的时间和空间要同时突破，要陆海兼顾、东西呼应。近代李鸿章、左宗棠争论海防还是塞防重要，"一带一路"提出来以后，说明两者都很重要，所以要从大时空观理解"一带一路"。

第三，要转变世界观。美国有学者说"世界是平的"，其实"世界是通的"。翻开《三国演义》，第一句话就是"天下大势，合久必分，分久必合"。冷战结束以后，西方所追求的全球主义，包括在政治上推行普世价值和西方民主政治，在经济上推行资本主义世界经济体系，试图让全球在政治、经济等各方面按照西方模式实现标准化。美国耗费了大量实力并未实现全球西方化的目标，而经济全球化让财富和权力更快地集中到了顶层资本所有者手里，同时也掏空了工

---

① 刘伟、郭濂主编《"一带一路"：全球价值双环流下的区域互惠共赢》，北京大学出版社，2015，第 3 页。

业基础，扩大了贫富差距。事实是西方的上层操控了全球化，试图彻底打击和抛弃全球化。而社会的底层民众却把目标对准了全球化和中国这样全球化的积极参与者和推动者，全球化开始走向碎片化。"一带一路"的提出，就是要以互联互通这一新的"合"，引领全球化朝向开放、包容、均衡、普惠的方向发展。

"一带一路"倡议可谓"源于中国而属于世界"。基辛格博士在《世界秩序》一书中写道："国际经济体系已经全球化，而世界政治结构还是以民族国家为基础。"[①] 这是全球治理的软肋，"评判每一代人时，要看他们是否正视了人类社会最宏大和最重要的问题"[②]。"一带一路"能否成功，就看它能否解决"人类社会最宏大和最重要的问题"。"一带一路"就是在解决中国问题的同时解决世界问题，在解决世界问题时解决中国问题。"一带一路"倡议的提出，实现了国际政治从地缘政治、地缘经济向地缘文明的跨越。

（三）"一带一路"的自身维度

"一带一路"给中国与世界关系带来了哪些深远变化？"一带一路"未来如何发展？它与中国模式和全球化是什么关系？

1. 彰显中国模式魅力

从名与实的角度看，"一带一路"彰显出中国文化、中国模式的魅力，证明中国特色越来越对别的国家产生吸引力，具有世界意义。

"要致富，先修路；要快富，修高速；要闪富，通网路"成为中国脱贫致富经验的鲜活总结，日益流行于世。"一带一路"让世界分享中国发展经验，让中国拓宽发展空间，核心是互联互通。习近平主席指出，如果将"一带一路"比喻为亚洲腾飞的两只翅膀，那么互联互通就是两只翅膀的血脉经络。[③] 中医讲，"痛则不通，通则不痛"。当今世界和平与发展所受的制约，多

---

① ［美］基辛格：《世界秩序》，胡利平等译，中信出版社，2015，第483页。

② ［美］基辛格：《世界秩序》，胡利平等译，中信出版社，2015，第491页。

③ 《习近平在"加强互联互通伙伴关系"东道主伙伴对话会上的讲话（全文）》，新华网，2014年11月8日，http://www.xinhuanet.com/world/2014-11/08/c_127192119.htm，访问日期：2018年7月4日。

由"不通"造成。世界是通的，这是我们的理念。"一带一路"的要旨就是鼓励各国走符合自身国情的发展道路——中国崛起之前，这被认为是走不通的。的确，没有比脚更长的路，没有比人更高的山。

无论从顶层设计还是具体实践看，中国革命、建设、改革各个阶段都产生了一系列中国特色的做法、经验与模式，为"一带一路"建设提供了丰富的营养。尤其是渐进式改革、从沿海到内地的有序开放，通过产业园区、经济走廊等试点，然后总结推广，形成以点带面、以线带片的局面，最终以中国国内市场一体化为依托，辐射周边，形成亚欧大陆一体化新格局。

近年来，广大发展中国家对西方模式日益失望，乃至绝望，而对中国模式越来越感兴趣，赞赏中国脱贫致富、快速发展的奇迹。"一带一路"所蕴含的中国模式包括：

——政府—市场双轮驱动。像乌兹别克斯坦这样的双重内陆国家，按市场经济规则是很难获得国际金融机构贷款的，但获得了中国国家开发银行的贷款，这彰显出"政府＋市场"双轮驱动的中国模式的魅力。印尼雅万高铁项目竞争，中方之所以能胜出，就在于中国国有银行的支持。中国模式在非洲正大显身手。非洲第一条中国标准跨国电气化铁路，从设计、施工到运营，全部采用中国模式。肯尼亚的蒙内铁路和蒙巴萨港口建设也是如此。

——基础设施先行的工业化。过去，中国有"火车一响黄金万两"的说法，改革开放又有"要致富，先修路；要快富，修高速；要闪富，通网路"的脱贫致富经验，让世人尤其是发展中国家人民很容易为"一带一路"4个字所打动。40年使7亿人脱贫致富，占人类脱贫致富贡献率的七成，这是激励许多发展中国家愿意跟着中国走，积极融入"一带一路"的最直接动因。没有基础设施，就很难实现工业化；没有工业化的实现，民主化就注定失败。

——经济走廊。中国改革开放探索出一条工业走廊、经济走廊、经济发展带模式，先在沿海地区试点，继而在内陆港口城市和内陆地区试点推广，形成经济增长极、城市群，带动整个中国的改革开放。现在，"一带一路"要让非洲市场以点带线，以线带片，从基础设施（铁、路、港、区、贸五位一体）互联互通着手，帮助非洲获得内生式发展动力，形成经济发展带，实现工业化和农业现代化，共同脱贫致富。

——开发性金融。不同于商业性金融和政策性金融，开发性金融不只是金融活动，同时还是一个制度建设的活动。"一带一路"沿线很多国家的市场经济制度不健全，中国就希望通过金融服务的推广来帮助这些国家进行制度建设。这就是开发性金融。

——开发区模式。利用开发区模式在"一带一路"国家投资，有利于防范风险，抵御外部干扰，保护开发者和投资者。不仅发展中国家在学习，发达国家也在试点。西哈努克港、皎漂港、瓜达尔港、蒙巴萨港分别成为柬埔寨、缅甸、巴基斯坦和肯尼亚的"深圳"，促进了这些国家的改革开放、路海联通和经济起飞。

——义乌小商品市场模式。这是非常适合发展中国家的商业交易平台模式。如今，结合跨境电子商务、互联网金融，这种模式在中欧班列中大显身手，有效推动了中小企业走出去，促进全球化的当地化。

——地方合作模式。中欧班列从"渝新欧"国际铁路联运大通道开始的短短 3 年，中国 25 个城市与欧洲 10 个国家的 15 个城市建立了 39 对中欧班列，年运行达 2000 多列，创造了地方合作的奇迹。地方领导人的政绩竞争及补贴模式，虽然一度造成回程空车现象，受到欧洲一些人的非议，但形成规模、系统效应后，长远看极大地推动了亚欧大陆的互联互通。[1]

中国模式也可称为中国发展模式，核心是"有为政府 + 有效市场"，既发挥好"看不见的手"，又发挥好"看得见的手"的作用，创造和培育市场，最终让市场起决定性作用，给那些市场经济未充分发展起来的国家走工业化道路提供了全新的选择，解决了市场失灵、市场失位、市场失真这些西方鼓吹的自由市场经济所解决不了甚至不想解决的难题。

---

[1] 王义桅：《"一带一路"提供新型公共产品》，《参考消息》2017 年 5 月 9 日第 11 版。

2. 解决全球问题的中国方案

"一带一路"尽管是新生事物，但是很多项目是有一定基础的。"一带一路"跟京津冀协同发展、长江经济带并称为中国新时期的三大发展战略，帮助实现"两个一百年"伟大复兴的中国梦。

"一带一路"建设，不仅是为了解决中国经济发展转型、结构性改革的问题，也是为了解决世界性普遍难题：

第一，贫困问题。中国人说"盗贼出于贫穷"，很多地方的落后、冲突对抗源自贫穷。只有让他们互联互通——中国的经验就是"要致富，先修路"，才能了解外部世界。互联互通，就是我们的生产、生活方式重新布局，要以发展求安全，以安全促发展。

第二，贫富差距问题。在美国有"1%"和"99%"的问题；在欧洲，贫富差距助长了民粹主义。世界的贫富差距问题与全球化布局密切相关。最大的贫富差距就是沿海—内陆地区的贫富差距。"不患寡而患不均"，解决贫富差距问题，最重要的是"东西互济，陆海联通"。

第三，治理问题。"治大国若烹小鲜。"中国一心一意谋发展，聚精会神搞建设，久久为功，步步为营，滚雪球一样地发展，有"五年规划"，还有"两个一百年"，等等，让越来越多的国家羡慕。当今世界之乱象，就是如何治理，怎么解决不折腾问题、碎片化问题。中国人考虑问题要标本兼治、统筹兼顾。很多人用西方经济学的观点说，中国修高铁是不赚钱的——所谓的赚钱就是卖了多少票，但是修高铁以后带来的房地产、旅游等产业的发展，西方经济学是考虑不到的。所以，不能用原来的模式理解"一带一路"。

"一带一路"建设在很大程度上是在弥补历史和现实的三大短板：第一是补原来殖民主义、帝国主义没有实现互联互通的短板；第二是补世界经济短板，尤其是实体经济的短板；第三是补全球化短板，打造包容性全球化。这样才能使"一带一路"在世界上受欢迎，解决世界上重要的发展难题，克服发展瓶颈。中国人不从意识形态出发，实事求是，主张将自身利益与别国利益结合，尽管有些国家有疑虑，但也担心被"一带一路"落下。

为什么"一带一路"能够在世界上引起这么大反响？因为它在解决世界日益增长的国际公共产品需求与落后的供给能力之间的矛盾，推动实现联合国2030年可持续发展目标。2016年4月11日，中国与国际组织签署首份"一带一路"合作文件《中国外交部与联合国亚太经社会关于推进地区互联互通和"一带一路"倡议的意向书》。2016年9月19日，联合国开发计划署与中华人民共和国于联合国总部签署了《中华人民共和国政府与联合国开发计划署关于共同推进丝绸之路经济带和21世纪海上丝绸之路建设的谅解备忘录》。这是中国政府与联合国专门机构签署的第一份共建"一带一路"的谅解备忘录，是国际组织参与"一带一路"建设的一大创新。2016年11月17日，第七十一届联合国大会协商一致通过的关于阿富汗问题第A/71/9号决议指出，明确欢迎"一带一路"重要倡议，敦促各国通过参与"一带一路"，促进阿富汗及地区经济发展，呼吁国际社会为开展"一带一路"建设提供安全保障环境。这是2016年3月安理会第2274号决议首次纳入"一带一路"倡议内容后，联合国193个会员国一致赞同将"一带一路"倡议载入联大决议。2017年1月18日，中国与世界卫生组织签署"一带一路"卫生领域合作谅解备忘录，"一带一路"与联合国和平与发展事业全面对接。

习近平主席于2016年8月17日在推进"一带一路"建设工作座谈会上指出，以"一带一路"建设为契机，开展跨国互联互通，提高贸易和投资合作水平，推动国际产能和装备制造合作，本质上是通过提高有效供给来催生新的需求，实现世界经济再平衡。特别是在当前世界经济持续低迷的情况下，如果能够使顺周期下形成的巨大产能和建设能力走出去，支持沿线国家推进工业化、现代化和提高基础设施水平的迫切需要，有利于稳定当前世界经济形势。[1]

"一带一路"具有历史的合法性，因为丝绸之路是两千年前就存在的，并不是新生的；有现实的合理性，要搞基础设施建设，要推动实体经济走

---

[1] 《习近平出席推进"一带一路"建设工作座谈会并发表重要讲话》，国务院新闻办公室，2016年8月18日，http://www.scio.gov.cn/ztk/wh/slxy/gcyl1/Document/1487724/1487724.htm，访问日期：2018年7月4日。

出低迷，要消除贫富差距；还有未来的合情性，要引领国际合作的方向，探索新的合作模式，要突破原来的"零和博弈"。这就是我们今天讲的人类的3个共同体——利益共同体、责任共同体、命运共同体。而且现在我们必须走出有别于古代也有别于近代的发展模式，因为这个世界从来没有面临过几十亿人在搞工业化、全球化，必须创新模式。只有以共商、共建、共享为原则，才能更好地推行全球治理，解决人类面临的空前挑战和不确定性问题。

"一带一路"是中国提出的国际合作倡议和提供的公共产品，需要以全面、综合、创新的方式去把握其重大意义与深远影响。从时间维度看，从人类文明、全球化史角度理解"一带一路"的意义，就是丝绸之路的复兴是让亚欧大陆回归人类文明中心地带，告别西方中心论，推动人类文明的共同复兴。从空间维度看，推动国际政治逻辑从地缘政治、地缘经济向地缘文明转变，经营亚欧大舞台和世界大格局。从自身维度看，彰显中国模式，开创包容性全球化，是解决世界问题的中国方案，体现全球治理的中国担当。

三、"一带一路"倡议之于拉美的现实意义

"志合者，不以山海为远。"拉美和加勒比地区是"一带一路"推动的全球互联互通计划的自然组成部分，从"自然延伸"到"天然的合作伙伴"，角色不断提升。

2018年1月22日，中国—拉美和加勒比国家共同体论坛（以下简称"中拉论坛"）第二届部长级会议在智利首都圣地亚哥闭幕。东道主智利时任外长埃拉尔多·穆尼奥斯在随后举行的新闻发布会上说，现在是"一带一路"国际合作来到拉美的最佳时机，"正如智利时任总统巴切莱特所说：从前，太平洋将我们分开；如今，太平洋将我们相连"。穆尼奥斯说："科技进步更使得拉美与中国互联互通成为可能，不只是陆路、海路相连，还通过航空与互联网相连。"会议专门通过和发表了《关于"一带一路"倡议的特别声明》，标志着拉美从"21世纪海上丝绸之路的自然延伸"到"'一带一路'合作伙伴"的升级。

以中拉论坛第二届部长级会议为标志，习近平主席提出的共建"一带一路"伟大构想已经全面延伸到拉美大陆，成为覆盖各大陆、连接各大洋、最受欢迎、规模最大的国际合作平台，也是中国向世界提供的最重要公共产品。[①]

习近平主席给中拉论坛第二届部长级会议开幕致贺信时指出[②]，历史上，中拉开辟了"太平洋海上丝绸之路"。今天，我们要描绘共建"一带一路"新蓝图，打造一条跨越太平洋的合作之路，把中国和拉美两块富饶的土地更加紧密地联通起来，开启中拉关系崭新时代。

这表明，中拉合作建设"一带一路"具有历史合法性、现实合理性和未来合情性：

——历史合法性。"一带一路"建设在拉美和加勒比地区的拓展是历史的自然延续。早在 16 世纪中叶，"太平洋海上丝绸之路"就连接起中拉。通过这条海上通途，双方不仅发展贸易，也促进了两大文明的交流。这为中拉合作建设"一带一路"奠定了坚实的民意与感情基础。

——现实合理性。得天独厚的拉美及加勒比地区地域辽阔，自然资源丰富，社会经济发展基础良好，使中拉关系具有明确的相互依赖和经贸增长潜力，然而拉美国家纷纷陷入"中等收入陷阱"，对中国发展模式和改革开放成就赞不绝口，纷纷将本国梦与中国梦对接。中拉贸易与拉美经济发展的"同频共振"不是巧合。中国市场的强大支撑和中国经济发展的带动，在拉美经济的复苏中起到关键作用。美洲开发银行最新数据显示，2017 年拉美及加勒比地区对中国贸易出口额同比增长 30%，中国对拉美出口额增长贡献最大。

——未来合情性。建立公正合理的国际新秩序是中国和拉美国家的共同

① 《王毅部长在中拉经贸合作论坛暨中拉企业家理事会开幕式上的即席致辞》，外交部，2018 年 1 月 24 日，http://www.fmprc.gov.cn/web/wjbzhd/t1528289.shtml，访问日期：2018 年 7 月 4 日。
② 《习近平致信祝贺中国—拉美和加勒比国家共同体论坛第二届部长级会议开幕》，《人民日报》2018 年 1 月 23 日第 1 版。

意愿。摆脱依附体系，实现现代化，打造横向互联互通全球化，是中拉命运共同体的重大使命。智利与中国正考虑在两国之间建设一条跨太平洋海底光缆，将拉美与中国连在一起。拉美和大部分"一带一路"成员国不但是发展中国家，而且在国际舞台上分享了许多共同的利益。历史上，亚非拉国家一起高举反殖民统治斗争的旗帜。最近，他们争取改革国际政治金融体系，推动建立一个更加公平、合理和平等的国际秩序。目前，亚非拉国家在数个多边机构有着良好的合作，诸如二十国集团、联合国、金砖五国、亚太经合组织论坛、东亚一拉美合作论坛等等。正式包括拉美国家以后，"一带一路"可以成为一个新的发展中国家合作平台。

王毅外长在中拉论坛第二届部长级会议开幕式上的致辞中指出[①]，中拉共建"一带一路"有着牢固的合作基础，中国迄今已同80多个国家和国际组织签署了共建"一带一路"政府间协议。中国同智利、秘鲁、哥斯达黎加建成自贸区，同多个地区国家达成贸易和投资便利化安排，签署了产能合作协议。近年来电子商务、数字经济的兴起，又为中拉经贸往来推开了新的大门。中拉还开展了形式多样的金融合作，其中350亿美元对拉一揽子融资安排已安排落实170多亿美元，300亿美元中拉产能合作专项基金也已启动，并成立了为此运行的基金有限责任公司。中拉合作好比一棵果树，如果双方引来"一带一路"的清泉悉心灌溉，中拉整体合作和双边合作就能更加枝繁叶茂，结出更多甘甜的果实。推动中拉合作优化升级、创新发展，打造领域更宽、结构更优、动力更强、质量更好的合作新局。

---

① 《新时代跨越大洋的牵手——王毅外长在中拉论坛第二届部长级会议开幕式上的致辞》，新华网，2018年1月23日，http://www.xinhuanet.com/2018-01/23/c_1122303902.htm，访问日期：2018年7月4日。

第二章 太平洋丝绸之路：历史传承及其当代意义

[阿根廷] 马里亚诺·波尼亚利安 *

一、引言

中国提出的"一带一路"这一重要倡议，在拉美是有坚实的历史先例可循的。政府推动中拉经济协定和文化直接交流的努力，使人们开始追寻历史上那不为人熟悉的两大文明的"对话"。众所周知，中国和欧洲之间有一条著名的"丝绸之路"，这条历史悠久的经济和文化之路，见证了很多帝国的兴衰。① 但是，"中国只在欧洲进行经济拓展"的看法从一开始就是不正确的。事实上，还有一条中国丝绸之路通向了美洲大陆，更确切地讲，是通向我们现在所熟知的拉美市场。换句话说，拉美各国在其殖民地历史上都受到了中国物质文化的巨大影响。西班牙帝国时期的西印度群岛，在其两百余年的殖民地历史中一直通过广阔的中国丝绸之路与中国保持联系。本文以通往拉美的中国丝绸之路为中心，介绍西属美洲与中国的历史联系。

从 16 世纪末到 17 世纪初，西班牙帝国颁布了一些皇家法令，其中既包括严格限制从阿卡普尔科港进口中国丝绸，也包括全面禁止经中美洲和秘鲁总督区全境获取中国丝绸。之所以严格禁止或限制西属美洲通过太平洋和中国发生任何联系，是为了捍卫西方世界的大西洋贸易路线的统治地位。从

---

* 马里亚诺·波尼亚利安（Mariano Bonialian），历史学博士，墨西哥学院历史研究中心研究员、教授。研究领域：全球化背景下的美洲经济史，特别是 18 世纪到 19 世纪太平洋地区的美洲经济史。

① Ferdinand von Richthofen, *China*, 1877-1905.

1593 年起，西班牙帝国陆续出台政策，规定每年只允许两艘 300 吨级的马尼拉大帆船进行跨太平洋航行；废除西印度群岛和中国之间的自由贸易，规定阿卡普尔科为新西班牙总督区唯一能和东方进行贸易的港口；西印度群岛其他地区禁止交易或使用中国丝绸。同年，还颁布了禁止中国和秘鲁直接贸易的法令。[①] 由此，西属美洲的中国丝绸之路变得不再合法，也不再为西班牙当权者所承认，而成为一条非官方贸易路线，是大小商人、官员、消费者相互作用的产物。

虽然是非官方的贸易路线，但是我们推测，明末清初的中国政府已经完全清楚它的存在。不过，首先打通这条路线的却是美洲人，其中既有墨西哥和秘鲁的商人，也有西属美洲各总督区和领地的官员和政客。当时的中国不再像 14 世纪之前那样优先进行经济扩张，也不像欧洲各国那样争相建立贸易帝国或疆域帝国，而是更重视自身内部的经济发展。[②]

在乌达内塔的带领下，从 1565 年首次成功回航阿卡普尔科到 1750 年的这段时间，卡洛斯三世尚未颁布"自由贸易"法令，中国丝绸之路贯穿美洲大陆的大部分地区，它所焕发的活力使其像一条中轴线一样，推动着美洲大陆各个地区之间的联系。中国的丝绸在菲律宾装船，经墨西哥、危地马拉、巴拿马、厄瓜多尔和秘鲁中转和消费，其中很大一部分被运送至今天的智利和阿根廷，整个航程非常顺畅。也就是说，丝绸的消费最终覆盖到智利的圣地亚哥和阿根廷的萨尔塔、图库曼、科尔多瓦和布宜诺斯艾利斯等城市。

亚洲和西属美洲是丝绸之路的参与者。其中，亚洲有中国广东、菲律宾甲米地等远东口岸的参与，而西属美洲的几乎所有口岸都有参与。当然，这条丝绸之路属于更广阔的东方丝绸之路的一部分，后者包含多条亚欧航线，如好望角航线、波罗的海航线和地中海航线。中国—西属美洲直通线路是一

---

① "Prohibición de ir navíos del Perú a China", 1593, AGI, Patronato, 25, R. 56。中国商品的买卖在美洲殖民地的合法性问题的详情，可参阅 Escalona, *Gazophilacium*, 1775, fs. 160-189。

② Arrighi, "Estados. Mercados y capitalismo, Oriente y Occidente", pp. 339-352.

张非常广阔的海陆线路网，连接着港口、城市、乡村、谷地、平原、山脉和河流，在各种交通工具的完美配合下实现丝绸的运输。丝绸先通过马尼拉大帆船或"中国船"（Nao de China）运送到美洲，然后换装到中美洲或秘鲁太平洋沿岸的航船上，再用小船和小艇通过狭窄的河道运送到离城市中心较远的地区。上岸后，人们用骡子、驴、木轮车运送，或者直接由奴隶和印第安人用袋子和箱子运送。不管是通过交通工具运输，还是人力运输，都是为了把丝绸运到各总督属地和经济状况不同的地区。

中国丝绸在西属美洲市场上日渐增多，是那段时期美洲市场全球化的体现。当时的全球化呈现出明显的两极分化局面。欧洲是一极，中国是另一极。中国的经济正迅猛发展，中国向世界市场出口本国货物；世界各地的白银流向中国，使其成为世界银仓。毫无疑问，丝绸是全球化早期中国出口的主要货物。作为具有全球影响力的一极，中国促成了西属美洲丝绸之路的形成。

当时的贸易活动是在一定的地方和区域框架内实现的。没有中短距离的陆地运输或者太平洋沿岸的海上运输，就不可能把中国丝绸从那么远的地方运过来。因此，中国丝绸要实现大规模流通，必须利用当地的经销路线，和当地的产品或其他国家的产品一起运输。

有历史文献把东方纺织品泛称为"中国服装"（ropa de la China）。[1] 它指的是各种各样的中国丝绸：生丝，有散的、成卷的、加工过的；有原色无花纹绸、碎花缎、花缎、北京锦、裙摆绸、锦缎、平滑天鹅绒、绣花天鹅绒、罗缎、塔夫绸、丝绸床单、平滑裙内衬、绣花裙内衬、晨衣、日本印花布、衬衣、袜子、腰带和手帕等。[2] 文献中同样也提到了中国和印度原产的非丝绸类的棉质面料和纺织品：彩色棉纺布、亚麻布、印花布、毯子、条纹

---

[1]　新西班牙的案例可参阅 Abreu, *Extracto*, 1977。秘鲁的案例可参阅 Moreyra Paz-Soldán, *El Tribunal*, 1956。

[2]　AGNM, Indiferente virreinal, caja 3552, expediente 26, fs. 2-3；AGI, *Quito*, 170, expediente 1, fs. 224-256.

花布和纱。其他商品包括瓷器、钉子、胡椒、调味料、香料和各种家具，尤其是帐子、写字台、床、屏风和一些宗教仪式用具。这些东方商品在经济发达、人口稠密的城市很受欢迎，如墨西哥城和利马。

这些货物将和从南美运往墨西哥的货物进行交换。从南美运来的货物有：万卡韦利卡的水银、瓜亚基尔的可可豆、秘鲁和智利的葡萄酒以及最重要的秘鲁白银。[①]其中，秘鲁白银是我们理解丝绸之路真实规模的一把标尺。我们可以把"白银之路"（ruta de la plata）理解为逆向的中国丝绸之路，白银是出售丝绸等货物的所得。这些白银从波托西运往利马，从利马运往墨西哥城，最终由马尼拉大帆船运往马尼拉和广东。

经常有商人、政府官员和宗教人士等往来于这条路线的不同路段上。这些人中除了上层人士外，也有准备去墨西哥和秘鲁做工的中国、日本和印度的奴隶。例如，1613 年前后，利马有 114 名亚洲奴隶，主要从事家政或者补袜底和开领口的工作。多数情况下，这些奴隶是从马尼拉出发到达利马的。[②]我们也可以说，丝绸之路为东方人了解基督教提供了可能，同时也开启了其他文明学习中国文明的途径。在从墨西哥到菲律宾，从秘鲁到墨西哥，从布宜诺斯艾利斯或圣地亚哥到利马的路上——伟大的中国丝绸之路的一部分——有很多传教士和信徒，特别是耶稣会教徒，去时怀着在东方传教的愿望，回来时则把东方不同的文化、宗教信仰和财富带回美洲大地。[③]

研究中国丝绸之路时，要避免以欧洲为中心的视角缺陷。当我们回顾中国和拉美历史上的经济往来时，很快就会发现那段时期美洲经济的发展并不局限于和欧洲大西洋沿岸的往来。中国丝绸之路也许最能体现中国和美洲之

---

① Azcárraga y Palmero, *La libertad de comercio*, 1782, pp. 74-75; Bonialian, *El Pacífico*, 2012, pp. 315-350.

② Contreras, *Padrón*, 1614, fs. 237-246.

③ 可参阅 18 世纪初 Nyel 和 Taillandier 两位信徒的案例：Zermeño, *Cartas edificantes*, 2006, pp. 61-108。还可参阅 "Noticias de los jesuitas sobre la religiosidad en China（1638-1649）", AHN, Diversos-Colecciones, 27, N°14, fs. 1-4。

间持久而稳固的联系。这种联系紧密、持久、范围广，对西班牙和新西班牙总督区、秘鲁总督区之间的贸易构成威胁。在它运行的两百余年间，虽然西班牙不断试图阻止它，但其经济影响力仍然强大，足以让与美洲进行大西洋贸易的包括西班牙人在内的欧洲人嫉妒。[①]可以肯定的是，美洲大陆上中国丝绸之路的发展是严格的贸易垄断体制所不欢迎的，也是西班牙不希望看到的，但是美洲的商人利用制度的漏洞促成了它的实现。

18 世纪下半叶，随着欧洲和美洲之间经济政策的放宽，以前被排除在官方贸易之外的港口和路线被重新开放，欧洲制造业中心的生产技术出现深刻变革，西班牙人阻止中国丝绸之路的愿望更加强烈。在这种局面下，欧洲作坊里生产的印度棉布开始主导西属美洲的消费市场，东方丝绸之路开始衰落，直至最后被废弃。

二、路线：从广东到布宜诺斯艾利斯

中国丝绸之路始于著名的"中国船"。丝绸这种珍贵面料由大量的中国船只运到菲律宾集市（parían）——菲律宾群岛的官方贸易市场上进行交易，再从菲律宾群岛的甲米地港被转运到马尼拉大帆船上。[②]大量丝绸被装入大帆船船舱，经过 4~6 个月的运输到达新西班牙的阿卡普尔科港进行销售。在 17 世纪上半叶，菲律宾总督察格劳·蒙法尔康发布了一份马尼拉大帆船所载货物的清单，其中大部分是中国丝绸：

> 从菲律宾来的货物分为六大类：第一类是丝线、丝线团。第二类是丝织品。第三类是棉纺织品。第四类是岛上的水果。第五类是巫术产品和带到岛上的其他产品。[③]

---

① Abreu, *Extracto*, 1977.

② Montero Vidal, *Historia general*, t. ii, 1887-1895, p. 120.

③ Grau Monfalcón, "Memorial（sin fecha）", 1866, pp. 470.

　　丝绸原材料或丝绸制品，占"中国船"所载货物的前两位。中国丝绸因具有轻薄、舒适、易运输、高利润和消费量大的优点，被藏于马尼拉大帆船中进行走私，这一点能在很大程度上解释为什么西属美洲存在广阔的中国丝绸贸易联系。西班牙王室制定的法规被忽视。大量的中国丝绸进入阿卡普尔科，不仅大大满足了新西班牙地区民众的需求，而且如同"瀑布"一般，覆盖了西属美洲的各级市场。马尼拉大帆船有如此大的能力，甚至能满足中美洲、秘鲁以及殖民地南部的需求。后面我们将分析这条路线成功的几个主要原因。

　　中国丝绸由"中国船"运到阿卡普尔科港之后，阿卡普尔科便会举行集市，这个集市被洪堡称为世界上最重要的集市之一。墨西哥城、普埃布拉、瓦哈卡和巴希奥的著名商人都会去参加这个集市。同时，一些来这里做交易的秘鲁商人，会把船停在集市附近的马克斯、锡瓦塔内霍、瓦图尔科进行维修，而同时他们用可可或白银换取珍贵的中国丝绸。[①]

　　集市结束之后，满载中国丝绸的商船沿着两条可能的路线继续航行。第一条路线中，脚夫或者经销商用骡队把丝绸运到墨西哥城。丝绸可以在那里销售，也可以暂存在那里，供以后分销到新西班牙总督辖区内的其他市场。[②]第二条线路是从阿卡普尔科出发，绕开墨西哥城，向新西班牙的其他地区、中美和南美地区运送。第二条路线中，一般会用阿卡普尔科附近的秘鲁船只运送。需要指出的是，第一条路线比第二条路线使用频率高。阿卡普尔科港和墨西哥城之间的路线被称为"中国之路"（el camino de la China）或者"亚洲之路"（el camino de Asia），恰恰说明了同中国进行贸易的重要性。[③]

　　可以确定的是，或经墨西哥城转运，或直接从阿卡普尔科出发，中国丝

①　Gemelli, *Viaje* (1701), 1983, pp. 28-29; Robles, *Diario de Sucesos* (*1665-1703*), 1946, t. ii, pp. 299-311。为了能够把货物运进来，秘鲁人贿赂了港口的负责人。可参阅 "Cartas y expedientes de don Juan José Veitia Linage", AGI, México, 825, s/n de fs. También agnm, *Indiferente virreinal*, caja 747, expediente 40, fs. 2。

②　Bernal, "La Carrera", 2004, pp. 485-525. Yuste, *Emporios*, 2007. 50.

③　Serrera, "El camino de Asia", 2006, pp. 211-230.

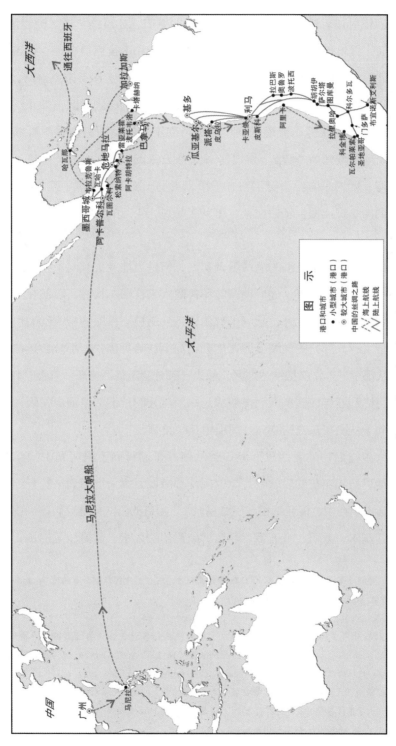

中国丝绸拉美传播路线

绸呈扇形辐射被运送到新西班牙的一些重要城市，如瓜纳华托、克雷塔罗、莫雷利亚、普埃布拉、圣路易斯波托西、瓦哈卡和韦拉克鲁斯等。在这些城市中，尤其需要强调的是普埃布拉、墨西哥城、瓦哈卡和韦拉克鲁斯。[1] 前两个城市以发展丝织品制造业著称。很多不同种类的中国丝绸，如原丝、线团、轴线、松丝线等，被运送到作坊进行加工，然后销售到墨西哥或者秘鲁。对于新西班牙各类服装的加工来说，东方来的丝绸比神秘的西班牙面料更受欢迎，因为东方丝绸更平整、干净，更易于加工成轻薄平整的纺织品。东方丝绸为纺织业提供了原材料，带动了超过 1.4 万的纺织工人参与到纺织品加工中。[2]

在瓦哈卡，中国丝绸的消费量确实大，但是当地人更倾向于将之储存并分销到危地马拉和秘鲁。他们期待着秘鲁商人来瓦图尔科港，以便在那里把中国丝绸卖给他们。此外，从阿卡普尔科运到韦拉克鲁斯的中国丝绸也有着特殊的意义：大部分的丝绸会通过加勒比海运往哈瓦那，一部分会运往加拉加斯，从那里进入新格拉纳达地区，极少一部分会运往西班牙。[3] 通过韦拉克鲁斯—伊比利亚半岛这条大西洋航线运往西班牙的丝绸数量很少，因为西班牙更倾向于从设在东方的欧洲公司那里获取丝绸。[4]

从太平洋沿岸的新西班牙港口或从墨西哥储货商手里买到中国丝绸之后，危地马拉和秘鲁的船队就开始返回南部港口。第一批船通常航行到松索纳特、阿卡胡特拉、雷亚莱霍或巴拿马城。[5] 秘鲁的船队会继续航行到巴拿马城、瓜亚基尔、派塔、卡亚俄、科金博或瓦尔帕莱索。值得注意的是，从头

---

① 请参阅存放于墨西哥国家档案馆的 1779 年新西班牙总督区的中国丝绸和货物清单：Indiferente virreinal, volumen 1109, expediente 1。

② Grau Monfalcón, "Memorial（sin fecha）", 1866, pp. 470-474.

③ 中国丝绸如同当地生产的商品一样通过卡塔赫纳被销售到新格拉纳达王国，详情可参阅 "Cartas y expedientes: Tribunal de Cuentas de Santa Fe（1612）", AGI, Santa Fe, 52, N° 84, fs. 1-32。

④ 关于委内瑞拉的记录可参阅 Arauz Monfante, El contrabando holandés, 1984, p. 178。例如，1718 年一位新西班牙商人向菲律宾总督要求归还 1.8 万比索，理由是一批从韦拉克鲁斯运往欧洲的丝绸"由于不被喜爱而最终没有卖出去"。详见 AHNM, Diversos-colecciones, 43, N° 19, fs. 1-3。

⑤ "Pleitos de la Audiencia de Santo Domingo（1607）", AGI, Escribanía, 3B, s/n fs.

到尾完成整个海上航行的并非同一条船，中国丝绸像"邮包"（estafeta）一样和驿站里很多其他地区的货物聚集在一起，从一艘船转移到另一艘船。[1] 此外，中国丝绸从墨西哥城运到危地马拉城，靠的是地方官员合伙支持的商人们所建立的陆路运输网络。秘鲁商船甚至可以在不到达新西班牙西海岸港口的情况下，通过中美洲海岸获取中国丝绸。[2]

各类社会、政治和经济团体的参与给了丝绸之路生机。首先要说的是商人。不管是很有名望的大商人，还是来自西属美洲偏远地区的中小商人，都希望能够分销颇受欢迎的中国丝绸。此外，总督、地方长官、皇家官员、港口督察、牧师、船长、代理商、中间商、印第安人以及奴隶都在这个贸易网络中和这些商人展开合作或竞争。社会的各个阶层都参与到了中国丝绸之路中，有时是地下交易，有时是正规、透明、合法的交易。[3]

我们接下来说到的是另一段航线：中美洲到南美洲的航线。在豪尔赫·胡安和安东尼奥·德·乌尤阿合著的《秘闻》一书中可以找到中国丝绸流通的有力证据。这两位水手见证了 18 世纪 40 年代中国丝绸的流通。他们揭示了贪污和走私的过程，同时也证明，地区间的联系使中国丝绸得以进入南美大陆。首先，乌尤阿描述了巴拿马在中国丝绸之路中的作用。巴拿马在帝国的核心位置，又是"自由之港"，来自新西班牙的中国丝绸会被运送到这里。但是，乌尤阿认为，这些从新西班牙运来的丝绸"在巴拿马没有市场，因为巴拿马有很多港口，通常只对其中某几个品种的丝绸有需求"[4]。17 世纪初，巴拿马主要被当作中国丝绸从墨西哥运到秘鲁的中转站。[5]

巴拿马是两条运输路线的交会点，一条是从墨西哥方向来的中国丝绸之

① Schurz, "México, Perú", 1918, pp. 394-397.

② Rubio, *Historial*, 1975, pp. 256-260.

③ Bonialian, *El Pacífico*, 2012, pp. 340-344.

④ Juan y Ulloa, *Noticias Secretas*（*1747*）, 1991, pp. 204-205.

⑤ 请参阅 17 世纪初巴拿马检审庭（Audiencia de Panamá）主席弗朗西斯科·巴尔韦德·德·梅尔卡多（Francisco Valverde de Mercado）抱怨中国丝绸充斥巴拿马市场的信件：AGI, Panamá, leg. 15, R. 8, N° 87；leg 15, R. 7, N° 58；leg. 16, R. 2, N° 22；45, N° 70。

路，另一条是从西班牙方向来，用波托韦洛大帆船将欧洲的布料和纺织品运到拉美的路线。坐拥大西洋沿岸港口，巴拿马近水楼台，最先获得欧洲面料和织物，不仅是真正的消费中心，更是墨西哥和秘鲁之间中国丝绸贸易的中转门户。有时，在秘鲁各港口被扣留的中国丝绸会被运到巴拿马，依照规定会在那里装船运回塞维利亚交易所。不过，在被运走之前，巴拿马市场也会消耗掉一部分。[1]海上航线汇聚于此，把巴拿马变成了各种东方丝绸和欧洲丝绸的理想交易场所。这些丝绸有的是合法的，有的是非法的。就这样，东方丝绸不知不觉地被运走，或者在政府官员的默许下被运走。应该相信《秘闻》一书里所记录的信息，秘鲁各港和瓜亚基尔的小商船不断地把巴拿马商人储存起来的中国丝绸从巴拿马走私到南美太平洋沿岸地区进行销售。[2]

货物运送的下一站是瓜亚基尔，那里是"最主要的货物储存港之一……有大批的中国货物运到了那里，其中一大部分是中国丝绸"。[3]乌尤阿书中提到的这些内容在 18 世纪中叶不是什么新鲜事。一个世纪之前，就已经有很多从新西班牙来的运送中国丝绸的商船到达瓜亚基尔港。西班牙法学家索洛萨诺·佩雷拉证实，中国丝绸确实不断从瓜亚基尔港涌入。[4]1608 年，基多检审庭向国王报告了关于"中国丝绸消费量大"的相关信息。[5]如果瓜亚基尔港管控严格，从墨西哥或者中美洲来的船只就会开往"阿塔卡梅斯、别霍、曼塔、圣埃伦娜"等港口，再从那里开往瓜亚基尔。[6]瓜亚基尔和中美洲太平洋沿岸其他的港口一样，都是中国丝绸的仓库。中国丝绸运到瓜亚基尔港之后，会

---

[1] "Real Cédula a los oficiales reales de Lima, para que hagan cargo al situado de Panamá de veintitrés mil setecientos sesenta y nueve pesos, que produjo la venta en Panamá de veintisiete fardos de ropa de China que ellos habían dirigido para su remisión a la Casa de la Contratación de Sevilla（1714）", AGI, Panamá, 232, L. 11, fs. 101-102.

[2] 请参考 1716 年发生的代表性事件：Dilg, *The Collapse*, 1975, pp. 34-35。

[3] Juan y Ulloa, *Noticias Secretas*（*1747*）, 1991, pp. 205-227.

[4] Solórzano, *Política*, [1647], tomo i, p. 20.

[5] "La Audiencia de Quito sobre diversos asuntos（1608）", AGI, Quito, 9, R. 11, N° 82 bis, s/n de fs. También, AGI, Quito, 9, R. 11, N° 80, s/n fs.

[6] Juan y Ulloa, *Noticias Secretas*（*1747*）, 1991, pp. 205-206.

被分销到各个城市中心和附近的市场上，因为：

> ……其中一部分在瓜亚基尔被消费，另一部分被运到了基多省，并且被运到了基多检审庭所管辖的所有地方进行零售和消费，还有一部分被运到了秘鲁。在那里，丝绸同样被分销，量大的时候就会被运到利马。[①]

尽管瓜亚基尔也消费中国丝绸，但是运到瓜亚基尔的丝绸大部分会被转运到海拔更高的基多及其周边地区。运到那里的中国丝绸数量非常大，除了能满足基多的需求，还能供应到派塔港、皮乌拉或者利马。派塔港位于瓜亚基尔南面，在那里很少有合法交易，而且有很多新西班牙和巴拿马的商船把中国丝绸运送到那里，以逃避卡亚俄的海关检查。[②]派塔港的非法活动很猖獗，乌尤阿向我们讲述了具体的情况：

> 1740 年前后，有两艘船停靠在了派塔港——从巴拿马来的"天使"号（Los Ángeles）商船和从新西班牙来的罗萨里娅号（La Rosalía）商船。这两艘船都装载了大量的中国丝绸，准备运往利马，并且"等着不断到来的骡队慢慢将丝绸运到利马"。那些负责运送的商人"并不随身携带从皮乌拉到利马的商品运输许可证，而由他们其中一人保管着"。[③]

但毫无疑问的是，卡亚俄港是所有从阿卡普尔科或中美洲来的丝绸商船的理想靠岸港。利马一度成为南美洲主要的东方纺织品消费市场。1619 年，当时的新西班牙总督，亦即后来的秘鲁总督（1622—1629）瓜达尔卡萨尔侯爵迭戈·费尔南德斯·德·科尔多瓦在给国王的信中说，尽管有禁令存在，

---

① Juan y Ulloa, *Noticias Secretas*（*1747*）, 1991, p. 208.

② 关于殖民地早期的情况，请参阅 Macleod, "Aspectos de la economía", *Historia*, 1990, p. 182。关于 1680 年—1740 年的相关信息，请参阅 Bonialian, *El Pacífico*, 2012, pp. 315-331。

③ Juan y Ulloa, *Noticias Secretas*（*1747*）, 1991, pp. 214-215.

依旧有船只载着白银从卡亚俄港到阿卡普尔科港购买中国丝绸。[1]17 世纪初，马丁·德·穆鲁亚修士将利马描绘成一个名副其实的贸易中心："行人商人如织，来自欧洲、印度、墨西哥和中国的货物一应俱全。"[2]

卡亚俄之所以是一个理想的丝绸进口港，有以下几个原因。第一，它是距离南美第一消费中心利马最近的沿海城市，能够满足利马源源不断的订单需求。1740 年，由于到处都在批发和零售中国丝绸，利马被称为"北京集市"（la feria de Pekín）。[3]第二，利马居住着有钱进口中国丝绸的商人，这些商人还和最有政治影响力的政府官员在此交易，甚至连总督也对参与中国丝绸买卖和消费有着非常大的兴趣。[4]第三，卡亚俄拥有太平洋沿岸最高水准的海港，甚至比新西班牙的阿卡普尔科港还要好。根据穆鲁亚修士的资料，17 世纪初"通常有 40~50 艘船"从太平洋和中国的港口到达这里。总之，由于各种各样的原因，利马成为中国丝绸的聚集地，东方纺织品从这里分销到查尔卡斯检审庭管辖区内各个中心城市（库斯科、拉巴斯、波托西），甚至远销到图库曼省的小城市。

如果继续研究海上航线，就会发现它从卡亚俄港延伸到皮斯科，再往南到达阿里卡。中国丝绸从这些二线港口进入查尔卡斯检审庭管辖区，再在那里和通过陆路从利马运到波托西和整个查尔卡斯地区的东方纺织品汇聚。[5]很多情况下，从墨西哥来的丝绸船为了逃避监管，一般不停靠在卡亚俄港，而是停靠在皮斯科和阿里卡这两个小港口。这两个港口海关监管较弱，便于走

---

[1] "Carta del virrey marqués de Guadalcázar（1619）", AGI, México, 29, N° 21, f. 5.

[2] Murúa, *Historia*, 2001（1606-1613）, p. 292.

[3] Marcoleta, "Nueva Representación", 1915, t. v, p. 153.

[4] 1626 年，总督埃斯基拉切王子（príncipe de Esquilache）由于两次走私中国丝绸而被起诉并罚款。第一次审判他由于进口"中国丝绸装箱数量超额"而被判罚款 3 万杜卡多（ducado）。第二次是因为他没收了一艘装满中国丝绸的船，罚金为 20 万比索。详见 AGI, Escribanía, 1187, f. 123。还有一个案例发生在 1674 年，是关于总督卡斯特利亚尔伯爵（conde de Castellar）的，详见 Suárez, *Desafíos*, p. 376。

[5] "Real Cédula a don Francisco Pimentel y Sotomayor, presidente de la Audiencia de la ciudad de la Plata, en la provincia de los Charcas（1714）", AGI, Charcas, 417, L. 9, fs. 206-209.

私东方纺织品。此外，中国丝绸还被送到瓦尔帕莱索港，用以满足住在智利圣地亚哥的西班牙人的需求。这条重要路线在美洲中国丝绸之路运行的两百余年里一直在运转，只不过有时运送量大，有时运送量小。住在智利圣地亚哥的西班牙人的采购清单证实了这一情况。[①] 卡亚俄—瓦尔帕莱索航线的终点在圣地亚哥和图库曼省的交界处，在那里，中国丝绸和来自卡斯蒂利亚、墨西哥城和基多的纺织品一起流通，满足普通西班牙人的需求。[②]

从利马出发有一条陆地运输线路通往波托西，再往北通向拉巴斯和奥鲁罗。两份不同时期的可靠资料显示了波托西在其中的作用。第一份资料是路易斯·卡波切在 1585 年所写的《报告》。其中提到，盛产白银，造就了波托西经济的繁荣，波托西也因此成为中国丝绸的消费中心。根据卡波切的描述，商品清单里总能看到供波托西居民穿着的中国丝质服装和其他面料的服装。[③] 另一份资料来自 18 世纪初波托西伟大的编年史家阿萨斯·奥苏阿，尽管当时白银的产量已经远不如之前，但他的记述显示波托西仍持续、大范围地消费丝绸：

> ……来自印度的谷物、水晶、象牙和宝石，锡兰的钻石，阿拉伯半岛的香水，波斯、开罗和土耳其的地毯，马来半岛和果阿的各种香料，中国的白瓷和丝质服饰。[④]

中国丝绸到达的地方还包括现在的阿根廷。骡子和脚夫将丝绸从波托西运往胡胡伊、萨尔塔、图库曼和科尔多瓦；而后又从那里分成两路，完成其最后一段行程，一路经门多萨运往智利圣地亚哥，一路运往大西洋港口城市

---

① 关于初期的情况请参阅 Márquez de la Plata, "Los trajes", 1934, p. 31；关于 17 世纪的情况请参阅 Amenábar, "Trajes y moda", 1986, p. 11；关于 18 世纪初期拉塞雷纳（La Serena）的情况，请参阅 Sayago, *Historia*, 1973, p. 367。

② Assadourian, *El Sistema*, 1982, p. 71.

③ Capoche, *Relación*, 1959［1585］, p. 134.

④ Orsúa. *Historia de la* Villa, 1965, tomo I, p. 8.

布宜诺斯艾利斯。关于智利和阿根廷，有两个代表性事件。1608 年 4 月，秘鲁总督蒙特斯·克拉罗斯侯爵就"禁止买卖来自新西班牙的商品"一事到卡亚俄港视察。[①] 资料显示，他的视察是有效果的，因为"按照当地物价，有价值 4 万比索的'中国服装'受到处罚"[②]。遗憾的是，文件中并没有提及被没收的纺织品的细节，但是克拉罗斯侯爵提到了中国的塔夫绸，这是一种各个社会阶层都会消费的普通丝绸。总督违背了相关规定，允许这种丝绸的运输和销售：

……一批运往智利的帽子，其里衬需要耗费大量的中国塔夫绸……有一批 1600 顶的帽子，其里衬需要消耗掉 231 块 10 到 11 巴拉（vara，长度单位）长的塔夫绸，价值 3000 西班牙银圆（Real de a 8）。[③]

3 年前，即 1605 年，布宜诺斯艾利斯主教马丁·伊格纳西奥·德·洛约拉向国王抱怨图库曼省和布宜诺斯艾利斯省"中国服装"的泛滥：

……有很多"中国服装"走私到了秘鲁，在布宜诺斯艾利斯和图库曼地区到处都是中国服装。由于物美价廉，它使得西班牙的商品变得毫无价值，这严重亵渎了西班牙国王陛下和船只停靠港颁布的法令……今年进入秘鲁的"中国服装"的百分之一，比过去 50 年里进入这个港口的服装数量还多。我对陛下您的一些大臣的做法感到吃惊，他们一直试图关闭港口，却很少来这里。卡亚俄这么大的港口，每年有上百万的进口量，但是他们对此漠不关心。[④]

---

① "Carta del virrey Montesclaros a Felipe Ⅲ desde el puerto del Callao", en "Expedientes cartas de Virreyes Perú, 1604-1610", AGI, Lima, 35, f. 43.

② "Carta del virrey Montesclaros a Felipe Ⅲ desde el puerto del Callao", en "Expedientes cartas de Virreyes Perú, 1604-1610", AGI, Lima, 35, f. 43.

③ "Expedientes cartas de Virreyes Perú, 1604-1610", AGI, Lima, 35, f. 43v.

④ "El obispo del Río de La Plata a su merced. Que se tripliquen los despachos tocantes a la contratación con las Filipinas y la mercaderías y ropa de la China que se prohíben en el Perú", AGI, Charcas, 135, f. 1.

　　根据洛约拉的描述，波托韦洛集市的没落，不是因为葡萄牙人在布宜诺斯艾利斯港的走私活动，而是因为大量"中国服装"从卡亚俄港流入。总体来说，在利马或波托西，东方丝绸和所有外国商品一样，用骡子这种最基本的本地交通工具进行运送。为了实现进一步流通和消费，中国丝绸还要沿着查尔卡斯和图库曼地区复杂的区域间贸易路线进行运输，并通过分销中心进行销售。历史上的贸易清单向我们证实，在科尔多瓦和布宜诺斯艾利斯曾出现过大量的中国丝绸，那里是路上运输线路的最后一段。[1]和巴拿马城一样，布宜诺斯艾利斯的中国丝绸明显较少，因为它位于大西洋沿岸，从欧洲的合法商船运来的欧洲纺织品可以代替中国丝绸，满足其需求。

三、路线形成的经济因素

　　如何解释中国丝绸之路在西属美洲长达两个多世纪的持续运转？什么理由可以解释，在西班牙通过立法消除亚洲对其在美洲大陆经济主导地位的威胁后，中国丝绸依旧主导美洲市场？有 3 个因素可以解释：生产因素、贸易税收因素和消费文化因素。

　　1. 生产因素。1530 年—1580 年的 50 年间，新西班牙的桑蚕养殖和丝织业得到发展，推动着墨西哥城、普埃布拉和安特克拉等地制造业的出现。[2]由这些作坊加工产品被运到新西班牙总督区本地的市场，富余出来的产品经太平洋运往秘鲁。但在 16 世纪末，新西班牙地区的丝绸制造业因阿卡普尔科港进口中国丝绸的增多而出现萎缩的迹象。新西班牙的作坊改进了制作工艺和技术，以大帆船运来的丝绸原丝为原材料进行纺织品加工。[3]就这样，中国丝绸推动了新西班牙制造业的发展，巩固了墨西哥的纺织业。西属美洲当

---

[1]　Bonialian, *China en la América colonial*, 2014, capítulo iii.

[2]　"Carta del virrey de Nueva España Martín Enríquez sobre cultivo de lino y seda（1572）", AHN, Diversos-colecciones, 25, N° 17, fs. 13-26.

[3]　从记录中很难区分秘鲁管控的丝绸是来自亚洲还是新西班牙。

地丝绸生产的危机，以及西班牙颁布的阻止本地制造业发展的政策，都为中国丝绸的流入提供了有利条件。

除了东方丝绸制品的流入，还存在着其他造成生产萎缩、经济衰退的因素。比如，本地劳动力的减少和禁止发展本地工业的大都市政策，也使新西班牙的制造业陷入危机。①西班牙对新西班牙总督区桑蚕养殖园的严格控制长达数十年。本地的丝绸生产缩减到仅供本地消费。但在 1679 年，西班牙政府出于禁止西属美洲工业发展的目的，决定摧毁所有的美洲桑蚕养殖园。这项政策本是为了刺激对西班牙格拉纳达和瓦伦西亚丝织品的消费，却使中国丝绸变得更受欢迎。②本地丝绸产品的消失使得墨西哥对中国丝绸的需求成倍增长。

由于本地丝绸的缺乏，秘鲁总督区也需要进口亚洲的丝绸。众所周知，在 16 世纪后半叶和 17 世纪的前几十年，秘鲁总督区可以实现自给自足，不需要依赖外国进口。③有资料显示，16 世纪的最后几十年里，一些小的印第安桑蚕养殖园履行了缴纳什一税的职责。④穆鲁亚修士指出，虽然"秘鲁什么都有"，但是有两种原材料是缺乏的：丝线和亚麻。⑤1620 年前后，葡萄牙商人莱昂·波尔多·卡雷洛明确提到了秘鲁对中国丝绸的需求。他记录了"在秘鲁有需求的所有商品类型……因为秘鲁本地不产这些商品"。货物名单里，有"深红色、蓝色、绿色以及彩色的中国丝绸"，有"在利马用中国丝绸生产的女士头巾"，有"在秘鲁销量很高的各种中国丝线、丝织品"。⑥秘鲁总督区生产的丝绸从未满足过自身市场的需求，因而对墨西哥丝绸和中国丝绸有

---

① Borah, *Silk Raising*, 1943, pp. 32-38 y 85-102. Bazant, "Evolución", 1988, pp. 473-516.

② Pérez Herrero, "Actitudes del Consulado", 1983, p. 109.

③ Assadourian, *El Sistema*, 1982, pp. 131-221.

④ 这段时期，利马的一些神职人员要求土著居民用丝绸来缴纳什一税。可参阅 AGI, Lima, 567, leg. 8, fs. 299-300。

⑤ "秘鲁只缺少丝绸和亚麻"。可参阅 Murúa, *Historia*, 2001〔1606-1613〕, p. 273。

⑥ "Descripción general del reino del Perú, en particular de Lima", BNF, Manuscritos, *Espagnol 280*, N° 5057, fs. 237-262.

很大依赖性。

很明显，丝绸在西属美洲的大规模生产之所以受到限制，主要是因为西班牙政府禁止发展任何会与西班牙纺织业形成竞争的当地纺织工业。但是，有明显迹象表明，西班牙允许生产廉价的普通纺织品来满足美洲殖民地印第安人、奴隶和穷人的需求。西班牙的最终目的是限制所有可能和西班牙丝织品——中上层人士的专属——形成竞争的纺织业的发展。这是西班牙阻止进口中国丝绸的主要理由。但是，为什么没有成功？因为中国丝绸的特质破坏了西班牙的计划。

2. 贸易税收因素。无论是陆路运输还是海路运输，西属美洲的中国丝绸都没有承受繁重的税负。地下交易的性质使中国丝绸避开了皇家征收的任何税费，直接进入免税市场，运输和营销成本也比较低。中国丝绸以低廉的价格进入美洲市场，西班牙无法在市场上与其竞争。1612 年，克拉罗斯侯爵认为，尽管有禁令，依旧"难以阻止"中国丝绸从阿卡普尔科港流入秘鲁。他建议废除禁令，并且：

> ……对从阿卡普尔科港和卡亚俄港入境的商品加征重税……加大征税力度，减少商品的利润，使其不再那么令人垂涎，这样人们就会更愿意到内陆省（Tierra Firme）进行贸易活动，那里税费比这里低。[1]

克拉罗斯侯爵向官方建议，承认西属美洲的中国丝绸之路。中国丝绸之路的合法化将增加皇家的税收。[2] 但是，为什么西班牙政府没有将其合法化呢？我们可以这样想：一旦将这条路线合法化，丝绸的总体成本会增加，人们可能不再购买中国丝绸，而是选择购买西班牙和欧洲其他国家的纺织品。

---

[1] Montesclaros, "Carta", 1866[1612], pp. 343.

[2] 在此无法列出西印度事务委员会提出的众多类似提案。了解后续一段时期的情况，请参阅 1712 年新西班牙总督利纳雷斯公爵（duque de Linares）的相关文献：AGI, Lima, 480, s/n de expediente fs. 1-7。

这个问题不是对中国丝绸征不征税那么简单，关键在于中国丝绸的消费模式，即它所满足的需求类型和消费者类型。随后我们会解答消费模式的问题。尽管中国丝绸到达秘鲁的行程很漫长，但其缴税几乎为零。如果要收税的话，也只是在阿卡普尔科港举办的新西班牙官方展会上征收。但是，如果想一下马尼拉大帆船进口的那么多的未经登记的货物，可能会得出这样一个结论：大部分货物一分钱没交就被运到了秘鲁。

3. 消费文化因素。美洲地区对丝绸的需求，以及中国丝绸进入内陆市场的能力，取决于丝线或丝织品自身的品质，从最普通的到最精细的，面向的是西属美洲广泛和多样化的消费群体。

需要指出的是 16 世纪末期出现的一个跟商品生产有关的现象。在当时通货膨胀期间，墨西哥丝绸的价格下降了 80%，这是因为中国丝绸商品对其形成了强有力的竞争。中国丝绸质量好、运输成本低，价格低得"连马尼拉大帆船上的奴隶们都穿着丝绸的衣服"[1]。这说明中国丝绸有两种消费类型。首先，享有特权的社会阶层可以以很低廉的价格购买到比较优质的丝绸。其次，还有针对相对贫穷的民众的普通丝绸。我们要强调的是第二类消费者，因为这种普遍的日常消费文化恰恰反映了丝绸之路的特点和作用。

1609 年，韦拉克鲁斯附近的帕努科省省长佩德罗·马丁内斯在其报告中记录了当地西班牙人和印第安人购买丝绸商品的情况。马丁内斯指出，"价格随着商品在市场上的存货量上下浮动"，但是关于"最普通的商品"，也就是我们感兴趣的纺织品，情况如下：

……1 巴拉普埃布拉产普通布料，7 比索；1 巴拉中国产塔夫绸，1 比索；1 巴拉中国产缎子，1.5 比索；1 盎司绢缎或绉缎，1.5 比索；1 巴拉中国产天鹅绒，5.6 比索……1 巴拉中国产衬里亚麻布，4 雷亚尔；中国产丝袜，7 比索；西班牙产丝袜，15 比索……这些商品都是在附近的地区销售的，墨

---

① Spate, *El Lago*, 2006, p. 250.

西哥城和普埃布拉商人通过陆路运过来，韦拉克鲁斯和坎佩切商人通过海路运过来。[1]

中国丝绸比普埃布拉产的普通布料价格低，亚洲丝袜的价格还不到西班牙丝袜价格的一半，都说明中国丝绸只能在低端市场以及远离总督政治和经济掌控的地区销售。还有一个重要事实：虽然我们谈论的是靠近大西洋且远离太平洋的地区，但是中国丝绸的价格却低于欧洲丝绸的价格。18 世纪初，人们在同西班牙进行贸易还是同菲律宾进行贸易这个问题上进行着艰难的抉择，这给我们提供了关于上述问题的重要信息。1718 年，西班牙国王为了保护本国工业和大西洋贸易下令禁止墨西哥进口中国生丝和丝织品的时候，商人、总督甚至普通民众都表示反对，说这项措施行不通，理由如下：

> ……"中国服装"由于其价格合理而受到穷人们的欢迎。西班牙服装由于价格过高，穷人是消费不起的（即使他们想买也买不起）。但是，西班牙服装还是有人消费的，如果经济条件允许的话，人们更愿意购买西班牙服装，因为它质量好且使用寿命长。这是中国服装所不具备的特质，中国服装容易损坏。[2]

费利佩五世决定实施禁令的时候，人们对从菲律宾运往墨西哥的中国丝绸有着独特的看法：

> ……到韦拉克鲁斯的船队通常都会受到当地富商的欢迎，运来的商品由他们来销售，但是大部分人更期待中国船的到来。如果出现延迟到达的情况，就会引起很大的不满。[3]

---

[1] Martínez, "Descripción", 1969 [1609], pp. 153-154.

[2] AGNM, Reales Cédulas Originales, caja 3552, expediente 26,（1724）, fs. 3-4.

[3] AGNM, Reales Cédulas Originales, caja 3552, expediente 26,（1724）, f. 4.

由于大多数人的消费需求，马尼拉大帆船不来阿卡普尔科港引发了社会的不满。历史学家舒尔茨认为：

> ……所有的社会阶层，从那些生活在热带低地地区被西班牙法律和公约强制着装的印第安人，到那些生活在首都的娇贵的土生白人，都穿着从远东和中国进口的丝绸。①

无论是在墨西哥还是在秘鲁，得到的结论都是一样的。虽然有些高档丝绸是针对上层人士的，但是在美洲市场上销售的中国丝绸大部分价格便宜，质量中等，使用寿命不长，是丝绸之路的主要货物。针对不同的消费需求，丝绸的质量也有所不同。比如"质地较厚的丝绸受到西班牙人和土生白人的喜爱，但也会卖给穷人，成为新西班牙民众的流行服饰"。②1702 年，一位在阿卡普尔科旅行的游客惊奇地发现，马尼拉大帆船装载的货物达到了 2000吨，远超于法律规定的 200 吨，这也就解释了为什么 11000 包（fardo）中国丝绸"便宜且质量差"。③秘鲁地区的中国丝绸也是这样。1591 年，内陆省会计官米盖尔·鲁伊兹·德·杜艾因给西班牙国王写信说：

> ……中国商品流入内陆省和秘鲁，不利于西班牙王室商品税的征收。流入的丝绸数量巨大，因为其价格非常便宜。……的确连穷人们都穿着丝绸的衣服，因为它们虽然没有西班牙衣服耐穿，没有西班牙衣服质量好，但比西班牙衣服便宜。④

最具说服力的证据，是时任秘鲁总督的卡涅特第二侯爵乌尔塔多·德·门

---

① Schurz, *The Manila Galleon*, 1959, p. 362.

② AGNM, Reales Cédulas Originales, caja 3552, expediente 26,（1724）, f. 4.

③ Villar, *El contrabando*, 1967, p. 29.

④ AGI, Panamá, 33, s/n de fs.

多萨于 1594 年发表的。门多萨对和中国进行贸易非常感兴趣，他不仅推动了阿卡普尔科所参与的丝绸之路的地下贸易，还推动了秘鲁到远东的直接贸易航线。[①]1594 年，他向西印度事务委员会进言：

> ……中国的商品如此便宜，西班牙的商品如此昂贵，让这个地区减少甚至停止购买中国商品是不可能的。现在，丈夫可以花 200 雷亚尔（25 比索）就能让他的妻子穿上中国丝绸的衣服，但是花 200 比索却不能让他的妻子穿上西班牙丝绸的衣服。[②]

在秘鲁，中国丝绸服装的价格只有西班牙服装的 10%。另外，中国丝绸大量涌入秘鲁，使得西班牙丝绸的生产、贸易和消费都陷入了严重的困境。17 世纪的前 30 年，西班牙皇室一直试图制定一系列的禁令来解决这一问题，但是未能如愿。[③]1602 年，西班牙王室开始推出一些政策，禁止在秘鲁进行中国丝绸的买卖和消费。而利马的商人们坚持认为，至少要开放阿卡普尔科港和中国的贸易，这样并不会威胁到波托韦洛港商船的利益，因为：

> ……秘鲁贸易的衰落不是中国商品流入那个地区（墨西哥）造成的，而是因为到达波托韦洛港的船队的航期不规律……比起西班牙，秘鲁更喜欢跟墨西哥进行贸易，很多西班牙人穿的比其他任何地方的人都华贵……所以，如果让更多船队（波托韦洛船队）进入，他们全都会卖西班牙服装，而中国丝绸服装适合各阶层人群购买，尤其是穷人，还可以用于装饰寺庙。[④]

---

① Cauti, *Extremo Oriente*, 2005, pp. 228-233.

② "Cartas y expedientes de virreyes del Perú（1593-1599）", AGI, Lima, 33, f. 43.

③ AGI, Quito, s/n de expediente, fs. 1-11；Escalona, *Gazophilacium*, 1775, fs. 178-179.

④ AGI, Filipinas, 34, s/n de expediente, fs. 36-48.

1620 年，葡萄牙商人佩德罗·莱昂·德·波托卡雷罗记录下了运往秘鲁的中国丝绸的种类和女性对它们的需求。他指出，中国丝绸之所以卖得好，关键在于价格低，"可供穷人们穿"。下面这篇长引文再现了这种情况：

> ……墨西哥会把每两年从中国运来一次的大量塔夫绸、成卷的罗缎、暖脚炉等商品运送到秘鲁。有普通的锦缎和官用锦缎，其中后者是用来进贡的，是来自中国的最好的锦缎。各式各样的绸缎，从兰金运来的洁白又光亮的面料尤其多。还有其他亮丽的、黑色的料子，还有漂亮的天鹅绒的、平整的、绣花的，颜色除了黑色的，还有彩色的，还有各式各样、颜色各异的绣花床单和床罩。大量的白色绉缎以及丝绸的女士头巾……这些都是当时在穷人中热销的服饰，因为它们价格便宜。同时也从兰金运来了很多毯子，这些毯子是用棉麻布制成的，有白的和蓝的。[1]

中国丝绸受到各阶层人士的喜爱。秘鲁穷人焦急地等待着从墨西哥太平洋沿岸运来的中国丝绸，而上层人士为了显示自己的地位则选择购买来自欧洲的精美华贵的衣服和纺织品。如果对人们的遗嘱进行核查就会发现，里面的清单清楚地表明：用中国丝绸做成的窗帘、床单、桌布和高档服装都是特权阶层才能拥有的，亚洲商品无疑是一种奢侈品。但是，我们认为，这种说法过于夸大，把中国丝绸说成是专门为上层人士定制的，好像这些中国产品是特别精美华贵的商品。因为我们发现，很多中国丝绸是供卑微阶层和普通民众消费的。这种情况不仅发生在秘鲁，也发生在危地马拉。在 17 世纪中叶，一位叫托马斯·加赫的旅行者说："印第安人去教堂或者做客时头上披着一种精致的中国丝绸，直垂到地面。"[2]

利马的商人认为，没必要为所谓的太平洋贸易和大西洋贸易之间的冲突

---

[1]　"Descripción", BNF, Manuscritos, *Espagnol 280*, N° 5057, fs. 211-212. La bastardilla es nuestra.

[2]　Gage, *Viajes*, 1980, p. 167.

而担心，因为西班牙的丝绸主要卖给上层人士，而中国丝绸主要卖给"更穷的人"。"更穷的人"指的是土著人、工人、农民，甚至奴隶。然而，秘鲁人的诉求是无果的。虽然两者相隔一段时间，但是如果我们把1602年秘鲁商人的报告同1718年新西班牙的请愿书相关联，就能看出西属美洲对外贸易的整体情况：大西洋贸易的主要消费者是精英阶层，而以中国丝绸之路为核心的太平洋贸易则面向更广泛的社会阶层。总而言之，中国丝绸虽然价格低，但是要注意，它的使用寿命也短。[1]

文献资料提到中国丝绸价格低廉的时候，紧接着就会说它质量差、寿命短，使得人们几乎无衣可穿。因此，中国丝绸消费速度很快，也就是说商品买卖周期较短，生产和流通环节会加速运转，这就实现了中国丝绸之路在西属美洲的持续运转。

总体来说，上述所有文献都让我们认识到这样一个事实：广大的消费者推动了中国丝绸之路在西属美洲的运转。西属美洲的中国丝绸之路几乎持续了两个世纪，覆盖范围如此之广，原因不只在于西属美洲极少数上层人士对东方商品的情有独钟。我们认为，正是因为普通的中国丝织品使用寿命短，才推动了丝绸之路的运转。我们也可以想象，那些同样来自中国，但是质量更好、使用寿命更长的丝绸，其更新时间就比较慢。史学界认为，一些东方奢侈品对上层人士很有吸引力，但本文尝试重新审视中国丝绸的消费人群。各个阶层的西班牙人、土著人，甚至奴隶，共同构成了广大的社会消费群体，最终使得西属美洲的中国丝绸之路继续存在下去，也使得拉美能在当今全球化背景下和东方联系在一起。

四、结论

我们认为，应当把西属美洲历史上的中国丝绸之路和"一带一路"倡议

---

[1] Cauti, *Extremo Oriente*, p. 272.

联系起来。本文篇幅有限，无法对两者进行深入比较；不过，至少我们提出了一些主要问题。毋庸置疑，"一带一路"倡议在上述路线中有历史先例可循。在衡量中国政府所推动的这个全球性倡议的可行性时，马尼拉大帆船贸易、秘鲁总督区与墨西哥的海上贸易都是具有重大意义的历史典范。如上所述，在 18 世纪以前，中国是世界上的重要一极，英国工业革命后，中国在全球化中的影响力减弱了。但是，20 世纪中叶以来，尤其是最近几十年里，我们看到了中国的复兴和在世界范围内的迅速崛起，如今的"一带一路"倡议标志着中国已重返亚洲舞台的中央。

历史上的路线和"一带一路"倡议之间除了在时间上相隔久远，还有其他相似点和不同点，有必要对两者进行比较分析。首先，无论是古代的路线还是如今的倡议，都是全球化的重要组成部分。在 16 世纪到 18 世纪连接菲律宾和阿根廷的中国丝绸之路表明，在那段时期，太平洋也是多极性的全球化贸易的一部分。这条贸易路线并非由欧洲的商人、资本家和商船开创，相反，它是由西属美洲的商人以及中国商人和工匠打通的。双方都明白，美洲人对物美价廉的中国丝绸很感兴趣。同样，"一带一路"倡议也是全球化进程的一部分。在当今全球化进程中，中国最近几十年的显著崛起和经济发展对西方霸权构成了严峻挑战。从这种意义上讲，古老的丝绸之路和如今的"一带一路"都在全球化博弈中起着平衡世界经济秩序的重要作用。与古代丝绸之路体现了中国和欧洲在拉美市场上的博弈一样，现在的"一带一路"倡议无疑是当今世界地缘政治的重要体现，也是正在形成的全球新秩序的重要体现。

另外，西属美洲的中国丝绸之路属于非官方范畴，其发展受到西班牙王室的限制。但是，西属美洲市场对丝绸的需求和兴趣推动了丝绸之路的发展。现在，这份责任落在了拉美地区各国政府以及拉美经济和政治联合体，即南方共同市场（MERCOSUR）的身上。拉美地区各国政府作为区域性组织的参与者，有能力就中国提出的这一新倡议同中国开展正式合作。其中，有一个因素需要注意：拉美各国政府已经认识到 20 世纪同美国签署的自由贸易协定所产生的负面结果；但是，中国的"一带一路"倡议与拉美和加勒比地区各国以往签订的经贸协议并不相同，拉美各国政府要成为这一新合作框架中的主角。"一带一路"倡议非常重要，放任供应和需求自由发挥，或是让"市场的无形之手"随意操控，都不是最适当的发展方式。在考虑中国的"一带一路"倡议能给拉美带来什么样的成果时，一定要对基础设施投资和资金流通进行国家监管和国家干预，也一定要分析该倡议对拉美各国人民的福祉可能带来的影响。

第二部分

"五通"在拉美

第三章　政策沟通：中拉共建
"一带一路"的基础

许文鸿[*]

　　尽管拉美与中国相隔万里，且不属于"一带一路"倡议早期规划的沿线国家，但无论从中拉的历史合作基础与现实需求，还是从推动全球化发展的角度，以及"一带一路"倡议所特有的开放性和包容性看，拉美都应成为该倡议必然的和积极的参与者。2017年5月，阿根廷和智利两国总统以及近20位拉美国家的部长级官员出席了在北京举行的"一带一路"国际合作高峰论坛。5月17日，在会见阿根廷总统毛里西奥·马克里时，习近平主席指出，"拉丁美洲是21世纪海上丝绸之路的自然延伸"[①]。11月，习近平主席会见巴拿马总统胡安·卡洛斯·巴雷拉·罗德里格斯时又强调："中方把拉美看作'一带一路'建设不可或缺的重要参与方。"[②]自此，中拉在"一带一路"倡议框架下的合作揭开了历史的新篇章。

　　中国提出的"一带一路"倡议，概言之，主要包括政策沟通、设施联通、贸易畅通、资金融通和民心相通5个方面。鉴于中国与拉美国家在历史文化、经济现状以及发展需求等方面存在历史和现实的差异，政策沟通将是中拉务实合作的前提并将发挥基础性的保障作用。

* 许文鸿，法学博士，副研究员，中国社会科学院"一带一路"研究中心副秘书长。

① 《从"中国船"到"新海丝"——拉美国家拥抱"一带一路"倡议》，新华网，2017年5月24日，http://www.xinhuanet.com/2017-05/24/c_1121030198.htm，访问日期：2018年7月4日。
② 《习近平同巴拿马总统巴雷拉举行会谈　两国元首同意共同规划好中巴关系发展蓝图》，人民网，2017年11月17日，http://politics.people.com.cn/n1/2017/1117/c1024-29653604.html，访问日期：2018年7月4日。

一、中拉政策沟通的国际背景

2008 年全球金融危机之后，世界经济格局出现了新的变化，全球政治经济进入秩序重组的新阶段。美欧政治经济的不确定性，"一带一路"倡导的走出低增长的新理念，中拉共建国际政治经济新秩序的努力，构成中拉在"一带一路"框架下加强政策沟通的时代背景。

（一）美欧政治经济新变化为中拉合作提供了战略空间和机遇

2008 年全球金融危机之后，美、欧、日经济复苏乏力，西方七国集团 GDP 占全球 GDP 的比重逐步下降。欧洲债务危机迄今尚未彻底解决，又出现英国脱欧、难民问题等新的不稳定因素。与此同时，新兴经济体（包括中国和拉美国家）的经济总量占世界经济的比重不断上升。此外，贸易保护主义此伏彼起，逆全球化暗流涌动，国际投资贸易格局和多边投资贸易规则酝酿着深刻调整等。

美欧全球领导力和影响力的削弱不仅发生在经济领域，在政治上还出现分裂和内讧。2017 年唐纳德·特朗普就任美国总统后所主张和推行的"美国优先"政策，标志着美国的全球领导地位进一步下降。2018 年 3 月，美国以保护本国制造业基地为名，宣布对进口钢铝产品征收高关税，相关国家被迫采取相应措施抗衡美国。2018 年 5 月，特朗普政府又宣布单方面退出伊核协议，重启对伊制裁，直接损害欧盟国家的利益。美国在全球范围的一系列单边行动不是在解决问题，而是在制造更多的问题。

美国对拉美国家也采取了一系列不友好的政策，如单方面退出跨太平洋伙伴关系协定（TPP）、重谈北美自贸协定（NAFTA）、在美墨边境修建"隔离墙"、驱赶拉美非法移民等。这些措施严重地冲击了对美国市场高度依赖的拉美经济，导致拉美国家被迫到西半球外寻找新的市场和资金。而与此同时，中国正在全球倡导"一带一路"，并向拉美地区开放，以搭建中拉经济合作的新通道。"一带一路"的开放性和包容性，与美国的反全球化和贸易保护主义形成了鲜明的对比，从而点燃了拉美各国参与"一带一路"的热情。

（二）"一带一路"倡议提供了走出低增长困局的新思路、新理念

经过 40 年的改革开放，中国经济取得长足发展，并在世界范围内发挥着越来越重要的作用。中国自身的发展为拉美各国提供了良好的经济发展机遇和增长动力。在过去 20 年间，中拉贸易取得了令人瞩目的成绩。拉美是世界上最重要的原材料生产基地之一，而中国则是最大的原材料进口国，双方贸易结构具有较强的互补性。目前，中国已成为拉美的第二大贸易伙伴，许多拉美国家的第一大贸易伙伴。

然而近年来，拉美各国经济乏力，社会不稳定因素渐多，且普遍面临债务增加、资金缺乏和基建投资不足等问题。中国倡导的"一带一路"旨在通过基础设施领域的合作，进一步促进中拉间的贸易畅通、资金融通和民心相通。拉美各国适时把握了"一带一路"倡议所彰显的发展新理念与合作新思路，表现出对中国"一带一路"倡议的积极姿态。

（三）共同倡导建立合理公正的国际经济新秩序

进入 21 世纪，拉美作为全球繁荣与增长的新兴代表，在全球政治中的影响力和在诸多国际组织中的作用越来越大。中拉作为新兴经济体的代表，在共同倡导建立公正合理的国际经济新秩序方面负有共同使命。从反对贸易保护主义的共同立场，到共同推动实现联合国 2030 年可持续发展目标，中拉之间的战略契合度日益增加。这不仅改善了全球经济治理，提高了新兴市场在国际政治经济事务中的影响力和话语权，而且最终为推动全球治理体系朝着公正合理的方向发展做出了重要贡献。

2008 年全球金融危机以来，囊括主要发达国家和新兴经济体的二十国集团（G20）逐渐取代七国集团（G7），成为全球经济治理的主要平台。而在 G20 中，拉美成为一支不可忽视的力量：墨西哥、巴西和阿根廷均是 G20 成员。墨西哥于 2012 年主办了第七次 G20 峰会，而阿根廷将于 2018

年 11 月主办第十三次 G20 峰会。

金砖国家的参与，是新兴经济体参与全球经济治理、提高在全球治理中话语权的最新尝试。巴西作为拉美国家的代表，与其他四国一起推动全球经济治理的探索与发展。随着金砖国家新开发银行的成立，由新兴经济体倡导创立并主要面向发展中国家的区域性货币协定和援助机制也开始生效，巴西所代表的拉美地区发挥着越来越重要的作用。

二、中拉政策沟通的理念

任何新的倡议出现某些疑虑和不解都是自然的和可以理解的，而倡导者则需要加强对倡议的理念和本质的阐释，这是"一带一路"倡议"政策沟通"的本意。政策沟通是国家间开展合作的必要前提，在国家间合作中具有非常重要的作用。毕竟，包括拉美国家在内的广大发展中国家都对殖民主义的剥削和帝国主义的侵略有着深刻的历史记忆，对国际关系的现状也有着理性的和现实的认识。中国提出"一带一路"倡议之后，在许多国家也自然出现一些疑虑，而与此同时西方媒体刻意散播的"中国威胁论"则加重了这种疑虑。有人认为，拉美加入"一带一路"倡议之后，会导致中国加速向拉美倾销商品、资本、劳动力甚至意识形态，从而危及或威胁拉美地区的民族产业、工业化进程和价值观[1]。此外，这些国家也对本国在全球化进程中的定位、得失和发展方向有诸多顾虑。中拉在政策沟通的深度和广度方面还没有达到高度一致，双方缺乏足够的信任，这必将影响"一带一路"的共建和合作。因而，特别是拉美在参与"一带一路"建设前期，中拉双方的政策沟通至关重要。

政策沟通的基本理念是"共商、共建、共享"。

---

[1] "Policy Coordination at the Belt and Road Forum", http://www.chinapictorial.com.cn/en/features/txt/2017-05/16/content_741125.htm.

"共商"，即"共同商讨"，是指"一带一路"框架下相关各国人民共同商讨涉及自身发展的大计，共同商讨和规划发展方向，确定发展目标。当发展目标、规划是在利益相关方共同商讨的情况下，各方容易达成共识，便于形成合力，为共同制定的目标而奋斗。"共商"原则的确立打破了过去几百年间世界经济发展格局中由强者制定发展目标的"游戏规则"。中国所倡导的"一带一路"将由相关国家的人民共同构想未来的发展蓝图。在此过程中，国家不分大小，经济不分强弱，利益攸关方平等协商，共谋发展大计，必将得到各方的积极支持和全力参与。

"共建"，即"共同建设"，是指"一带一路"倡议是由中国主动发出建设倡议，同时在相关各国共同协商的基础上提供可实际操作的方案、架构，以及必要的金融支持（如设立"一带一路"建设基金，首倡发起成立亚洲基础设施投资银行、丝路基金等），并由相关各方以自己适当的方式参与其中，共同推动相关项目的建设。

"共享"是指由参与各方共同享有建成项目带来的益处。随着"一带一路"倡议的发展，许多项目都将由参与各方共同享有、使用，这必将极大地发挥本地区互帮互助的合力和潜力，极大地推动本地区的经济发展，为整个地区的发展带来极大优势。

"一带一路"倡议框架下政策沟通的本质是中国向世界各国提出经济合作倡议。如果接受中国的倡议，可以和中国一起结伴而行，进而通过设施联通、贸易畅通、资金融通和民心相通，实现各国的发展目标，共享繁荣与稳定；如果不接受中国的倡议，那么可以继续观察和交流。该倡议提出5年来，从中国倡导的理念到实实在在的国际务实合作，得到越来越多国家的响应和支持。相信在相关国家的共同努力下，必将为世界奉献更多的机会和成果。

三、中拉政策沟通的目标

中拉政策沟通的目标是阐释"一带一路"倡议所承载的经济合作和发展

理念，积极推动中拉在基础设施、贸易、金融等领域的全方位务实合作，与拉美国家携手共建"利益共同体""责任共同体"和"命运共同体"。

3个共同体的内涵和使命各有不同。"利益共同体"和"责任共同体"强调"利益共享，责任共担"，在共同体各成员国之间形成"相互配合，合作共赢"的理念。"命运共同体"则强调"共享繁荣与稳定，互助危机与灾难"，共同追求地区的繁荣与稳定，共同面对可能的危机与灾难。[①]"命运共同体"是比"利益共同体"和"责任共同体"层次更高、更为密切的相互联系。"利益共同体"强调以"利"为核心，是"有利则合，无利则散"的联系；而"命运共同体"强调各成员之间是"生死与共，同舟共济"的紧密联系。无论"利益共同体""责任共同体"还是"命运共同体"，所强调的最大的意义和共同点是相关成员之间要"互利互惠，合作共赢"，在追求本国利益最大化的同时兼顾他国的合理关切，在谋求本国发展过程中促进各国乃至本地区的共同发展，这是"利益共同体""责任共同体"和"命运共同体"三者共同的核心内涵和实质。

中国提出"利益共同体""责任共同体"和"命运共同体"的新外交理念，是对传统国际关系理念新的突破和发展。传统的国际关系理论认为，世界是无政府状态的，国家利益至高无上，国家是国际政治行为体中单一的行为体，国家就是用各种手段（包括使用武力）和他国争夺资源和维护主权的工具，以势力均衡和势力支配确保相互安全[②]。"利益共同体""责任共同体"和"命运共同体"是中国在新的历史背景下提出的全新的外交理念，具有以下几个鲜明的特点：

第一，是构建共同体而不是缔结军事同盟。共同体是一种涉及基础设施建设、贸易、金融、经济、政治和文化等多领域的紧密经济合作机制，它并不是一个需要加入者让渡国家主权的超国家机构，也不是国家间的联盟。共

---

① 许文鸿：《上海合作组织应该成为"利益共同体"和"命运共同体"》，载《上海合作组织发展报告》，社会科学文献出版社，2014，第127页。

② ［美］卡伦·明斯特：《国际关系精要》，潘忠岐译，上海人民出版社，2007，第101—135页。

同体的各成员国相互间只是经济社会发展关系上的共同体，而不是军事同盟关系。在全球化趋势日益加强的背景下，面对环境、资源、网络安全、霸权主义、恐怖主义、跨国犯罪以及走私毒品等全球性问题，没有一个国家可以独善其身。中国提出建立"利益共同体""责任共同体"和"命运共同体"，以携手共建，共同应对，符合历史发展潮流，因而得到有关国家的广泛支持。

第二，是"不结盟外交原则"的发展和完善。不结盟，不等于不合作；不对抗，不等于不斗争；不冲突，不等于不竞争。当今世界还不太平，国家间的各种斗争和冲突无处不在。当今的国际政治经济格局依旧处于变化中，某些国家顽固坚持"冷战思维"和"零和思维"，以强凌弱，以大压小。"利益共同体"和"命运共同体"的理念，号召拒绝加入大国同盟或军事同盟组织的国家联合起来，"共享繁荣与稳定，互助危机与灾难"。在不结盟、不排他的原则上，在共同追求地区繁荣与稳定的同时，共同面对可能的危机与灾难。

第三，"利益共同体""责任共同体"和"命运共同体"紧紧把握时代的主题——"和平与发展"，强调发展经济，不涉及军事和对抗。不搞集体军事对抗，不搞霸权，这既是中国外交的基本原则，也是这一外交理念的生命力之所在。

第四，平等、开放、透明、包容性强。"利益共同体""责任共同体"和"命运共同体"的凝聚力来自组织自身发展的潜力，开放、透明、平等、互利等都是这一理念的基本原则。同时，这一理念还具有较强的包容性，不阻碍其他地区国家为本地区的繁荣与稳定积极发挥建设性作用。

四、中拉政策沟通的 4 个层次

从多年的国际合作实践经验来看，在国与国的经济合作中，许多技术性的问题都比较容易解决，真正的障碍更多集中在发展战略的相互沟通、

发展规划的相互对接、机制平台的相互衔接和具体项目上的合作等多个
层面。

（一）发展战略层面的沟通

每个国家都对国际形势的发展有自己的判断，对未来较长时期的发展有
一定的规划和构想，并在此基础上形成自己的发展战略。因而，发展战略层
面的沟通是国家间最高层次的沟通与协调，便于双方从宏观上寻求合作最大
公约数，找准共同的行动方向，实现相向而行和共同发展。具体来说，响应
或参与"一带一路"倡议的国家与中国对所处的时代背景要有相似或相近的
认识，对当前国际经济、政治形势的总体判断要有相似或相近的理解，对面
临的历史任务与中国要有相似或相近的认识。

2008 年全球金融危机之后，国际政治经济出现新的调整：某些国家逆
全球化而动，坚持本国利益第一，坚持高关税、高壁垒，以邻为壑，保护本
国利益；而中国认为全球化的势头不可阻挡，贸易保护主义损人不利己。某
些国家动辄指责别国"搭便车"，要求"搭便车者"必须为此付出代价；中
国则公开欢迎世界各国搭乘中国发展的列车[1]。在全球贸易问题上，拉美国
家大都支持全球化和贸易自由化，反对贸易保护主义，支持"在世界贸易组
织框架下推动建设以规则为基础、非歧视、透明、开放和包容的多边贸易
体制"[2]。在此背景下，中拉就容易在战略层面上达成共识，拉美国家积极响
应中国提出的"一带一路"倡议。在 2018 年 1 月举行的中国—拉共体论坛
（以下简称"中拉论坛"）第二届部长级会议上，中国同拉共体签署的《圣
地亚哥宣言》，就是中拉双方对共建"一带一路"在战略层面达到高度一致

---

[1] 《习近平：欢迎搭乘中国发展的列车》，新华网，2014 年 8 月 22 日，http://www.xinhuanet.com/
world/2014-08/22/c_126905369.htm，访问日期：2018 年 7 月 4 日。

[2] 《中国—拉共体论坛第二届部长级会议圣地亚哥宣言》，外交部，2018 年 2 月 2 日，http://
www.fmprc.gov.cn/web/zyxw/t1531474.shtml，访问日期：2018 年 7 月 4 日。

的政治背书。[①]

在经济和社会发展方面，中拉可以实现发展战略对接。中国一贯认为，发展经济，改善民生，"不断满足人民群众日益增长的美好生活需要"，是本国政府的责任和历史使命。拉美国家在人均 GDP 达到 1000 美元后，忽视了社会和经济的协调发展，引发社会动荡，形成独特的"拉美现象"。在美欧经济发展速度减缓的背景下，加强中拉经济合作，可以充分发挥拉美国家的资源优势和劳动力优势。因此，中拉在中短期发展目标上有许多相近之处，双方亟待加强发展战略对接。

中拉在全球治理等方面具有共同利益，因此具有战略对话空间。拉美是全球经济治理的积极参与者，但由于多种原因，在国际舞台上话语权不足。[②]中国同拉美加强对话与交流，可以发展在改善全球经济治理，落实联合国《2030 年可持续发展议程》，应对气候变化、网络安全以及各种危机（金融危机、石油危机、粮食危机）等方面的共同利益。

共同的利益基础促进了中拉在整体上和战略上的接近。2014 年 7 月，习近平主席在出席中国—拉美和加勒比国家领导人会晤时宣布，中拉双方要"努力构建携手共进的命运共同体"[③]，建立"中拉全面合作伙伴关系"，并以"伙伴关系"（见表一）引领双边和整体关系。2015 年 1 月，中拉论坛首届部长级会议在北京召开，中拉关系进入双边及整体双轮驱动的合作新时代。2016 年 11 月，外交部发布了第二份《中国对拉美和加勒比政策文件》。中国通过对拉美政策的顶层设计，为中拉关系发展提出了新目标，注入了新动力，构建了新合作平台，中拉关系由此进入全面发展的新阶段，中国因素也

---

① "China invites Latin American and Caribbean states to join the Belt and Road Initiative", https://thediplomat.com/2018/01/china-says-latin-america-eager-to-join-belt-and-road/.

② 贺双荣：《全球治理：拉美的作用及中拉互动的政治基础》，《西南科技大学学报（哲学社会科学版）》2017 年第 5 期。

③ 《习近平出席中国—拉美和加勒比国家领导人会晤并发表主旨讲话》，《人民日报》2014 年 7 月 19 日第 1 版。

开始介入拉美地区主义的发展进程。[①]

表一　中国同主要拉美国家的伙伴关系[②]（截至2018年5月）

国家	关系定位	缔结年份	关系定位	缔结年份
巴西	战略伙伴关系	1993	全面战略伙伴关系	2012
委内瑞拉	共同发展的战略伙伴关系	2001	全面战略伙伴关系	2014
墨西哥	战略伙伴关系	2003	全面战略伙伴关系	2013
阿根廷	战略伙伴关系	2004	全面战略伙伴关系	2014
秘鲁	战略伙伴关系	2008	全面战略伙伴关系	2013
智利	战略伙伴关系	2012	全面战略伙伴关系	2016
厄瓜多尔	战略伙伴关系	2015	全面战略伙伴关系	2016
哥斯达黎加	战略伙伴关系	2015		
乌拉圭	战略伙伴关系	2016		

（二）发展规划上的对接

在发展理念和发展战略层面达成共识的基础上，进一步明确双方合作的重点方向和合作领域，确定合作的时间表和路线图，即发展规划达成对接，将是双方未来一个时期合作的蓝图和基本框架。

中国同拉美和加勒比国家在发展规划方面的对接取得了丰硕的成果。2015年中拉论坛首届部长级会议通过了《中国与拉美和加勒比国家合作规划（2015—2019）》《中拉论坛机制设置和运行规则》，其中包括政治和安全、国际事务、贸易，以及民间友好等13个领域的具体内容。2018年1月，在智利圣地亚哥通过了《中国与拉美和加勒比国家合作（优先领域）共同行动计划（2019—2021）》[③]，其中确定了未来3年的八大优先合作领域，

①　张凡：《拉美地区主义视角下的中拉整体合作》，《世界经济与政治论坛》2017年第5期。
②　郭存海：《中共十八大以来中国对拉美的政策与实践》，《拉丁美洲研究》2017年第2期。
③　《王毅谈中拉论坛第二届部长级会议成果》，外交部，2018年1月23日，http://www.fmprc.gov. cn/web/wjbzhd/t1527952.shtml，访问日期：2018年7月4日。

包括政治与安全，基础设施与交通，贸易投资与金融，农业、工业与科技，环境保护，人文交流，等等，进一步对未来 3 年的共同行动做出了详细的部署。此次共同行动计划表明，中拉在发展规划方面达成了高度的共识和对接。

需要特别提出的是，拉美地区基础设施联通不足，运输成本过高，生产要素难以在更大范围内流动，极大制约了拉美国家的出口竞争力和经济发展潜力。2018 年 1 月，在中拉论坛第二届部长级会议上，中方建议将"建设陆洋一体的大联通"作为下一阶段中拉深化合作的优先领域之一。在拉美各国的支持和配合下，中方将积极参与拉美地区交通运输、基础设施、能源等硬件建设和互联互通，开辟更多中拉海洋航道、直航航线。

（三）机制平台的衔接

机制与平台是双边和多边合作规划能否顺利落实的关键环节。机制与平台实现对接，就可以将各国有关执行机构有效衔接起来，构建顺畅的沟通和磋商渠道，并更有效地衔接有关资源，及时解决规划实施中面临的问题和困难。

目前，中国同拉美国家在这方面也取得了一定的进展。作为整体合作机制安排，中拉论坛至今已经顺利举行两届，并在该论坛下设立了 8 个子论坛[①]（见图一）。在双边层次上，中国与拉美国家政府间对话与磋商机制也比较多元化和层次化，其中包括双方高层协调与合作委员会、高级混委会、政府间常设委员会、战略对话、经贸混委会、政治磋商等机制[②]。中国与智利、秘鲁和哥斯达黎加签署的自贸协定实施顺利，与巴拿马和哥伦比亚也正积极开展自贸区联合可行性研究等。此外，诸如投资法律、投资贸易协定、便利化设施的约定、税收、交通、物流、技术标准、沟通语言等诸多方面的问

---

① 中国—拉共体论坛官方网站, http://www.chinacelacforum.org/chn/, 访问日期：2018 年 7 月 4 日。
② 《中国对拉美和加勒比政策文件（全文）》, 新华网, 2016 年 11 月 24 日, http://www.xinhuanet.com/2016-11/24/c_1119980472.htm, 访问日期：2018 年 7 月 4 日。

题，也将是"一带一路"倡议框架下政策沟通的重要内容。这些都对合作中的机制、平台的衔接提出了更高的要求，需要在合作中逐一协商解决。

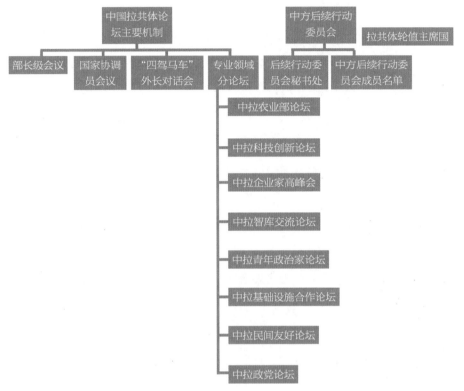

图一　中国—拉共体论坛的主要机制

〔来源：作者根据中国—拉共体论坛网站信息绘制〕

在经贸领域，最重要的中拉经贸合作促进机制性平台是中拉企业家高峰会。高峰会每年轮流在中国和拉美举办，迄今已在中国、智利、哥伦比亚、秘鲁、哥斯达黎加、墨西哥、乌拉圭举办了 11 届。在企业家高峰会期间还举办有中国—拉美贸促机构和商协会圆桌会议、项目对接洽谈会、专题研讨会、中国—拉美贸易展览会和拉美加勒比工商人员培训等配套活动。

此外，金融领域的诸多平台和合作机制更为重要，因其是促进中拉务实合作的诸多关键要素之一。现分述如下：

1. 中拉合作基金。2014 年 7 月，习近平主席在出席中国—拉美和加勒比国家领导人会晤时宣布启动中拉合作基金，由中国进出口银行和国家外汇管理局共同发起设立，总规模为 100 亿美元。中拉合作基金通过股权、债权等方式，投资于拉美地区能源资源、基础设施建设、农业、制造业、科技创新、信息技术、产能合作等领域，支持中国和拉美各国的合作项目，与拉美地区的社会、经济和环境发展需求及可持续发展愿景相适应，服务中拉全面合作伙伴关系。2016 年 5 月，中拉合作基金首个项目花落湖南企业，远大住工国际有限公司和中拉合作基金正式签署战略合作投资协议；2017 年 2 月，牙买加使用中拉合作基金打造政府招标及采购系统。上述进展表明，中拉合作发展迅速，中拉合作基金业务也取得一些突破性进展。

2. 中拉产能合作投资基金。2015 年 5 月，李克强总理在巴西出席中巴工商峰会时倡议积极探索"3 × 3"产能合作新模式，并同时宣布设立中拉产能合作投资基金。2015 年 9 月，由中国人民银行、国家外汇管理局、国家开发银行共同发起设立中拉产能合作投资基金，首期规模 100 亿美元。中拉产能合作投资基金秉承商业化运作、互利共赢、开放包容的理念，旨在服务中拉全面合作伙伴关系，帮助推进中拉产能合作，重点投资拉美的制造业、高新技术、农业、能源矿产、基础设施等中拉中长期产能合作重要项目。

3. 中巴产能合作基金。2015 年 6 月，时任国务院副总理汪洋在中国—巴西高层协调与合作委员会第四次会议上宣布建立中巴产能合作基金。该基金规模为 200 亿美元，中方将出资 150 亿美元，重点支持双边产能合作项目。

4. 中国—拉美基础设施专项贷款。2014 年 7 月，习近平主席在访问巴西期间宣布，中方将正式实施由国家开发银行具体承办的 100 亿美元中拉基础设施专项贷款，并将在此基础上将专项贷款额度增至 200 亿美元。该贷款用于支持中资企业参与拉共体成员国家公路、通信、港口、电力、矿业、农业等基础设施项目。

当前世界经济复苏缓慢，受大宗商品价格大幅下降及外部融资减少等因素影响，拉美国家经济恢复步履蹒跚。在此背景下，中拉之间构建的各种合作机制，搭建的各种金融合作平台，必将深化中拉在各领域的合作，助力拉美和世界经济新的增长。

（四）具体项目的合作

具体项目是落实战略与规划的最基本的单元和载体，项目合作是最微观层面上的政策沟通。"一带一路"倡议最终需要由基础设施、经贸、投资、金融、人文等诸多领域里的具体项目来落实。目前，中拉在许多项目上的合作已取得骄人业绩或初见成效，如厄瓜多尔的科卡科多·辛克雷水电站项目[①]，中国、巴西、秘鲁筹建"两洋铁路"项目，中国和智利共建"数字丝绸之路""空中丝绸之路"等。

1. 科卡科多·辛克雷水电站。厄瓜多尔科卡科多·辛克雷水电站位于该国东北部的纳波省和苏昆毕奥斯省交界处，总装机容量为 1500 兆瓦，是厄瓜多尔有史以来最大的水电站，号称厄瓜多尔的"三峡"，由中国水利水电建设集团公司中标承建。2016 年 11 月 18 日，习近平主席同厄瓜多尔时任总统科雷亚共同见证水电站竣工发电仪式。该大型水电站的建成，彻底改变了厄瓜多尔严重缺电的历史，极大地改善了该国民生，让厄瓜多尔由曾经的电力进口国变成电力出口国。科卡科多·辛克雷水电站的落成发电，让清洁能源的发电比例占到厄瓜多尔全国总需求的 85%，厄瓜多尔也成为全世界使用清洁能源比例最高的国家之一。

2. "两洋铁路"项目。"两洋铁路"是指计划穿越巴西和秘鲁、沟通大西洋和太平洋的铁路。这一想法是 2014 年 7 月习近平主席访问巴西时首先提出的，得到了巴西和秘鲁的积极响应。2014 年 7 月和 11 月，中国分别同巴西和秘鲁签署了推进"两洋铁路"项目可行性研究备忘录。2015 年 5 月，

---

① "Coca Codo Sinclair Hydroelectric Project", https://www.power-technology.com/projects/coca-codo-sinclair-hydroelectric-project/.

李克强总理访问巴西和秘鲁时，三方签署了"两洋铁路"项目可行性研究合作文件，随后正式启动可行性研究。"两洋铁路"的修建，将形成横跨大西洋和太平洋、连接巴西和秘鲁的 5000 千米的超长铁路。这无论对于巴西和秘鲁两国经济与社会发展而言，还是对中拉经济合作来说，都具有十分重要的意义。

3. 共建"数字丝绸之路""空中丝绸之路"。中拉双方除在陆路、海路、航空等交通基础设施方面加强互联互通之外，还与时俱进，在数字互联互通方面开始了合作。智利建议中拉共建"数字丝绸之路""空中丝绸之路"，借助现代科技，促进数字领域的互联互通。智利与中国计划在两国之间建设一条跨太平洋的海底光缆，目前，两国已完成初步可行性研究。如果该计划能顺利实施，智利有可能成为互联网连接南美与中国的桥梁和枢纽。

此外，2015 年，中国与巴西签署 35 项具体合作协议，涉及双边产能、基建、金融、航空、农业等领域，总金额超过 270 亿美元；中国与哥伦比亚签署了涉及基础设施建设、产能、援助、文化和教育等领域的 12 项双边合作协议；中国与智利也签署了金融、产能、装备制造等领域合作文件。这些都为中拉产能合作提供了良好的制度环境保障。

发展战略沟通、发展规划对接、机制平台衔接和具体项目合作 4 个层面的沟通是"一带一路"框架下政策沟通的不同层面，按照中国式的思维方式，可以从大到小，从战略对接开始，逐步落实到具体项目。但在具体实践中，由于各方思维模式的不同，某些国家则希望从具体项目对接开始，逐步到宏观战略。"运用之妙，存乎一心"，在实际操作中，双方需要根据实际情况，灵活应用，做具体的沟通和交流。

五、结论

中国提出的"一带一路"倡议以政策沟通为前提和保障，以改善基础设施为抓手，带动同各国间的产能合作和贸易畅通，促进资金融通，最终达到同各国民众之间的民心相通。"一带一路"倡议是带领全球经济走出低增

长的一种增长新思路、发展新理念和合作新模式，截至 2017 年 3 月已得到
100 多个国家的赞同和支持，并多次写入联合国机构的相关文件 ①。

尽管中国与拉美相隔世界上最宽广的太平洋，但作为"21 世纪海上丝
绸之路的自然延伸"，拉美与中国无论在历史上还是当前现实中，都有着
"天涯若比邻"的密切关系。截至 2018 年 5 月，中国已经与拉美 9 个国家
建立了战略伙伴关系，与其中 7 国建立了全面战略伙伴关系。2017 年 5 月，
阿根廷和智利两国总统以及近 20 位拉美和加勒比国家的部长出席了"一带
一路"国际合作高峰论坛，表明拉美国家对"一带一路"倡议的关注和期待。
而研究发现，2015 年中拉论坛首届部长级会议通过的《北京宣言》和《中
国与拉美和加勒比国家合作规划（2015—2019）》，其理念和实践均与"一
带一路"倡议的"五通"精神相契合。因此，中拉整体合作完全可以对接"一
带一路"倡议，充分融合"一带一路"倡议和中拉论坛的平台作用。

在这种对接和融合中，政策沟通将发挥重要的基石作用，因而必须给予
特别重视。中拉双方可以以构建"中拉命运共同体"为目标，以政策沟通为
前提和保障，在战略层面上达成高度共识，在发展规划上进行相互对接，在
机制平台层面衔接，在具体项目上进行务实合作，以"五通"为抓手，以
"共商、共建、共享"为基本理念，最终有力地推动中拉间的务实合作，实
现合作共赢。

---

① 2016 年 3 月联合国安理会第 S/2274 号决议第 23 款，参阅 https://unama.unmissions.org/sites/
default/files/s-res-22742016.pdf；2016 年 11 月第 71 届联大第 A/71/9 第 53 款，参阅 http://www.
un.org/en/ga/search/view_doc.asp?symbol=A/RES/71/9；2017 年 3 月 23 日，联合国安理会一致
通过了第 2344 号决议第 34 款，参阅 http://unscr.com/en/resolutions/doc/2344。

第四章 "一带一路"与
拉美地区互联互通

谢文泽[*]

进入 21 世纪以来，以交通、能源、通信为三大重点领域的互联互通在拉美地区一体化发展战略中的重要性日益凸显。近年来，以南美洲基础设施一体化倡议[①]、中美洲一体化和发展项目[②]、加勒比石油计划[③]为主要代表的次区域互联互通加速推进，拉美地区进入了其历史上第三轮基础设施建设高峰。鉴于拉美地区的互联互通与"一带一路"有较高的契合度，本文拟探讨以中拉论坛为重要平台、以互联互通为优先领域的中拉共建"一带一路"合作机制。

一、基础设施是中拉共建"一带一路"的优先领域

基础设施互联互通是中拉整体合作、"一带一路"建设、拉美地区基础

---

[*] 谢文泽，中国社会科学院拉美研究所研究员、博士，主要研究方向：拉美经济、拉美基础设施、中拉经贸合作等。

[①] "南美洲基础设施一体化倡议"的西班牙语全称为 "Iniciativa para la Integración de la Infraestructura Regional Suramericana"，缩写为 "IIRSA"。

[②] "中美洲一体化和发展项目"的西班牙语全称为 "Proyecto de Integración y Desarrollo de Mesoamérica"，缩写为 "PM"。2001 年伯利兹、哥伦比亚、哥斯达黎加、萨尔瓦多、危地马拉、洪都拉斯、墨西哥、尼加拉瓜、巴拿马 9 国发起了 "普埃布拉—巴拿马计划"（Plan Puebla Panamá）。2009 年 "普埃布拉—巴拿马计划" 更名为 "中美洲一体化和发展项目"，位于加勒比地区的多米尼加共和国正式加入并成为第 10 个参与国。

[③] "加勒比石油计划"的西班牙语名称为 "Petro Caribe"，2000 年由委内瑞拉发起倡议，2005 年正式启动，2013 年加勒比石油计划与 "美洲人民玻利瓦尔联盟"（Alianza Bolivariana para los Pueblos de Nuestra América，缩写为 "ALBA"）进行对接，并提出了 "加勒比石油联盟经济区" 倡议（PETROCARIBE Economic Zone，缩写为 "PEZ"）计划。

设施一体化的共同优先领域，三者优先领域一致，对接基础较好。

拉美地区的主要国家于 19 世纪初叶陆续独立，19 世纪中后期至 20 世纪初叶铁路建设带动了拉美地区的第一轮基础设施建设高峰，20 世纪 50 年代至 70 年代城市建设和公路建设掀起了第二轮基础设施建设高峰，经济社会发展与基础设施建设相互带动，相互促进，形成了较为完善的铁路、公路、航空、能源、通信等基础设施网络。自 20 世纪 80 年代以来，拉美地区的基础设施建设相对滞后，成为制约经济社会发展的主要瓶颈之一。进入 21 世纪以来，拉美地区一直致力于基础设施的投资与发展，并取得了一定成效。

中拉基础设施建设合作快速发展为中拉共建"一带一路"积累了丰富的合作经验。中国企业已在 30 多个拉美国家开展工程承包业务，2000 年—2016 年承包工程完成营业额由 1.7 亿美元左右[1] 增至 160 亿美元左右[2]。在基础设施投资方面，2010 年以来，中国国家电网、三峡集团、中国港湾等企业在拉美地区电力、公路领域的投资取得重大突破。中国国家电网巴西控股公司成为巴西主要电力输送企业之一，三峡集团成为巴西第二大电力生产企业。中国港湾投资建设和运营的牙买加南北高速公路于 2016 年 3 月全线竣工通车，这不仅是中国港湾的首个境外公路 BOT（建设—运营—移交）项目，也是中国企业在拉美地区的首个基础设施 BOT 项目。

二、拉美基础设施一体化是共建"一带一路"的重要基础

按照地理位置，拉美地区可以分为南美洲、墨西哥和中美洲、加勒比地区三大次地理区域。"南美洲基础设施一体化倡议""中美洲一体化和发展项

---

[1] 《中国对拉丁美洲承包工程完成营业额（万美元）》，国家数据，http://data.stats.gov.cn/easyquery. htm?cn=C01&zb=A060I0101&sj=2000，访问日期：2018 年 7 月 4 日。

[2] 《2016 年商务工作年终综述之二十九：中国与拉美国家经贸合作保持平稳发展》，商务部，2017 年 2 月 13 日，http://www.mofcom.gov.cn/article/ae/ai/201702/20170202513555.shtml，访问日期：2018 年 7 月 4 日。

目""加勒比石油计划"分别是三大次地理区域较为重要、影响较大的次区域基础设施一体化合作机制。南美洲基础设施一体化倡议、中美洲一体化和发展项目共涉及 21 个拉美国家，其国土面积合计占拉美地区的 99%，人口合计占 95%，国内生产总值合计占 85%。

（一）南美洲基础设施一体化倡议进入项目竣工高峰期

南美洲基础设施一体化倡议于 2000 年开始实施，包括南美地区的 12 个国家，即阿根廷、玻利维亚、巴西、智利、哥伦比亚、厄瓜多尔、圭亚那、巴拉圭、秘鲁、苏里南、乌拉圭、委内瑞拉。截至 2017 年 8 月，南美洲基础设施一体化倡议累计竣工项目 153 个，累计完成投资额约 485 亿美元；在建项目 409 个，约需投资 1504 亿美元。[1] 随着投资的增加，南美洲基础设施一体化倡议进入项目竣工高峰期，预计 2018 年竣工的项目有 97 个，2019 年有 123 个，2020 年—2027 年每年有 141 个 ~159 个。[2]

南美洲基础设施一体化倡议涵盖交通、能源、通信三大领域，但以公路、铁路、电站等项目为主。2017 年南美洲国家联盟"南美洲基础设施和计划委员会"[3]批准的南美洲基础设施一体化倡议项目篮子有 562 个项目，投资总额约 1989 亿美元。在该项目篮子中，公路项目 258 个，投资额约 694 亿美元，占投资总额的 34.9%；铁路项目 53 个，投资额约 521 亿美元，占投资总额的 26.2%；电站项目 25 个，投资额约 435 亿美元，占投资总额的 21.9%。[4]公路、铁路、电站项目合计 336 个，占项目总数的

---

[1] UNASUR, COSIPLAN, *Actividades Informe 2017*, Argentina, Noviembre 2017, p. 24.

[2] UNASUR, COSIPLAN, *Cartera de Proyectos 2017*, diciembre de 2017, Buenos Aires, Argentina, p. 56.

[3] "南美洲国家联盟"的西班牙语全称为"Unión de Naciones Suramericanas"，缩写为"UNASUR"。"南美洲基础设施和计划委员会"的西班牙语全称为"Consejo Suramericano de Infraestructura y Planeamiento"，缩写为"COSIPLAN"。

[4] UNASUR, COSIPLAN, *Cartera de Proyectos 2017*, diciembre de 2017, Buenos Aires, Argentina, p. 41.

59.8%；投资额合计 1650 亿美元，占投资总额的 83.0%。

按照投资规模，南美洲基础设施一体化倡议的前五大项目及其投资估算、项目状态分别为：（1）厄瓜多尔货运铁路电气化项目，178 亿美元，正在进行可行性研究；（2）阿根廷、巴拉圭两国的科尔普斯·克里斯蒂（Corpus Christi）水电站，80 亿美元，拟开工建设；（3）玻利维亚境内两洋铁路路段，70 亿美元，拟开工建设；（4）巴西的库亚巴—桑塔伦（Cuiabá - Santarém）高速公路，65 亿美元，正在建设；（5）玻利维亚—巴西水电站项目，50 亿美元，正在进行可行性研究。

（二）中美洲一体化和发展项目重点建设公路路网和电网

中美洲一体化和发展项目于 2001 年开始实施，包括 10 个国家，即伯利兹、哥伦比亚、哥斯达黎加、多米尼加共和国、萨尔瓦多、洪都拉斯、危地马拉、墨西哥、巴拿马和尼加拉瓜。

中美洲一体化和发展项目有两个"轴心"，即"经济轴心"和"社会轴心"，前者包括交通、能源、通信、贸易和竞争便利化政策 4 个领域，后者包括医疗、环境保护、灾害防控、住房、食品和粮食安全 5 个领域。

交通和能源是中美洲一体化和发展项目的两大主要领域。2008 年 1 月—2015 年 6 月，中美洲一体化和发展项目累计完成了 62 个项目，完成投资总额约 6.1 亿美元。在 62 个项目中，交通项目 19 个，投资额约 3.4 亿美元，占完成投资总额的 55.7%；能源项目 10 个，投资额约 2.6 亿美元，占完成投资总额的 42.6%。交通项目和能源项目的投资额合计占完成投资总额的 98.4%。截至 2015 年 6 月，在建项目 45 个，投资总额约 25 亿美元，其中交通项目 10 个，投资额约为 17 亿美元；能源项目 7 个，投资额约为 6 亿美元；交通项目和能源项目投资额合计 23 亿美元，占投资总额的 92%。[1]

---

[1] Portal Oficial del Projecto Mesoamérica, "Resumen Ejecutivo del Proyecto de Integración y Desarrollo de Mesoamérica：años 2008-2015", Agosto de 2015.

能源项目的重点是"中美洲国家电网互联工程"[1]，以巴拿马、哥斯达黎加、洪都拉斯、尼加拉瓜、萨尔瓦多、危地马拉6个中美洲国家为主体，墨西哥和哥伦比亚于2014年正式加入。该工程的目的是建设连接8个国家的输电线路。输电线路的建设工作于2002年正式开始，并取得明显成效。2010年—2015年萨尔瓦多、危地马拉、尼加拉瓜、巴拿马4国的平均零售电价由17.2美分/度降至8.9美分/度，降幅约为48%。[2]

针对中美洲国家电网互联工程，中美洲6国较为成功地实施了多国联合特许经营模式。中美洲6国于1987年提出这一工程倡议，经过近10年的研究和磋商，1996年中美洲6国签订了《中美洲电力市场框架条约》[3]，于1999年正式生效。根据该条约，6国政府共同成立了"区域电网监管委员会"[4]（以下简称"电监会"，总部设在危地马拉）和"区域电力运营公司"[5]（以下简称"电力公司"，总部设在萨尔瓦多），前者主要负责电网、电力市场、电价等方面的规划和监管，后者主要负责电力购买和零售。中美洲6国的各国有电力公司与墨西哥、哥伦比亚、西班牙的电力公司共同成立了电网运营公司[6]（以下简称"电网公司"），电监会根据《中美洲电力市场框架条约》授权该电网公司负责输电线路的融资、建设和运营。根据中美洲一体化和发展项目官网公布的信息，截至2015年6月，电网公司完成投资总额累计约5.05亿美元，其中自有资金0.585亿

---

① "中美洲国家电网互联工程"的西班牙语全称为"Sistema de Interconexión Eléctrica de los Países de América Central"，缩写为"SIEPAC"。

② Manuel Eugenio Rojas Navarrete, *Estadísticas del subsector eléctrico de los países del Sistema de la Integración Centroamericana* (*SICA*), *2016*, Comisión Económica para América Latina y el Caribe (CEPAL), Ciudad de México, 2017, p. 28。根据该书第28页表七（Cuadro 7）中的数据计算。

③ "《中美洲电力市场框架条约》"的西班牙语全称为"Tratado Marco del Mercado Eléctrico de América Central"。

④ "区域电网监管委员会"的西班牙语全称为"Comisión Regional de Interconexión Eléctrica"，缩写为"CRIE"。

⑤ "区域电力运营公司"的西班牙语全称为"Ente Operador Regional"，缩写为"EOR"。

⑥ "电网运营公司"的西班牙语全称为"Empresa Propietaria de la Red"，缩写为"ERP"。

美元，占投资总额的 11.6%；电网公司向美洲开发银行、中美洲经济一体化银行^①、拉美开发银行等金融机构贷款 4.465 亿美元，约占投资总额的 88.4%。

交通项目的重点是中美洲高速公路路网工程，全长超过 1.3 万千米，包括太平洋沿岸高速公路（3152 千米）、大西洋沿岸高速公路（2906 千米）、中美洲 6 条两洋高速公路（合计 1374 千米）、加勒比海沿岸旅游公路（1446 千米）、支线公路（4255 千米）^②，其中前 3 项是主要部分。太平洋沿岸高速公路北起墨西哥的普埃布拉，向东经大西洋沿岸的韦拉克鲁斯，然后一路南下，直至巴拿马的首都——巴拿马城。大西洋沿岸高速公路北起韦拉克鲁斯，向东经大西洋沿岸的切图马尔，然后一路南下，直至巴拿马的米拉马尔。自北向南，中美洲 6 条两洋高速公路依次为：危地马拉的盖特萨尔（Quetzal）—巴里奥斯（Barrios）两洋高速公路，萨尔瓦多的拉利伯塔德（La Libertad）—危地马拉的巴里奥斯两洋高速公路，萨尔瓦多的拉乌尼翁（La Unión）—洪都拉斯的科尔特斯（Cortés）两洋高速公路，洪都拉斯的圣洛伦索（San Lorenzo）—科尔特斯两洋高速公路，哥斯达黎加的卡尔德拉（Caldera）—利蒙（Limón）两洋高速公路，巴拿马的巴拿马城—科隆两洋高速公路。

（三）加勒比石油计划在困境中努力推进

加勒比石油计划于 2000 年由委内瑞拉发起，2005 年正式实施，现有 18 个参与国，即委内瑞拉、安提瓜和巴布达、巴哈马、伯利兹、古巴、多米尼克、多米尼加、格林纳达、危地马拉、圭亚那、海地、洪都拉斯、牙买加、尼加拉瓜、圣基茨和尼维斯、圣文森特和格林纳丁斯、圣

---

① "中美洲经济一体化银行"的西班牙语全称为 "Banco Centroamericano de Integracion Economica"，缩写为 "BCIE"。

② Portal Oficial del Projecto Mesoamérica, "Red Internacional de Carreteras Mesoamericanas（RICAM）", 2017-07-21.

卢西亚、苏里南。委内瑞拉向其他 17 个参与国按国际市场价格供应原油或成品油，当原油价格在 40 美元 / 桶以上时，货款的 30%~70% 转换为长期低息贷款（25 年，年利率 1%）[1]，用于支持 17 国的经济社会发展和基础设施建设。2005 年—2014 年委内瑞拉向有关国家累计供应原油 3 亿桶，货款总额约 280 亿美元，其中 120 亿美元转换为长期低息贷款。[2]

根据委内瑞拉—加勒比石油计划的货款转贷款方案，原油货款转换的贷款金额取决于委内瑞拉的原油现货价格。例如，原油现货价格在 15 美元 / 桶 ~40 美元 / 桶时，5%~25% 的原油货款可以转换为贷款；原油现货价格在 40 美元 / 桶 ~150 美元 / 桶时，30%~60% 的原油货款可以转换为贷款；原油现货价格超过 150 美元 / 桶时，70% 的原油货款可以转换为贷款。[3]委内瑞拉分配给古巴、多米尼加、牙买加、尼加拉瓜、海地、圭亚那、安提瓜和巴布达、格林纳达、圣基茨和尼维斯、多米尼克、圣文森特和格林纳丁斯、伯利兹、苏里南、萨尔瓦多等 14 个国家的原油供应配额约为 22.3 万桶 / 日，其中古巴 9.8 万桶 / 日，其他 13 个国家合计 12.5 万桶 / 日。[4]2005 年—2014 年委内瑞拉的原油现货价格大幅上涨，2005 年的年均现货价格约为 46 美元 / 桶，2011 年—2013 年达到 100 美元 / 桶以上。2007 年—2014 年委内瑞拉向其他 13 个国家日均原油供应量由 5.63 万吨增至 10.45 万吨。[5] 因此，2005 年—2014 年加勒比石油计划成效显著，例如其他 13 个国家 1/3 左右的能源供应来自加勒

---

[1] Petrocaribe Development Fund, Annual Report 2014-2015, p. 3, Jamaica, September 2015.

[2] Telesur, "Petrocaribe: a 12 años del acuerdo integracionista del Caribe", 2017-06-29, https://www.telesurtv.net/news/Petrocaribe-A-12-anos-del-acuerdo-integracionista-del-Caribe-20170628-0055.html.

[3] Permanent Secretariat of SELA (Systema Económico Latinoamericano y del Caribe), Evolution of the PETROCARIBE Energy Cooperation Agreement, p. 13, Caracas, Venezuela, June 2015.

[4] PetroCaribe, PetroCaribe Management Report, Quarter 1·2014, p. 7.

[5] PetroCaribe, PetroCaribe Management Report, Quarter 1·2014, p. 8.

比石油计划，原油货款转换的长期低息贷款总额约 39 亿美元，支持了 432 个经济社会发展和基础设施项目 [①]，加勒比石油计划对 13 个国家的经济社会发展发挥了重要作用。2014 年下半年以来，委内瑞拉原油现货价格大幅度下跌，2015 年年均现货价格为 44.65 美元 / 桶，2016 年为 35.15 美元 / 桶，2017 年 1 月—8 月略回升至 43.85 美元 / 桶。[②] 与此同时，委内瑞拉的原油产量有所减少，加勒比石油计划的执行力度有较大幅度下降，例如 2017 年 4 月委内瑞拉将牙买加的原油配额由 23000 桶 / 日减至 1300 桶 / 日。[③]

三、拉美互联互通与"一带一路"设施联通契合程度较高

"互联互通"是拉美地区基础设施一体化的主要内容。"设施联通"是"一带一路"的"五通"之一。拉美地区互联互通与"一带一路"设施联通的契合程度较高。

（一）互联互通分 3 个层次推进

本国国内的互联互通为第一层次，以三大次区域一体化为代表的次区域互联互通为第二层次，洲际互联互通为第三层次。绝大多数项目属于第一层次，少部分属于第二层次，第三层次相对欠缺。以南美洲基础设施一体化倡议为例，在 581 个项目中，属于第一层次的有 482 个，约占项目总数的

---

① Permanent Secretariat of SELA（Systema Económico Latinoamericano y del Caribe），Evolution of the PETROCARIBE Energy Cooperation Agreement, pp. 17-20, Caracas, Venezuela, June 2015.

② Ministerio del Poder Popular de Petróleo y Minería, Venezuela, "Evolución de Precios 2015-2017", 2017-11-09.

③ The Gleaner, Jamaica, "PetroCaribe Quota To Ja Falls Dramatically ... Down From 23000 To 1300 Barrels Per Day", April 21, 2017, http://jamaica-gleaner.com/article/lead-stories/20170421/petrocaribe-quota-ja-falls-dramatically-down-23000-1300-barrels-day.

83%；属于第二层次的有 99 个，约占项目总数的 17%。[1] "一带一路"建设有助于拉美地区弥补洲际互联互通这一短板，可以使拉美地区推进 3 个层次的互联互通进程。

（二）三大次区域互联互通项目各有侧重

南美洲基础设施一体化倡议全面推进交通、能源、通信三大领域的一体化，尤其是与大宗商品运输相关的公路、铁路、港口等交通运输基础设施项目。根据南美洲基础设施一体化倡议，政府是铁路、公路项目的投融资主体，铁路和公路项目的投资总额预计需要 1114 亿美元[2]，其中约 790 亿美元（公路项目 466 亿美元，铁路项目 324 亿美元）需政府部门负责投资或融资[3]；能源项目以特许经营模式为主，政府与私人部门共同负责投融资；通信项目则基本由私人部门负责。中美洲一体化和发展项目重点建设中美洲输电电网和公路路网，前者以多边特许经营模式正在建设，后者以政府为投融资主体。加勒比石油计划以能源、旅游业配套设施为建设重点，政府是实施主体。

（三）"集体规划，分别实施"是基本原则

一方面，三大次区域一体化确定的项目，都是有关各国集体规划的结果，均属于第一层次和第二层次的互联互通。对于第一层次的互联互通，有关国家各自负责实施。对于第二层次的互联互通，有关国家各自负责其本国境内部分的实施。另一方面，在次区域一体化之外，各国完全能够选择和实施自己的项目。以南美洲地区为例，截至 2016 年 9 月，南美洲 12 个国家

---

[1] UNASUR, COSIPLAN, *Cartera de Proyectos 2016*, p. 17, Diciembre 2016.

[2] 根据 COSIPLAN 有关数据计算。COSIPLAN, *Cartera de Proyectos 2016*, p.17, Diciembre 2016。

[3] 根据 COSIPLAN 有关数据计算。COSIPLAN, *Sistema de Información de la Cartera de Proyectos del COSIPLAN*。参阅 http://www.iirsa.org/Page/Detail?menuItemId=32。

的基础设施项目数量、约需投资总额分别为 686 个和 2240 亿美元，均多于南美洲基础设施一体化倡议的 581 个和 1914 亿美元。从项目数量来看，阿根廷的项目数量最多，为 178 个，约需投资 486 亿美元；其次是巴西，有 94 个项目，约需投资 824 亿美元。[①]

（四）经过长期酝酿，项目准备和实施条件较好

以玻利维亚铁路一体化计划、中美洲国家电网互联工程、智利洛斯安第斯—阿根廷门多萨铁路路段修复工程为例。玻利维亚的铁路一体化计划已酝酿了一个世纪之久，该国铁路系统形成于 20 世纪初叶，由于地形原因，分为东、西两部分，二者在阿根廷北部连接。自 20 世纪初以来，玻利维亚政府一直努力使两部分铁路在本国境内实现连接，2013 年在南美洲基础设施一体化倡议框架内，玻利维亚政府提出了秘鲁—玻利维亚—巴西两洋铁路计划。中美洲国家电网互联工程历时长达 30 年，其中 1987 年—1996 年的 10 年为磋商期，危地马拉、萨尔瓦多、尼加拉瓜、洪都拉斯、哥斯达黎加、巴拿马等中美洲 6 国完成了多边磋商并签订多边条约；1997 年—1999 年的 3 年为条约批准期，各签字国完成了各自国内的批准程序，条约得以正式生效；2000 年—2002 年的 3 年为施工准备期，包括设立电网公司，完成项目融资等工作；2003 年—2014 年的 12 年为一期工程的建设期，工程目标基本实现；2015 年以来，在继续完成一期工程的同时，准备实施二期工程，二期工程的目标是将中美洲 6 国的电网与墨西哥、哥伦比亚两国的电网连接起来。智利、阿根廷两国就修复洛斯安第斯—门多萨铁路路段已进行了 20 多年的双边磋商和准备。1996 年智利向阿根廷提出了修复该段铁路的倡议，2004 年两国开始正式磋商，2009 年两国政府决定设立政府间双边实体——"拉斯莱纳斯跨国隧道公司"[②]负责该段

---

① COSIPLAN, *Cartera de Proyectos 2016*, p. 18, Diciembre 2016.

② "拉斯莱纳斯跨国隧道公司"的西班牙语全称为"Entidad Binacional Túnel Las Leñas"。

铁路的修复工作。根据 2015 年 8 月的可行性研究，这段铁路长约 204 千米，工程投资预算约为 89 亿美元，建设期 10 年~12 年。[①]2016 年 5 月和 7 月，智利和阿根廷两国各自的议会先后完成了关于组建这一双边实体的批准工作，由智利公共工程部和阿根廷内政、公共工程和住房部负责组建双边实体。

四、以中拉论坛为平台构建中拉"一带一路"对接和合作机制

在基础设施建设和互联互通领域，拉美地区的次区域一体化蓝图、有关拉美国家的互联互通规划、《"一带一路"共同愿景与行动文件》、《中国对拉美和加勒比政策文件》（2016 年 11 月）、《中国—拉共体论坛第二届部长级会议关于"一带一路"倡议的特别声明》以及《中国与拉共体成员国优先领域合作共同行动计划（2019—2021）》是中国—拉共体共建"一带一路"的主要依据。下文以三大次区域一体化为例，探讨中国—拉共体共建"一带一路"的对接和合作机制。

（一）中拉论坛发起"中国—拉共体共建'一带一路'倡议"

该倡议可以明确中拉论坛是推进中拉对接"一带一路"的主要平台，以互联互通为优先领域，依照"集体规划，分别实施""共商共建共享""多边与双边并行，自愿与自主开展"等重要原则，多元化、多层次地构建对接和合作机制。拉美地区基础设施一体化的三大重点领域（交通、能源、通信），中拉"1+3+6"务实合作新框架中的三大动力（贸易、投资、金融合作）和六大重点领域中的"能源资源、基础设施建设、信息技术"，"3×3"产能合作新模式中的"共建拉美物流、电力、信息三大通道"，"一带一路"建设的"交通基础设施互联互通、能源基础设施互联互通、信息

---

① IIRSA，"A ley tres protocolos que fortalecerán la conexión con Argentina"，2015-11-08，www.iirsa.org.

通信互联互通",这四者在互联互通领域的重合度较高,对接和合作基础较好。

(二)中国与有关拉美国家建立第一层次互联互通的对接和合作机制

第一层次的对接与合作机制主要是双边合作。拉美地区推进基础设施一体化进程的"集体规划,分别实施"、中拉整体合作框架、"一带一路"建设的原则高度相符,即整体与双边并行,多边与双边相互促进。一方面,以中拉论坛为重要平台,中国与 33 个拉美国家推进和深化全面合作伙伴关系、中拉整体合作。另一方面,中国与部分拉美国家建立了全面战略伙伴关系或战略伙伴关系,确立了政府间双边沟通和磋商机制,双边对接的基础较好。例如中国与巴西、墨西哥、阿根廷、智利、秘鲁、委内瑞拉、厄瓜多尔 7 国建立了"全面战略伙伴关系",与哥斯达黎加、乌拉圭、玻利维亚三国建立了"战略伙伴关系",中国—巴西副总理 / 副总统级的"中巴高层协调与合作委员会"、中国—墨西哥外长级常设委员会、中国—委内瑞拉高级混合委员会等双边磋商和对话机制已运行多年且运行良好。

(三)中国与次区域一体化建立第二层次互联互通的对接和合作机制

三大次区域一体化不仅是拉美地区较有影响和成效的基础设施一体化规划,也是拉美各国发展战略的重要内容,同时也是拉美国家政府间的磋商、协调与合作机制。经过长期的酝酿和实践,实施这些规划所需的政治共识、社会共识、多边共识基本具备。

各次区域一体化正在实施或准备实施一批优先项目,中国与这些次区域一体化可以围绕各自的优先项目建立对接机制。以南美洲基础设施一体化倡议为例,该计划推出了一批成熟型的优先项目。根据《2012—2022 年战略行动计划》[①],26 个优先项目需在 2027 年以前完成,投资总额预计为 231 亿

---

① "《2012—2022 年战略行动计划》"的西班牙语名称为"Plan de Acción Estratégico 2012-2022"。

美元。在这 26 个项目中，有 14 个将在 2022 年以前完成，可称为"2022年优先项目"，其中投资规模较大的 5 个项目是秘鲁的卡亚俄—拉奥罗亚—普卡尔帕公路项目，公路总长度约 770 千米，约需投资 26.7 亿美元；哥伦比亚境内的两个高速公路项目，即波哥大—布埃纳文图拉（Buenaventura）高速公路项目和库库塔（Cúcuta）—布卡拉曼加（Bucaramanga）公路改扩建项目，前者约需投资 19.5 亿美元，后者约需 8.8 亿美元，这两个高速公路项目均为加拉加斯—波哥大—布埃纳文图拉—基多高速公路的组成部分；阿根廷和玻利维亚的"阿根廷东北部天然气管道项目"，两国合作建设 1500 千米的天然气输气干线和 1500 千米的天然气输气支线，约需投资 18.7 亿美元；巴西和巴拉圭的伊泰普—亚松森—亚塞瑞塔（Yacyretá）500 千伏输电线路项目，约需投资 8.5 亿美元。这 5 个"2022 年优先项目"约需投资 82.2 亿美元。有 12 个项目将在 2027 年前完成，可称为"2027 年优先项目"。其中投资规模较大的两个项目是智利的安托法加斯塔（Antofagasta）—巴西的帕拉纳瓜（Paranaguá）铁路，约需投资 55.3 亿美元；智利和阿根廷的黑水（Agua Negra）公路隧道项目，包括 12 千米的隧道和 40 千米的公路，约需投资 16 亿美元。这两个"2027 年优先项目"约需投资 71.3 亿美元。

（四）中国与次区域一体化、有关国家建立第三层次互联互通的对接和合作机制

拉美大陆西临太平洋，东濒大西洋，因此，贯穿拉美大陆、沟通两大洋的通道称为"两洋通道"，目前拉美地区 10 条两洋通道的建设和规划格局基本形成。这 10 条两洋通道是拉美地区互联互通的"三层次叠加"项目，将其纳入"一带一路"，符合以铁路、港口等重大项目为支撑构建互联互通网络的"一带一路"建设举措。

中美洲一体化和发展项目规划了 6 条两洋高速公路通道。这 6 条两洋高速公路通道分别位于危地马拉（1 条）、萨尔瓦多（2 条）、洪都拉斯（1

条）、哥斯达黎加（1条）、巴拿马（1条）5个国家。中美洲有7个国家，即伯利兹[①]、危地马拉、萨尔瓦多、尼加拉瓜、洪都拉斯、哥斯达黎加、巴拿马，其中哥斯达黎加是中国的建交国且与中国签订了自由贸易协议，巴拿马于2017年6月与中国建交。哥斯达黎计划修建卡尔德拉港（太平洋沿岸）至利蒙港（加勒比海沿岸）的两洋高速公路通道。截至目前，巴拿马是拉美地区和西半球唯一拥有两洋水路通道（巴拿马运河）和铁路通道（巴拿马铁路）的国家，且两洋通道的路程最短，例如巴拿马运河仅为65千米，巴拿马铁路约为76千米。如果巴拿马两洋高速公路能够建成，则巴拿马将拥有运河、铁路、高速公路"三位一体"的两洋通道，提高该国在西半球和亚太地区的枢纽地位。

南美洲基础设施一体化倡议正在规划4条两洋铁路通道。根据2017年7月南美洲基础设施和计划委员会铁路一体化工作组[②]（以下简称"南美洲铁路一体化工作组"）提出的南美洲铁路一体化预选方案，4条两洋铁路自北向南分别为：巴西—秘鲁两洋铁路、中部两洋铁路、（智利）安托法加斯塔—（巴西）帕拉纳瓜两洋铁路、（智利）瓦尔帕莱索—（阿根廷）布宜诺斯艾利斯两洋铁路。

中国、巴西、秘鲁联合发起的巴西—秘鲁两洋铁路正式纳入南美洲铁路一体化预选方案。该两洋铁路是中国在拉美地区参与的首个多边重大基础设施可行性研究项目，巴西、秘鲁两国的可行性研究工作正在进行。巴西境内的铁路路段被称作"巴西东西大铁路"，2008年以来巴西的国有企业——巴西铁路工程建设总公司（Valec，以下简称"巴铁"）对这条铁路进行规划和研究，东起坎波斯（Campos）港或伊列乌斯（Ilhéus）港，西至巴西、秘鲁边境。根据巴铁和南美洲基础设施一体化倡议官网信息，巴西东西大铁路将分4段进行规划、可研和建设，其中东部路段和西部路段为远期

---

① 伯利兹是英语国家，其他6个国家是西班牙语国家，因此，伯利兹虽然位于中美洲，但被看作是加勒比地区国家。

② "铁路一体化工作组"的西班牙语名称为"Grupo de Trabajo sobre Integración Ferroviaria"。

规划；中部有两段，一段为在建铁路，另一段已完成可行性研究。秘鲁境内的铁路路段存在北线和南线的分歧，北线贯穿秘鲁北部，以秘鲁的巴约瓦尔（Bayovar）港为出海口；南线以秘鲁首都利马为出海口。

中部两洋铁路有两个备选方案。第一个备选方案是玻利维亚政府的方案，以秘鲁的伊洛（Ilo）港或马塔拉尼（Matarani）港为太平洋沿岸出海口，东至巴西的桑托斯（Santos）港，涉及秘鲁、玻利维亚、巴西3个国家。第二个备选方案是铁路一体化工作组的方案，利用既有铁路，以智利阿里卡（Arica）港和安托法加斯塔港为太平洋沿岸出海口，涉及秘鲁、智利、玻利维亚、巴西4个国家。安托法加斯塔—帕拉纳瓜铁路的工作组于2014年正式成立，巴西、阿根廷、巴拉圭、智利4国已经达成了共识，原计划于2020年建成通车，现调整为2027年前建成通车。瓦尔帕莱索—布宜诺斯艾利斯铁路的大部分路段为既有铁路，需修复洛斯安第斯—门多萨铁路路段。

（五）以提高项目融资能力为主线构建金融合作机制

三大次区域一体化的投资规模预计在2000亿美元以上，其中大部分将由各国政府负责投资或融资，例如在南美洲基础设施一体化倡议中，由中央或联邦政府负责投融资的项目367个，约需投资820亿美元。[1] 绝大多数拉美国家国内储蓄率低于投资率，中央或联邦政府财政长期处于赤字状态，基础设施项目的国内融资基础较弱，政府的投资能力较为有限，因此，主权债务融资是拉美国家基础设施建设的主要外部融资来源。美洲开发银行、拉美开发银行、中美洲经济一体化银行、普拉塔基金（FONPLATA）等是向拉美地区基础设施领域提供贷款的主要多边金融机构。2015年美洲开发银行批准的基础设施领域的贷款金额约为43.3亿美元[2]，拉美开发银

---

[1]　COSIPLAN, *Cartera de Proyectos 2016*, p. 29, Diciembre 2016.

[2]　"Inter-American Development Bank", *Annual Report 2015*, p. 6, December 2016.

行为 32.7 亿美元 [①]。截至 2016 年 11 月，中美洲经济一体化银行向基础设施领域发放贷款 7.7 亿美元 [②]。阿根廷、玻利维亚、巴西、巴拉圭、乌拉圭 5 国政府出资设立的普拉塔基金提供了约 8.1 亿美元的基础设施贷款。[③] 这 4 家金融机构在 2015 年批准或发放的基础设施贷款合计约为 90.6 亿美元。

据笔者不完全统计，截至 2017 年 10 月，中国向拉美地区提供的各类贷款承诺超过 2000 亿美元，贷款余额超过 800 亿美元，其中相当一部分用于支持拉美地区的基础设施投资和建设，例如 200 亿美元的拉美地区基础设施专项贷款，等等。

金融合作的主线是提高项目的融资能力，不是由中国单方面解决拉美地区融资瓶颈。一方面，通过中国因素的加入，可以提高有关项目的可实施性，进而提高其融资能力，例如提高项目所在国的对华出口能力，中国技术的先进性和低成本优势、中国企业的施工管理与建设优势均比较大，等等。另一方面，明确风险识别和管控机制，尤其是时间风险（项目实施周期较长）、政治风险（政策的稳定性和连续性）、社会与环境风险等。

五、结语

中拉整体合作、"一带一路"建设、拉美地区基础设施一体化是中国—拉共体共建"一带一路"的基本依据。在中拉整体合作框架内确认拉美地区在"一带一路"建设中的地位，即拉美地区是"一带一路"的共同建设方，这一地位实质性地体现了"拉美地区不仅是 21 世纪海上丝绸之路的自然延

[①] "CAF-Banco de Desarrollo de América Latina", *Informe Anual 2015*, pp. 42-45, mayo 2016。2015 年拉美开发银行批准了 122.55 亿美元的贷款，其中基础设施领域的贷款占批准总额的 26.7%，约为 32.7 亿美元。

[②] "Banco Centroamericano de Integración Económica", *Estadísticas* Resultados Operaciones, Noviembre 2016. https://www.bcie.org/operaciones/estadisticas-operaciones/.

[③] "Fondo Financiero para el Desarrollo de la Cuenca del Plata", *Annual Report 2015*, p. 38, FONPLATA, 2016.

伸，也是'一带一路'建设不可或缺的重要参与方"。根据拉美地区 3 个层次的互联互通，中国与有关拉美国家就第一层次的互联互通（国内互联互通）建立对接和合作机制，与次区域一体化就第二层次的互联互通（次区域互联互通）建立对接和合作机制，与次区域一体化、有关国家就第三层次的互联互通（洲际互联互通）建立对接和合作机制，可以将拉美地区的 10 条两洋通道作为第三层次互联互通的优先合作项目纳入"中国—拉共体共建'一带一路'"倡议。围绕提高项目融资能力，综合运用贸易、投资和金融合作机制，建立金融合作、风险识别与管控框架或机制，拉美国家应避免对金融合作的误解或曲解。

第五章　中拉经贸合作及自由贸易协定的前景

周　密*

中国与拉美国家距离遥远，但在很早以前就已有重要的海上贸易通道，持续的货物贸易为双方满足各自市场需求提供了支持。中国企业早在 20 世纪 90 年代就开始在拉美投资，中拉投资合作也具备一定基础。"一带一路"倡议正被越来越多的国家接受，其核心的互利共赢、共同发展的理念催生了以互联互通为特点的国与国经贸合作的加强。尽管中拉在社会制度、政府管理、产业需求、文化习俗等方面存在诸多不同，制约双边经贸合作的因素不少，但双方共同的发展利益仍是主流。中拉有意愿也有能力通过促进贸易畅通、加强自由贸易协定等机制保障，促进企业投资合作，为经济社会发展提供更充足、有力的支撑。

一、中拉经贸合作拥有良好基础

中国与拉美国家间经贸合作互补性较强，已经建立的经贸联系广泛涉及双边贸易、双向投资、经济技术合作以及对外援助等各领域。在双方政府的引导和支持下，企业积极探索发展机会，经贸合作基础较好。但也应看到，受多种因素制约，中拉经贸合作发展水平不高，提升空间较大。

---

* 周密，商务部国际贸易经济合作研究院美洲与大洋洲研究所副所长、研究员，主要研究方向包括对外投资合作、服务贸易、国际规则与协定。

（一）中拉双方经贸合作互补性强

经济发展阶段接近减少合作落差。经过长期努力，中国特色社会主义进入了新时代，我国社会主要矛盾已经转化为人民日益增长的美好生活需要和不平衡不充分的发展之间的矛盾。必须认识到，我国仍处于并将长期处于社会主义初级阶段，我国仍是世界最大发展中国家。拉美地区的主要国家也多处在发展中阶段。经济发展先后经历初级产品出口模式阶段、进口替代工业化模式阶段和外向发展模式阶段。与其他国家相比，拉美国家较易受经济危机影响，在外部环境发生较大变动的环境下，许多拉美国家并未能及时调整经济发展模式，导致经济发展被动进行结构性调整。中拉间的经济发展阶段差异相对较小，技术转移与产业合作相对更为容易。

资源禀赋差异创造经贸合作势能。拉美多数国家自然条件良好，农、林、渔业资源丰富。拉美国家矿产资源丰富，铁、铜等矿产资源在全球居领先位置；原油储量丰富，产油国在国际油价高企时期获得大量出口收入。长期以来，资源类商品都是不少拉美国家主要的贸易优势来源。中国多数资源储量、开采量相对较低，开采成本较高。而中国经济的持续较快发展对初级产品和原材料需求增加，"中国制造"需要发挥自身优势，有效利用全球资源，满足全球市场需求。拉美国家向中国出口的大豆、铁矿砂和铜等商品数量持续增长，也从中国大量进口加工制成品和消费品。经过多年的积累和发展，中国业已建立起全球最为完整的工业体系，工业生产所需的人力资源充沛，技术创新能力不断增强。中拉双方的资源禀赋差异为经贸合作奠定了重要的基础。

产业结构差异形成互利合作空间。中拉双方产业结构的互补性差异较为明显。中国工业较为发达，门类齐全，配套完整，不仅有着全球最广领域工业品的生产体系，而且在百余类产品的产量上排名全球前列。相比而言，多数拉美国家仍将农产品出口作为主要创汇来源，对农、渔业出口的创汇依赖性较强。差异化的产业结构为双方开展互联合作创造了条件，为产业配合，加强全球价值链合作、技术合作和产业协同发展搭建了平台。中拉双方有更大可能性通过产业配合实现优势互补，促进互利共赢。

（二）中拉货物贸易增长空间较大

尽管自 2003 年以来，中国已成为拉丁美洲和加勒比地区第二大贸易伙伴，但与美国相比，中拉贸易的比重仍相对较小。拉美在中国对外贸易中所占比重也相对较低，双边贸易进出口商品结构特点鲜明，贸易额增长空间较大。

双边进出口贸易总额触顶下滑。中国与 33 个拉美国家间的双边贸易在 2012 年—2014 年达到峰值后出现下滑。如图一所示，根据中国海关统计数据，中国与拉美国家的贸易额在 2014 年达到 2641.6 亿美元的最大值，其中中国出口 1364.5 亿美元，中国进口 1277.1 亿美元。2015 年和 2016 年，双边贸易额分别降至 2374.0 亿美元和 2174.5 亿美元，与 2014 年相比分别下降了 10.1% 和 17.7%。从 2000 年到经济危机爆发前，双边贸易额保持了两位数的较高增速，经济危机后也曾在 2010 年出现较快反弹，但随后增速快速下降。

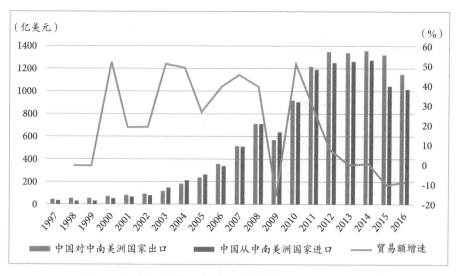

图一 中国与拉美国家的双边贸易额（1997—2016）

〔数据来源：中国海关统计〕

双边贸易整体保持相对平衡。中拉双边贸易互补性较强，进出口基本保持平衡。如图二所示，过去 20 年，中国与拉美国家的贸易平衡状况经历了几个阶段的发展变化。2002 年前，中国表现为贸易顺差，虽然顺差额并不大，只有 10 亿美元~30 亿美元，但因双边贸易整体规模有限，中国的贸易比较优势指数一度接近 0.3。2003 年—2005 年，伴随中国进口的迅速增长，中国连续 3 年出现贸易逆差。2008 年金融危机爆发后，2009 年中国出现较大规模逆差，随后保持持续顺差，顺差规模不断扩大。但因双边贸易额同步扩大，中国对拉美国家的贸易比较优势指数保持相对平稳，在 2015 年的区间高点也仅为 0.12，其余年份多不到 0.05。

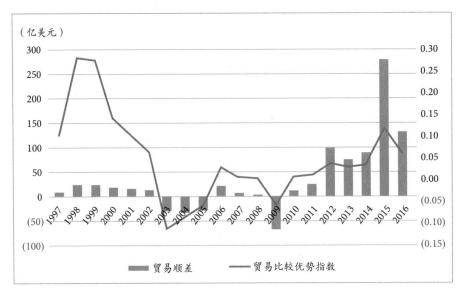

图二　中国与拉美国家双边贸易不平衡水平（1997—2016）

〔数据来源：笔者根据中国海关统计数据测算〕

中拉贸易占中国对外贸易比重不高。2016 年，进入中国出口伙伴前100 位的拉美国家有 14 个[①]。中国对这 14 个国家的出口总额为 1077.8 亿美元，仅占中国当年出口总额的 5.0%。如图三所示，近 20 年来，中国对上

---

①　数据来源：中国海关统计。

述 14 个拉美国家的出口占比最高值出现在 2012 年，为 6.2%。2016 年，进入中国进口伙伴前 100 位的拉美国家有 11 个。中国从这 11 个国家的进口总额为 1005.0 亿美元，仅占中国当年进口总额的 6.6%。近 20 年来，中国从上述 11 个拉美国家的进口占比自 2008 年金融危机后基本保持稳定，占比最高发生在 2012 年，为 6.8%。

图三　中国与贸易伙伴前百位中的拉美国家间贸易占比（1997—2016）

〔数据来源：笔者根据中国海关统计数据测算〕

双边贸易国别集中度有所上升。2016 年，中国对拉美国家出口中，墨西哥排名首位，但只排在中国出口伙伴的第 17 位 [1]。中国对墨西哥的出口额为 325.4 亿美元，占对排名前 14 位拉美国家出口总额的 30.2%，占比首次超过 30%。2007 年，中国出口目的地排名上，墨西哥还排在巴西和巴拿马之后。2016 年，中国对拉美国家出口额排名第二至第五的分别为巴西、智利、阿根廷和哥伦比亚，出口额分占中国对墨西哥出口额的 68.1%、

---

[1]　数据来源：中国海关统计。

39.8%、22.3% 和 21.2%。从进口来看，中国从拉美国家进口中，巴西排在首位，排名中国进口伙伴的第九位。中国从巴西的进口额为 454.0 亿美元，占从排名前 11 位拉美国家进口总额的 45.2%，超过了 2009 年和 2011 年峰值 0.1 个百分点。2016 年，中国从拉美国家进口额排名第二至第五位的分别为智利、墨西哥、秘鲁和委内瑞拉，进口额分别占中国从巴西进口额的 40.5%、22.7%、20.7% 和 12.0%。

中国对拉美出口与对全球出口商品结构相似。2016 年，中国对拉美前 3 个出口伙伴——墨西哥、巴西和智利的出口商品中，电子机械（HS85）类商品价值都最高，分别占中国对其出口总值的 25.2%、25.8% 和 16.0%，当年中国对全球出口的电子机械占总出口的比重则是 26.2%，可见占比相当接近[1]。中国出口第二大类商品机械（HS84），也同时是中国对墨西哥、巴西和智利的第二大类出口商品。但是，总的来讲，拉美国家并非中国出口商品的重要目的地，中国对拉美市场的出口依赖度不高。按照国别计算，墨西哥、巴西和智利都在中国出口商品大类中有高于 5% 市场份额的商品（见表一）。2016 年，中国对墨西哥出口的光学和医学仪器（HS90）占中国出口同类商品的 5.3%；中国对巴西出口的化肥（HS31）占中国出口的 5.5%；中国对智利出口的动植物油（HS15）占中国出口的 5.4%。但上述 3 类商品在中国出口商品大类排名分别仅列第六、第四十二和第八十二。

拉美国家是中国多类进口商品的重要来源地。中国自拉美进口大宗商品的数量持续增加，铁矿石、大豆进口分别从 2012 年的 1.9 亿吨、2979 万吨提高到 2016 年的 2.2 亿吨和 4788 万吨[2]。2016 年，中国从拉美前 3 个进口伙伴——巴西、智利和墨西哥的进口商品中，商品结构存在明显差异。中国从巴西进口的前 3 类商品分别是谷物水果（HS12）、矿石（HS26）和矿物燃料（HS27），分别占中国当年从巴西进口额的 34.3%、28.7% 和 12.9%，合

---

① 数据来源：中国海关统计。
② 数据来源：中国海关统计。

计占比达到 75.9%；中国从智利进口的前两类商品分别是钢铁制品（HS72）和矿石（HS26），分别占中国当年从智利进口额的 42.4% 和 35.5%，合计占比达 77.9%；中国从墨西哥进口商品则与中国从全球进口商品结构相似，占比最高的电子机械（HS85）占 39.7%，占比排名第二至第四的商品，分别是中国从全球进口商品大类排名第五、第六和第四的商品。值得注意的是，拉美国家是中国部分类别商品的主要进口来源地。其中，市场占比超过中国进口该类商品额 40% 的大类包括：巴西在中国谷物水果（HS12）进口额中占 40.7%；智利在中国钢铁制品（HS72）进口额中占 46.4%；巴西在中国进口船舶（HS89）比重达 62.3%，进口糖（HS17）48.4%。

表一　2016 年巴西和智利在中国进口商品大类中占比超过 5% 的商品

商品大类	国别	占中国进口比重（%）
矿石（HS26）	巴西	14.0
	智利	7.0
谷物水果（HS12）	巴西	40.7
木浆（HS47）	巴西	15.1
	智利	6.9
钢铁制品（HS72）	智利	46.4
肉类（HS02）	巴西	19.5
皮革（HS41）	巴西	11.8
船舶（HS89）	巴西	62.3
糖（HS17）	巴西	48.4
腌制食品（HS20）	巴西	10.3
植物种子与提取物（HS13）	巴西	7.1
食用水果和坚果（HS08）	智利	20.6
饮料（HS22）	智利	5.6

〔数据来源：笔者根据中国海关统计数据测算〕

（三）双向投资流向实体经济不足

中国与拉美国家的双向投资发展仍较为不足。相比而言，中国对拉美国家的投资规模更大。但是，应该看到，中国与拉美的双向资本流动仍以离岸避税地为主，以避税为主要目的的投资对相关国家实体经济的促进作用不强。中国与拉美其他地区的双向投资还处于较为初级的阶段，规模小，持续性不强。

拉美国家对华投资规模相对较小。国际直接投资理论认为，一国的国际资本流动受其自身经济发展水平等因素影响。拉美国家虽在 20 世纪经历过较快发展阶段，但当前的整体水平有限，对华投资仍处于较为初级的阶段。受地理距离等因素影响，拉美国家对华投资总体仍较为有限。据中国商务部统计[①]，2015 年，中国实际利用南美洲经济体投资额为 91.4 亿美元，占中国当年实际利用外资总额的 7.2%，同比增长 18.4%；共有 616 个投资项目（企业），同比减少 3.3%。2015 年，对华投资的拉美重点来源地中，排名靠前的都是离岸避税地，英属维尔京群岛投资额 73.9 亿美元，开曼群岛投资额 14.4 亿美元，两地合计 88.3 亿美元，占到拉美对华投资总额的 96.6%。除此以外，巴哈马对华投资 1.5 亿美元，其余拉美经济体对华投资均未达到 1 亿美元。据中国海关总署统计，2016 年，除去离岸避税地，没有拉美经济体进入对华直接投资前 10 位的名单。

中国企业对拉美投资相对更积极，离岸避税地吸引力相对较强。据中国商务部统计[②]，2016 年中国对拉美地区投资合计 272.3 亿美元，同比增长 115.9%，占我国对外投资流量的 13.9%。进入中国对外投资目的地前 20 位的拉美经济体只有开曼群岛（第三）和英属维尔京群岛（第

---

① 《中国外商投资报告（2016）》，商务部外国投资管理司，2016 年 12 月，http://images.mofcom. gov.cn/wzs/201612/20161230131233768.pdf，访问日期：2018 年 7 月 4 日。

② 《2016 年度中国对外直接投资统计公报》，商务部对外投资和经济合作司，2017 年 9 月 30 日，http://hzs.mofcom.gov.cn/article/date/201803/20180302722851.shtml，访问日期：2018 年 7 月 4 日。

四），投资额和在中国对外投资流量中的占比分别为 6.9%（135.2 亿美元）和 6.3%（122.9 亿美元）。2016 年流向牙买加的投资额为 4.2 亿美元，流向墨西哥的投资额为 2.1 亿美元。按存量计算，截至 2016 年年末，中国在拉美地区的投资存量为 2071.5 亿美元，占中国对外投资总存量的 15.3%，主要分布在开曼群岛、英属维尔京群岛等地，两地在中国对外投资存量排名中分列第二和第三（仅次于中国香港），在两地的投资存量合计达 1929.7 亿美元，占中国企业对拉美地区投资存量的 93.2%。除此以外，中国在拉美地区的投资存量主要分布在巴西、委内瑞拉、阿根廷、厄瓜多尔、牙买加、秘鲁、特立尼达和多巴哥，以及墨西哥等。

（四）经济技术合作满足拉美基建需求

拉美国家注重推动区域一体化，是全球区域协同最为密集的区域之一。为了促进经贸协同与合作，基础设施互联互通是多个拉美区域一体化进程的重要内容。作为区域经贸合作的后来者，中国与拉美国家经济技术合作起步较晚，但发展迅速。双方政府通过各种机制探索互利合作的路径，在基础设施规划协调和设计方面为企业层面合作创造了重要机会。中国工程承包企业具备较强全球竞争力，在民用或商业住宅、工业设施、交通基础设施、发电和电力传输等方面经验丰富，施工水平高。根据美国行业权威杂志《美国工程新闻记录》（ENR）统计，2017 年全球工程承包商 250 强榜单上，中国企业在前 10 名中就占据了 7 席。[①]

2016 年，根据中国商务部统计[②]，按新签合同额计算，中国企业在拉美承接合同最多的 5 个国家分别为委内瑞拉、厄瓜多尔、巴西、阿根廷和墨西

① "ENR 2017 Top 250 Global Contractors 1-100"，https://www.enr.com/toplists/2017-Top-250-Global-Contractors-1.
② 《中国对外投资合作发展报告（2017）》，商务部，2017 年 12 月，http://fec.mofcom.gov.cn/article/tzhzcj/tzhz/upload/zgdwtzhzfzbg2017.pdf，访问日期：2018 年 7 月 4 日。

哥；按当年完成营业额排序，前 5 位分别是委内瑞拉、厄瓜多尔、巴西、墨西哥和阿根廷。上述 5 国是中国在拉美开展工程合作的主要所在国。2016 年，中国企业在委内瑞拉承担钻修井泥浆服务，在厄瓜多尔承建学校和医院建设，在巴西和墨西哥参与电信基础设施项目、疏浚河道，在阿根廷承建地下河输水管和提升泵站项目。除此以外，中国—秘鲁产能合作的圣加旺 3 号水电站开工，有望解决秘鲁东南部地区电力短缺问题，项目预计每年可减少 33.8 万吨二氧化碳排放。

（五）中国对拉美援助发挥重要作用

中国的对外援助资金包括无偿援助、无息贷款和优惠贷款 3 种方式。其中，无偿援助重点用于帮助受援国建设中小型社会福利项目以及实施人力资源开发合作、技术合作、物资援助和紧急人道主义援助等；无息贷款主要用于帮助受援国建设社会公共设施和民生项目；优惠贷款主要用于帮助受援国建设有经济社会效益的生产型项目、大中型基础设施项目，提供较大型成套设备、机电产品等。

自 20 世纪 60 年代以来，中国坚持对外援助八项原则，并在实践中不断丰富、完善和发展。坚持帮助受援国提高自主发展能力，坚持不附带任何政治条件，坚持平等互利、共同发展，坚持量力而行、尽力而为，坚持与时俱进、改革创新。多年以来，中国对外援助所形成的特色受到多数受援国认可，也实实在在地增强了受援国的发展能力，促进了受援国经济的发展。

2011 年《中国的对外援助》白皮书显示[1]，截至 2009 年，中国累计向 161 个国家及 30 多个国际和区域组织提供了援助。其中，拉丁美洲和加勒比地区的 18 个国家接受中国援助资金占比为 12.7%，约为 325.5 亿元人民

---

[1] 《中国的对外援助》，国务院新闻办公室，2011 年 4 月 21 日，http://www.scio.gov.cn/zfbps/ndhf/2011/Document/896983/896983.htm，访问日期：2018 年 4 月 14 日。

币。《中国的对外援助（2014）白皮书》显示[①]，中国在 2010 年—2012 年，对拉美和加勒比地区的 19 国提供了援助。按照援助地区划分，中国对拉美和加勒比地区的资金占到中国对外提供援助资金总量的 8.4%，约为 75.0 亿元人民币。

二、贸易畅通，"一带一路"的重要维度

中拉之间的经贸合作拥有良好基础和巨大发展潜力，但也面临制约与挑战。双方加强战略对接、协议保障、平台打造、技术创新等方面的协同，能够为双边贸易创造更为稳定、可预期的发展环境，有利于贸易、投资和产业合作，为双方实现经济社会发展目标提供有力的支持和保障。

（一）加强战略对接与机制建设

贸易畅通需要国与国之间的战略配合与指引。近年来，与习近平主席 3 次访问拉美同步，中国与拉美国家间的战略对接协同水平取得了新的提升。2013 年，习近平主席应邀对特立尼达和多巴哥、哥斯达黎加和墨西哥进行国事访问。此访加深了拉美对华了解和友谊，为中拉战略对接和双边平台机制的正式确立做好了准备。2014 年，习近平主席在巴西参加首次中国—拉美和加勒比国家领导人会晤期间，与与会各方共同宣布建立中国—拉共体论坛。中方倡议构建"1+3+6"合作新框架，以一个规划为引领，贸易、投资、金融合作为动力，确立六大领域的重点合作。2016 年，习近平主席第三次访问拉美并出席亚太经济合作组织（APEC）第二十四次领导人非正式会议。其间，在秘鲁国会的演讲中，习近平主席提出"打造好中拉命运共同体这艘大船"的宏大愿景，与拉美国家携手合作，使得中拉命运共同体成

---

① 《中国的对外援助（2014）白皮书》，国务院新闻办公室，2014 年 7 月 10 日，http://www.scio. gov.cn/zfbps/ndhf/2014/Document/1375013/1375013_1.htm，访问日期：2018 年 4 月 14 日。

为南南合作的新典范。

事实上，中拉已有的战略对接与协调的渠道主要有3类：

第一类是双边，中国已与巴西（2012）、秘鲁（2013年建立，2016年深化）、墨西哥（2013）、阿根廷（2014）、委内瑞拉（2014）、智利（2016）和厄瓜多尔（2016）建立了全面战略伙伴关系，与乌拉圭（2016）、哥斯达黎加（2015）和玻利维亚（2018）建立了战略伙伴关系。除此以外，中秘经济合作战略对话、中阿经济合作与协调战略对话等常态化的战略对话为加强双边战略对接和适时调整提供了平台。支撑战略的双边机制层次丰富，例如，中国与已建立全面战略伙伴关系的拉美国家间的双边工作机制包括：中国与巴西高层协调与合作委员会及相关分委会、中国与巴西双边经贸混合委员会；中国与秘鲁经贸混合委员会；中国与墨西哥政府间高级投资工作组、中墨企业家高级别工作组、中国商务部和墨西哥经济部双边高层工作组；中国与阿根廷政府间常设委员会及其框架内9个分委会；中国—委内瑞拉高级混合委员会；中国—智利双边经贸混合委员会、中国—厄瓜多尔产能与投资合作指导委员会、经贸混合委员会、农业联合委员会以及科技合作混合委员会等。

第二类是中拉全面合作与对话机制。2013年，习近平主席在首访拉美时提出推进中拉全面合作伙伴关系，获得拉美和加勒比国家的热烈回应；2014年，习近平主席再访拉美时，与拉美和加勒比国家领导人会晤，决定建立平等互利、共同发展的中拉全面合作伙伴关系，共同宣布成立中国—拉共体论坛。2015年，中国—拉共体论坛首届部长级会议在北京举行，达成了《中国与拉美和加勒比国家合作规划（2015—2019）》。

第三类是APEC和七十七国集团等区域和多边组织。中国与拉美国家在亚太领域合作意愿强烈，同属发展中国家的特点也为双边合作创造了重要环境。中国与拉美的发展离不开全球大的经济环境，也与世界经济的复苏密切相关。在上述机制中加强中拉协同配合，有助于为中拉战略对接提供更好的全局保障。

中国与拉美国家利用上述 3 类渠道进行战略对接，在建立政治互信和交流机制、改进外交关系的同时，重视对经贸相关战略方向的协调和促进。通过战略对接，双方企业有机会更好地参与到对方国家的经济发展计划中，从而获得更大的发展红利。

（二）促进双边贸易互利发展

贸易畅通，既需要国际贸易进出口方在比较优势指引下发挥自身的资源禀赋优势，通过贸易满足本国消费市场和产业需求，又需要以市场经济规律为指导，适时、适度调整相关贸易政策和做法，改善贸易环境，提供更好的便利化条件。中方积极完善贸易投资促进政策和便利化措施，扩大相互市场开放，利用出口信贷、出口信用保险等政策支持大型成套设备出口。中国的制造业发展水平较高，拉美国家的能矿、农业和服务业颇具特色。通过各项措施的协同配套，减少信息不对称对贸易的制约，引导中拉双方企业开展基于互利基础的贸易合作，对于双方都会产生社会福利的提升和供需关系的改善。

2017 年年初生效的世界贸易组织（WTO）《贸易便利化协定》（TFA），作为 WTO 成立 20 余年来达成的首个多边贸易协定，是多哈回合谈判启动以来取得的最重要突破，对全球经济具有重要意义和深远影响。据 WTO 测算，有效实施该协定可平均降低进口耗时一天半，降低出口耗时两天，分别降低了现有进出口耗时的 47％ 和 91％。同时，TFA 的实施将增加全球出口量 20％，最不发达国家出口量将增加 35％。[1] 中国和拉美主要国家都是 WTO 成员，也将承担该协定规定的贸易便利化方面的实质性义务，简化进出口手续，规范进出口规费，约束过境运输法规或程序。因地理位置和管理做法的差异，中拉贸易成本相对较高。通过协定实施，中国与拉美国家的贸

---

[1] *WTO's Trade Facilitation Agreement enters into force*，World Trade Organization，22 FEBRUARY，2017，https://www.wto.org/english/news_e/news17_e/fac_31jan17_e.htm.

易额有望进一步增加。

2017 年 5 月 14 日，"一带一路"国际合作高峰论坛在北京举行，阿根廷总统毛里西奥·马克里和智利时任总统米歇尔·巴切莱特等 92 个国家的 1200 余名与会代表参会。其中，在中国商务部主办的高级别会议"推进贸易畅通"平行主题会议上，各方达成"推进'一带一路'贸易畅通合作倡议"。该项倡议的参与方将努力为"一带一路"倡议与其他倡议和计划的合作与对接做出积极努力，推动在欧洲、亚洲、南美洲、非洲以及其他区域间构建合作伙伴关系。该倡议的内容包括促进贸易增长、振兴相互投资和促进包容可持续发展等方面。

（三）拓展双向投资与产业合作

贸易与投资关系密切。伴随企业贸易额的增加和实力的增强，根据市场发展，选择采取更为有效的方式优化产业全球布局，降低成本，提升竞争力的需求增加，促进贸易与投资的互动发展，也对与投资相关的各项业务产生促进作用。"一带一路"的贸易畅通维度中，投资活动的重要性日益提高。中方推动完善企业"走出去"的促进政策和便利化措施，优化对外投资管理模式，强化服务保障，以工程承包为先导，以金融服务为支持，带动装备产品、技术、标准、服务联合"走出去"，推进国际产能和装备制造合作。

2016 年二十国集团（G20）杭州峰会上各方达成的《二十国全球投资指导原则》，不仅涉及拉美国家，而且在全球起到了重要的示范和引导作用。近年来，中国企业对拉美的投资活动出现较大发展，投资规模不断扩大，项目金额从几百万美元逐渐增加至上亿美元；投资类型更为丰富，从单一的贸易公司到加工组装厂，再到工业园和研发中心，等等；投资领域更为广泛，从石油、矿产、农业到制造业、电力、交通和金融等合作。

尽管拉美是中国企业"走出去"较早抵达的地区，发展环境的差异和各项因素的限制在很大程度上减弱了企业投资合作的意愿和能力。为帮助企业更好地开展投资合作,中拉双方政府和政策性金融机构为双向投资和基础设施合作积极创造条件。除了自 2009 年起连续每年发布《对外投资合作国别(地区)指南》[①],介绍各国政治环境、法律法规和市场变化等情况之外,中国政府还为经贸合作的开展提供资金支持。2015 年,中国外汇储备和国家开发银行共同出资设立中拉产能合作投资基金,基金规模 300 亿美元,首期规模 100 亿美元。该资金主要投资于拉美制造业、高新技术、农业、能源矿产、基础设施和金融合作等领域。2016 年,中国进出口银行发起设立了中拉合作基金,其投资范围除中拉产能合作基金的领域外,还涉及科技创新、信息技术等。中墨两国共同出资 24 亿美元的中墨投资基金,用于推动基础设施、工业、旅游和能源投资合作。

(四)打造集群式"走出去"平台

境外经贸合作区是在中国和有关国家政府的指导下,由有实力、有条件的中国企业在有关国家投资建设或与所在国企业共同投资建设的基础设施完善、主导产业明确、公共服务功能健全的产业园区,吸纳中国、所在国或其他国家企业入区投资发展,推动双边和多边投资合作,促进当地经济发展。境外经贸合作区由中国企业根据东道国的需求和设计进行开发,因而每个园区都有自身鲜明的特点和产业定位。据中国商务部统计[②],2016 年,77 个合作区新增投资 54.5 亿美元,占合作区累计投资的 22.5%,入区企业 413 家。

目前,中国在拉美地区设立的境外经贸合作区位于委内瑞拉和墨西哥两国。其中,委内瑞拉库阿科技工贸区由山东浪潮集团有限公司实施。园区位于委内瑞拉库阿市,规划面积 5 平方千米,主导产业为电子、家电和农业机

---

① 《"走出去"公共服务平台》,商务部,http://fec.mofcom.gov.cn/article/gbdqzn/,访问日期:2018 年 4 月 14 日。

② 《2016 年商务工作年终综述之二十三:推进境外经贸合作区建设 实现互利共赢》,商务部,2017 年 2 月 4 日,http://www.mofcom.gov.cn/article/ae/ai/201702/20170202509650.shtml,访问日期:2018 年 7 月 4 日。

械等。墨西哥中国（宁波）吉利工业经济贸易合作区由浙江吉利美日汽车有限公司投资，一期项目以汽车整车生产和汽车零部件生产为主。除此以外，奇瑞还在巴西圣保罗附近设立汽车工业园，建设总装、焊装和涂装生产线，拥有仓库、物流公司、保养设施、零部件公司等 25 类业务。

（五）推动经贸合作技术创新

中国与拉美国家在经济产业、资源禀赋和发展理念方面差异较大，市场相对独立。贸易畅通的基本出发点就是要减少沿线各方开展经贸活动的壁垒和成本，进而促进经贸合作的发展。近年来，新技术的发展和使用为经贸合作提供了更多选项，而服务业市场开放则为各方通过 4 种贸易模式开展合作创造了条件。通过经贸领域的创新合作可以快速提升合作水平，为相关各方创造更大的社会福利。

《中国与拉美和加勒比国家合作规划（2015—2019）》设定了中拉双边贸易额的目标，特别提出在保持传统贸易基础上加强服务贸易和电子商务合作。中国电子商务研究中心发布的《2016 年度中国电子商务市场数据监测报告》显示[1]，2016 年中国电子商务交易额达到 22.97 万亿人民币，同比增长 25.5%，其中，企业之间的 B2B 市场交易规模为 16.7 万亿人民币。报告显示，2016 年中国跨境电商交易规模 6.7 万亿人民币，同比增长 24%。其中，出口 5.5 万亿人民币，进口 1.2 万亿人民币。中国电商的国际影响力虽然持续增强，但仍然在国际合作中受到国际规则欠缺的限制。相比而言，尽管一体化水平相对较高的拉美国家在经济复苏期的对外贸易额保持较快增长，但电子商务仅占较小部分。拉美国家发展电子商务的意愿较强，无论政府还是企业，都希望能够通过增强自身实力获得更好的发展动力。通过在 APEC、金砖国家峰会和联合国亚洲及太平洋经济社会委员会

---

① 《2016 年度中国电子商务市场数据监测报告》发布，网经社，2017 年 6 月 5 日，http://b2b. toocle.com/detail--6398366.html，访问日期：2018 年 4 月 14 日。

等多边机制下的电子商务议题上的磋商，中拉双方发挥协同推进的空间依然广阔。

技术创新对经济社会的长期发展也有着深远影响。在影响全球发展未来的环境和气候变化等问题上，中国与拉美国家立场相同，希望通过协同努力减少温室气体排放。在推动实现联合国2030可持续发展目标的过程中，中拉也存在广泛的共同利益。通过双边或多边的创新合作，中拉有可能就相关领域的政府行为和市场行为进行有效协商，在有利于实现共同目标的同时满足双方的发展利益。

三、中拉经贸合作协定创造良好发展环境

中拉双方重视协定保障，通过包括自由贸易协定、双边投资协定、避免双重征税协定等多种方式明确市场开放承诺、对接管理模式、创造公平竞争环境，为贸易畅通创造重要环境。中拉双方关注内外环境变化，积极推动协定升级，共同应对经贸合作深化发展中的各种制约和挑战。

（一）中拉自贸协定初见雏形

自由贸易区作为双边的贸易安排，具有内容明确、形式规范、推进灵活和效果明显等特点。WTO多边货物贸易规则和服务贸易规则均允许成员方经磋商做出更高水平的开放承诺，但不应影响或损害对其他成员的开放承诺。拉美国家的自由贸易协定签署水平不齐：智利高度融入世界，与占全球GDP 85%以上的60多个国家和地区签订了20多个自由贸易协定；而包括拉美大国巴西和阿根廷在内的国家则只通过南方共同市场（以下简称"南共市"）对外签署自贸协定；部分拉美国家在其当前法律规定下难以对外签署自贸协定。

自由贸易区战略是中国的重要战略。以周边为基础，重点加快与"一带一路"沿线以及产能合作重点国家、地区和区域经济集团商建自由贸易区，

成为我国自贸协定重点推进的方向和抓手。与同为发展中国家较为集中的非洲大陆相比，中国与拉美国家签署的自贸协定起步更早，数量也更多，自贸区网络初具雏形。2016 年，中国商务部加快与有关国家和地区的自贸区建设，成功推进 8 个自贸区谈判或研究取得实质性进展，同时新启动 8 个自贸区谈判或研究。[①] 中国与拉美地区的智利（2005）、秘鲁（2009）、哥斯达黎加（2010）签署的双边自贸协定，有效促进了中国与上述 3 国的经贸合作。与哥伦比亚的自贸协定联合可研也在积极推进中。此外，中方还与乌拉圭开展了双边自贸协定非正式技术性磋商。

中国与拉美国家的自贸协定从启动谈判到签署协定所用周期相对较短，说明双方存在较强需求且推动协定安排的意愿强烈。智利作为拉美第一个同中国签署自贸协定的国家，中智双边贸易额在 10 年间增长近 500%。除原有的铜、金、银、钼等矿产资源外，农业合作成为新增长点，智利对华葡萄酒出口增速迅猛。中国与秘鲁的自贸协定谈判是中国与拉美国家达成的第一个一揽子自贸协定，双方仅用了一年时间就结束谈判，为双方优势产品和产业进入对方市场创造了良好条件，中国具备优势的中文教育、中医、武术等行业获得更大的进入秘鲁市场的机会。中国与哥斯达黎加的自贸协定谈判也只用时一年，是中国与中美洲国家的第一个一揽子自贸协定，中国导游得以进入旅游国哥斯达黎加提供相关服务。

（二）中拉自贸协定升级前景广阔

与生物体相似，各类经贸协定自身也有生命周期。一般而言，协定签署后，因为各方的开放承诺，扩大的市场准入会在较大程度上激发市场活力，促进双边贸易的发展。经过一段时间逐渐实现平衡，而外界的变化和内外相互影响则将推动协定的进一步完善与升级。中国自贸区战略的远期目标是建

[①]《2016 年商务工作年终综述之十六：善谋善为，引领国际经贸合作频结硕果》，商务部，2017 年 1 月 19 日，http://www.mofcom.gov.cn/article/difang/201701/20170102504284.shtml，访问日期：2018 年 7 月 4 日。

立面向全球的高水平自贸区网络，利用自贸协定的灵活形式，在早期收获、涉及部分经贸合作领域的协定之后继续扩展领域，协调和改进规则，从而实现自贸区的新建、升级、合并和共同推进，通过内容与模式创新为相关各方的优势发挥与经济发展带来更有效的推动。2015 年 5 月，李克强总理在巴西参加中巴工商界峰会闭幕式致辞中明确提出，中国愿与更多拉美国家签署自贸协定，推进贸易自由化、便利化。在联合国拉丁美洲和加勒比经济委员会的演讲中，李克强总理再次提出，中拉要探讨建立经济特区和产业园区，商谈包括自贸协定在内的各种贸易投资便利化措施。

自由贸易区不仅带来贸易繁荣，给普通消费者的生活带来更多便利，推动更多中国企业走出去，而且是我国新一轮对外开放的重要内容，是适应经济全球化新趋势的客观要求。从内容方面看，自贸协定通常实现的 WTO 的承诺，覆盖与贸易和投资相关的诸多领域，重点为双方利益最为集中的产业提供支撑。2016 年 11 月，习近平主席在智利进行国事访问期间，中智双方宣布启动升级谈判。2017 年，中国完成了与智利的自贸协定升级谈判，双方在 11 月越南岘港 APEC 会议期间签署了关于修订自贸协定和服务贸易补充协定的议定书。中智自贸协定成为我国继中国—东盟自贸协定升级后的第二个自贸区升级协定。通过自贸协定升级，中智双方新增了农业、金融、政府采购等领域的合作内容，承诺加强金融消费者权益保护和个人金融信息保护合作，在跨境支付监管合作上寻求建立监管合作机制和信息共享机制。在服务贸易领域，双方进一步扩大了开放承诺的部门数量和质量。中国在商业法律服务、娱乐服务、分销等 20 多个部门对智利做出进一步承诺，智利在快递、运输、建筑等 40 多个部门对中国做出更高水平的开放承诺。2016 年11 月，在习近平主席访问秘鲁期间，中国和秘鲁也宣布启动自贸协定升级联合研究，为协定升级谈判做准备。

应该讲，中国与拉美国家间的自贸协定网络还有较大的扩展空间。中国已经成为许多拉美国家最重要的贸易伙伴，不仅消费市场具有较强吸引力，而且成为资金和技术的重要输出国，双方在贸易、投资和经济合作等方面的联系日益紧密。伴随区域一体化的推进和互联互通的发展，拉美地区公路、铁路交通基础设施水平的提升为贸易扩大奠定了硬件基础。但经济贸易管理制度的差异、较高的关税和市场准入门槛对经济贸易合作的升级制约越发明显，建立双边自贸协定保障的软环境对双方都更为有利。在推进一般经贸领域合作的同时，有可能就重点特色领域合作探索促进和保障机制。拉美国家重视发展与中国的经贸关系，不少国家都希望从中国市场的发展中获益，也愿意加强交流与沟通。中国与已有的 3 个拉美国家间的自贸协定对促进双边经贸合作的发展发挥了重要作用，产生了良好的示范效果，有利于自贸协定网络覆盖的拓展。

（三）双边投资协定创造稳定预期

双边投资协定（BIT）是指资本输出国与资本输入国之间签订的，以促进、鼓励、保护或保证国际私人投资为目的，并约定双方权利与义务关系的书面协议。作为各国间保护私人外国投资普遍行之有效的重要手段，这被视为衡量有关国家投资环境的重要标志之一。德国等西方国家重视对外商签 BIT，保护投资者利益，创造稳定的投资预期。中国自 1982 年与瑞典签署第一个双边投资协定开始，积极探索对外商签 BIT。20 世纪 90 年代，为了创造稳定的外资发展环境，协议签署较为集中。截至 2017 年 12 月，中国已经与 104 个国家或地区签署了 BIT[1]，其中涉及拉美地区的玻利维亚（1992）、阿根廷（1992）、乌拉圭（1993）、厄瓜多尔（1994）、智利（1994）、秘鲁（1994）、牙买加（1994）、古巴（1995 年签署，2007 年予以重新修订并于 2008 年 12 月生效）、巴巴多斯（1998）、特立尼达和多巴哥（2002），以及圭亚那（2003）等 11 国，为双向投资提供了重要的制度保障。保护外资的合法收入和投资收益的自由转移，有利于降低政治风险对

---

[1] 《我国对外签订双边投资协定一览表 Bilateral Investment Trea》，商务部条约法律司，2011 年 5 月 27 日，http://tfs.mofcom.gov.cn/aarticle/Nocategory/201105/20110507572244.html，访问日期：2018 年 7 月 4 日。

外国投资的影响。

可以看出，中国与拉美各国签署的 BIT 的时间尽管先后有别，内容上的差异并不大。例如，中国与玻利维亚和古巴签署的 BIT 中涵盖的投资包括 5 类：（1）动产、不动产及其他财产权利（如抵押权、质权）；（2）公司的股份（股票和其他形式参股）；（3）金钱请求权或其他具有经济价值的行为请求权；（4）著作权、工业产权、专有技术和工艺流程；（5）依照法律授予的特许权，包括勘探和开发自然资源的特许权。在中国与圭亚那的 BIT 中，将第五项扩展为法律或法律允许依合同授予的商业特许权，包括勘探、耕作、提炼或开发自然资源的特许权。中国与拉美国家已签署的 11 个 BIT 中，均排除了缔约方根据关税同盟、经济联盟、共同市场或自由贸易协定给予第三国投资者的特权。BIT 在保护投资者利益的同时，也准许东道国根据法律、法规，为促进本地工业的生产和发展而只赋予本国国民和公司特别激励措施，但要求这些措施不损害缔约另一方的国民和公司的投资及相关活动。BIT 允许缔约方处于公共利益、依照国内法律、以非歧视为原则的征收、国有化或其他类似措施，但需要按照市场价值予以补偿。

也应该看到，中拉国家间的 BIT 可能面临升级发展趋势。2012 年，中国与加拿大签署的双边投资协定标志着中国的双边投资协定进入新的阶段，原有的相对简单的协议框架结构逐渐向内容更为丰富、权利和义务更加均衡的协定发展。中加 BIT 的做法和模式不仅会影响到未来中国与其他国家签署的 BIT 的协定内容组织，而且可能对我国已有的双边投资协定带来影响，与各缔约方就现有协定重新通过协商进行调整和更新、升级的可能性增加。

（四）避免双重征税协定增进公平竞争

寻求最优的税收安排是企业全球化的重要动力之一。伴随业务的不断拓展，跨国公司的收入来源地域分布更加广泛，因而需要对各国的税收政策和管理制度予以积极响应。各国的税收制度存在较大差异，在征税原则和范围、优惠措施等方面各不相同，需要政府间进行有效协调。避免双重税收协定是指国家间为了避免和消除向同一纳税人、在同一所得的基础上重复征税，根据平等互惠原则而签订的双边税收协定。在此类协定的保障下，跨国公司可以获得更为公平的税收环境，避免支付不必要的重复税收。

中国政府对外签署避免双重征税协定的动力，最初来自外国公司的对外投资。1983 年，中日签署了第一个避免双重征税协定。截至 2017 年中国与肯尼亚签署避免双重征税协定，中国已经签署了 103 个避免双重征税协定 [1]。其中，涉及的拉美国家有巴西（1991）、牙买加（1996）、巴巴多斯（2000）、古巴（2001）、委内瑞拉（2001）、特立尼达和多巴哥（2003）、墨西哥（2005）、厄瓜多尔（2013）和智利（2015）等 9 个国家。

作为促进跨国公司公平竞争的重要协定，避免双重征税协定获得全球各国的普遍认可和接受。各国参考的范本主要有经济合作与发展组织（OECD）起草的以居住地征税为主要原则的范本，以及由联合国经济及社会理事会提出的可兼顾双方国家税收权益的范本。中国与拉美国家间的避免双重征税协定的情况相似。在人的方面基本认定为缔约国一方或同时为双方居民的人，在税收领域方面范围大致相似。以签署较早的中巴协定为例，协定涉及中国的个人所得税、中外合资经营企业所得税、外国企业所得税和地方所得税；涉及巴西的联邦所得税，不包括追加所得税和次要活动征收的税收。在中墨协定中，中方的税收调整为个人所得税、外商投资企业和外国企业所得税，墨西哥的税收涉及联邦所得税。在中厄协定中，中方税收涵盖个人所得税和企业所得税，厄瓜多尔的税收则包括个人所得税、社团和其他类似实体的所得税。现有的避免双重征税协定基本遵循属地原则，以各项应税业务发生地为依据征税。

---

[1] 《我国签订的多边税收条约》，国家税务总局，http://www.chinatax.gov.cn/n810341/n810770/，访问日期：2018 年 7 月 4 日。

中国与更多的拉美国家加强税收协同与监管有提升空间。伴随企业国际化进程的推进，双方企业对创造公平税收环境的需求更强。同时，金融危机后，一些主要经济体加大了对离岸金融市场的监管，加强税务信息互换，减少非法或不正当经营活动对各方税基的侵蚀。拉美国家是全球重要的离岸金融中心集中分布的地区，对这些区域的投资也占了中国对拉美投资的绝大部分比重。推动包括税收领域的协同，有助于降低系统性风险，完善中国与拉美国家的金融系统环境。

（五）深化中拉经贸合作仍面临制约与挑战

必须看到，中国与拉美国家有加强经贸合作的强烈意愿，但在促进贸易畅通方面仍有不少需要解决的问题和挑战。拉美经济复苏动能不强，金融环境还有不少风险。如能通过双边合作与协同，有效应对各种挑战，将可能大幅提升双方经贸合作的水平。

跨境电子商务等新的经贸合作环境需进一步改进。拉美地区发展电子商务的积极性高，但软环境（如行政审批效率等）和港口等硬环境目前仍有很大的提升空间。很多国家已在逐步改善现有的一些不利因素，试图尽快融入国际电子商务的环境。国与国之间协同推进前景巨大。电子商务规则与标准的协同有助于创造稳定和可预期的发展环境。信息平台建设的加强有助于减少语言沟通障碍，提升供需对接效率。物流运输效率的改善和产品追溯、质量监督和售后服务保障体系的加强，有助于在增加贸易选择的同时提高产品质量。

投资行业和目的地管理模式的改进有助于更好地把握企业对外投资的实际情况。流向离岸金融市场的大量投资背后隐藏了资本流动行业领域和国别分布的真实信息，从而使得行政管理及相关政策制定和调整的有效性减弱，不利于投资母国和东道国的协同，不利于保护企业利益。以最终投资目的地为基础的管理和统计制度的改进有助于减少错误或遗漏信息，减少失真信息对市场供需的负面影响，有助于贸易畅通对中拉经贸合作支撑作用的发挥。

但新旧制度的更迭不仅需要政府管理制度的调整，也需要投资母国与东道国的充分配合，以及健全并发挥企业信用体系作用等诸多举措的配合。

新建交国带来更多经贸合作空间，也应重点响应和引导。以巴拿马为例，中国与巴拿马间的贸易有较好的基础，华工曾在数百年前就在巴拿马铁路等基础设施建设中发挥过重要作用。中国与巴拿马建交后，双方就园区合作等方面达成共识。作为连接大西洋和太平洋的重要通道所在国，巴拿马的国际贸易十分发达，与贸易相关的金融、保险、物流等服务领域吸引了全球主要行业企业的关注。中国与巴拿马政府应以建交为契机，尽快推进双边经贸合作的协定安排，为企业参与相关经贸活动提供更好的制度性保障。

第六章　中拉资金融通的机遇空间和风险防范

辛晓岱 [*]

　　金融是国民经济的血脉，承担着对实体经济发展的关键支持和保障作用。"一带一路"倡议提出 5 年来，作为"五通"之一的"资金融通"对"一带一路"建设发挥着重要支撑作用，对其他"四通"也起着辐射和带动作用。目前，中国同"一带一路"建设参与国已经开展了多种形式的投融资合作，亚洲基础设施投资银行（AIIB）和丝路基金等投融资平台也已顺利运营，一定程度上缓解了"一带一路"互联互通过程中面临的资金瓶颈问题，开创了良好的范例。作为"一带一路"地理区域的自然延伸，拉丁美洲和加勒比地区（以下简称"拉美地区"）许多国家也积极响应并参与其中。中拉之间在投融资领域的密切合作，也为双方的互联互通和经济可持续发展提供了有力保障。

　　近年来，在"一带一路"共商、共建、共享理念的指引下，中拉之间的投融资合作进程也在逐步加快。中拉双方的政府、企业、金融机构和各方市场主体综合助力，目标是推动构建一个长期、稳定、可持续和风险可控的金融保障体系，更好地服务于中拉经贸合作。中拉在经济金融领域的互补性特征和彼此诉求契合，为双方的投融资合作提供了良好的客观基础。目前，中拉之间金融合作的政策环境十分有利，多层次、多渠道的双向投融资渠道正在构建，合作成效已初步显现。当然，在此过程中，仍有诸多风险和问题需

---

* 辛晓岱，中拉产能合作投资基金有限责任公司副总经理，经济学博士，高级经济师。本文仅为作者个人观点，不代表所供职单位意见。

加以关注，应积极稳妥地予以推进。

一、中拉金融合作的政策环境和市场基础

当前，世界经济面临转型机遇期。不论是作为全球最大的发展中国家——中国向高质量发展阶段转型，还是拉美各国的再工业化进程，各国最终目的均是促进实体经济向可持续方向发展。其中，资金融通发挥着至关重要的作用。近年来，中拉双方政府、金融机构和企业积极做好中拉金融合作的顶层机制设计，营造良好的政策环境，创建务实的市场基础，稳步推进中拉整体合作战略的实施。

2016 年发布的《中华人民共和国国民经济和社会发展第十三个五年规划纲要》提出，要统筹国内国际两个大局，牢固树立和贯彻落实创新、协调、绿色、开放和共享的新发展理念，建设互利共赢、开放透明、公平包容的开放新格局。[1]2017 年 10 月召开的中共十九大再次提出推动形成全面开放新格局，共同构建人类命运共同体等。这些都为中拉关系和经济金融合作设定了中长期目标，提供了指导方略。

2015 年 1 月，标志着中拉整体合作开端的中拉论坛首届部长级会议通过了《中国与拉美和加勒比国家合作规划（2015—2019）》（以下简称《规划》）。该《规划》明确了中拉在贸易、投资和金融领域加大双方重点项目合作的目标。2016 年发布的第二份《中国对拉美和加勒比政策文件》再次明确提出，中方愿意同拉方共同构建"1+3+6"务实合作新框架，即以《规划》为指引，以贸易、投资、金融合作为动力，以能源资源、基础设施建设、农业、制造业、科技创新、信息技术为合作重点；积极探索"3×3"产能合作新模式，即共建拉美物流、电力、信息三大通道，实现企业、社会、政府

---

① 《中华人民共和国国民经济和社会发展第十三个五年规划纲要》，2016 年 3 月 17 日，新华网，http://www.xinhuanet.com/politics/2016lh/2016-03/17/c_1118366322.htm，访问日期：2018 年 2 月 10 日。

三者良性互动，拓展基金、信贷、保险三条融资渠道，推动中拉合作加快提质升级。2018 年年初召开的中拉论坛第二届部长级会议上，中方再次强调愿与拉方一道深化"1+3+6"合作框架，推动中拉合作优化升级、创新发展，打造领域更宽、结构更优、动力更强、质量更好的合作新局，并提出在建设陆洋一体的大联通、培育开放互利的大市场、打造自主先进的大产业等重点领域深化合作。在一系列有利的政策规划引导下，双方经贸合作规模持续扩大，水平持续攀升。

与此同时，近年来随着中国各项金融体制改革、创新和双向对外开放进程的不断深化，中拉双方货币当局和金融监管当局也着力推出一系列区域合作举措，并不断加大金融市场开放力度，进一步提升双边贸易和投资的自由化、便利化水平。中拉之间多边、双边投融资渠道日益丰富，并呈多元化态势，为中拉资金融通营造了良性、健康和稳定的政策环境，奠定了市场运行基础。

（一）积极推进与多边金融机构合作，支持对方地区经济发展

从中国方面看，自 2009 年加入拉美地区最重要的多边开发机构——泛美开发银行（IDB，以下简称"泛美行"）以来，中国人民银行（以下简称"人民银行"）积极参与泛美行相关事务（包括历次增资）。通过探索建立联合融资机制等多种方式，大力推动中国金融机构和企业与泛美行在拉美贸易融资和基础设施建设等领域的合作，共同促进拉美地区的减贫及经济社会发展。同时，中国作为加勒比开发银行的成员国，在推动与加勒比地区经贸和金融合作中也发挥了重要的支持作用。

从拉美方面看，相关国家参与中国及亚洲金融合作的意向也逐渐增强。在中国主导的亚洲基础设施投资银行（以下简称"亚投行"）成立过程中，巴西成为首批 57 个创始成员国之一。2017 年 3 月—12 月，秘鲁、委内瑞拉、玻利维亚、智利、阿根廷和厄瓜多尔又相继成为亚投行成员。截至2017 年年底，在 84 个亚投行成员国中，拉美国家已占有 7 席。另外，巴西也参与了总部设在中国上海的金砖国家开发银行的创建。上述中拉之间

多边双向资金融通机制的开启，为未来进一步开展金融合作提供了良好基础。

（二）央行间签署双边本币互换协议，便利双向流动性支持

2008 年国际金融危机后，人民银行一方面协助国际货币基金组织（IMF）帮助成员国（包括拉美国家在内）提高应对金融危机的能力；另一方面，与阿根廷央行在 2009 年 4 月签署了规模为 700 亿元人民币 /380 亿阿根廷比索的双边本币互换协议。该协议及时缓解了当时市场流动性的紧张状况，保障了中阿双边贸易的正常进行，也显著增强了整个拉美地区金融市场的信心，有效维护了区域金融稳定。之后，中阿双方央行又分别于 2014 年和 2017 年进行了协议续签。另外，2013 年和 2015 年，人民银行又与巴西央行、苏里南央行和智利央行分别签署了规模不等的双边本币互换协议（见表一）。截止到 2017 年 7 月，人民银行与拉美国家中央银行共签署 6 份总规模达 2830 亿元人民币的双边本币互换协议，金额约占人民银行全部本币互换协议总额的 9%。上述一系列双边本币互换安排的建立，不仅可在提供紧急流动性支持和维护金融市场稳定等方面发挥积极作用，而且以双边本币直接进行结算，可有效规避通过第三方货币套算带来的汇率风险，为中拉双边贸易投资提供了一种可供选择的便利安排。

表一　中国人民银行与拉美国家中央银行双边本币互换一览表

（截至 2017 年 7 月底）

国别	协议签署时间	互换规模	期限
阿根廷	2009.4.2	700 亿元人民币 / 380 亿阿根廷比索	3 年
	2014.7.18（续签）	700 亿元人民币 / 900 亿阿根廷比索（续签）	3 年
	2017.7.18（续签）	700 亿元人民币 /1550 亿阿根廷比索（续签）	3 年

续表

国别	协议签署时间	互换规模	期限
巴西	2013.3.26（已失效）	1900 亿元人民币 / 600 亿雷亚尔	3 年
苏里南	2015.3.18	10 亿元人民币 / 5.2 亿苏里南元	3 年
智利	2015.5.25	220 亿元人民币 / 22000 亿智利比索	3 年
总金额		2830 亿元人民币	

〔资料来源：中国人民银行官网〕

（三）中国金融市场对外开放程度不断提高，为拉美国家投融资便利化提供了便利条件

首先，为促进双边贸易和投资，人民银行持续推进外汇市场建设和发展，采取了一系列措施推动人民币与投资贸易伙伴国货币之间的直接交易。2016 年 12 月 12 日，经人民银行授权，中国外汇交易中心开始在中国银行间外汇市场开展人民币对墨西哥比索之间的交易，每日直接公布人民币与墨西哥比索双边汇率，无须再根据第三方汇率进行套算生成，直接降低了中墨经贸往来的汇兑成本。该交易开展后，2017 年共实现 0.01 亿元人民币的市场交易量，这是中拉金融合作在外汇市场上的开篇之举，意义重大。

其次，人民币资本市场开放程度不断深化，为包括拉美投资者在内的境外机构投资者进入中国市场提供了更加便捷的政策支持。2015 年 5 月，人民银行批准给予智利 500 亿美元的人民币合格境外机构投资者（RQFII）额度，使智利成为截至 2016 年年底 18 个获得该额度国家中唯一一个拉美国家，为其未来投资中国资本市场创造了条件。

（四）中拉之间资金清算安排和支付结算渠道初步建立，人民币国际化基础设施不断完善

随着人民币跨境支付系统建设和人民币清算安排体系的不断完善和推进，人民币清算效率不断提高，跨境清算网络不断健全。2015 年 5 月 25 日，人民银行与智利央行签署了在智利建立人民币清算安排的合作备忘录，授权中国建设银行智利分行担任智利人民币业务清算行。同年 9 月 17 日，人民银行又与阿根廷央行签署了在阿根廷建立人民币清算安排的合作备忘录。9 月 18 日，又授权中国工商银行（阿根廷）股份有限公司担任阿根廷人民币业务清算行。另外，随着人民币跨境支付系统（CIPS）的建立，阿根廷和巴西等拉美国家的银行也成为该系统的间接参加行。

此外，根据银联国际统计显示，截至 2017 年 11 月，在全球可使用银联卡的 162 个国家和地区中，拉美地区已有 14 个国家和地区可安全、便捷地使用银联卡，包括阿根廷、巴哈马、巴西、波多黎各、厄瓜多尔、哥伦比亚、哥斯达黎加、古巴、法属马提尼克岛、秘鲁、墨西哥、苏里南、美属维尔京群岛和委内瑞拉等，占比约为全球可使用银联卡国家地区的 9%。

二、中拉资金融通的客观必然与现实需求

（一）中拉之间资金面的互补性特征

鉴于中国的经济发展历程和特点，在全球范围内，中国的储蓄率长期处于高位。从 1980 年—2016 年，中国储蓄率从 35% 提高到 46%，高于全球平均水平 10~20 个百分点。充裕的储蓄为持续的投资增长提供了稳定的内源资金。同时，自 20 世纪 80 年代以来，中国的储蓄率在大多数年份均高于投资率，表明储蓄转化为投资后仍有盈余，使中国处于资本输出国的地位。而从拉美地区情况看，地区整体储蓄率长期处于全球平均水平以下，比

全球平均水平低约 5 个百分点。而且从变化趋势看,2016 年(18%)甚至比 1980 年(21%)还略有下降(见图一)。同时,拉美的储蓄率在大部分年份也都低于其投资率,表明其存在内部资金缺口,对未来资本形成造成一定的资金制约。中拉之间上述储蓄投资格局的反差,也为双方未来投融资合作提供了一定的客观基础。

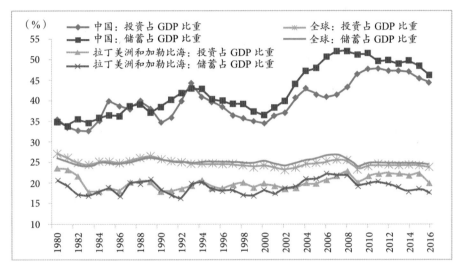

图一　中国、拉美地区及全球储蓄率与投资率走势(1980—2016)

〔资料来源:WIND 数据库〕

(二)拉美可持续发展的融资需求

为实现联合国提出的 2030 年可持续发展目标,拉美国家面临巨大的发展机遇。要实现上述目标并完成再工业化进程,拉美需要巨额的资金支持。根据联合国拉丁美洲和加勒比经济委员会(CEPAL,以下简称"拉加经委会")发布的《为 2030 年拉美地区可持续发展融资:来自资源调动的挑战》报告的统计[1],要实现 2030 年可持续发展目标,拉美地区在社会发展、环保、能源、农

---

[1]　CEPAL,"Financing the 2030 Agenda for Sustainable Development in Latin America and the Caribbean:The challenges of resource mobilization",April,2017,pp. 5-7.

业和基础设施（非能源类）等领域共计需要融资 3 万亿美元 ~14 万亿美元。

其中，仅基础设施（非能源类）就需要 8000 亿美元 ~7 万亿美元，占总资金需求的一半左右。但是目前，拉美地区在内源资金支持方面尚面临诸多挑战。一是该地区整体储蓄率较低；二是财政状况薄弱，特别是税收较低，且避税现象较为严重。据上述报告粗略统计，2015 年拉美地区税收占GDP 的比重平均仅为 22.8%，比同期经济合作与发展组织（OECD）国家的平均水平低 11.4 个百分点。短期内，拉美地区经济发展需要大量的外源融资予以支持。这也为中拉之间资金融通提供了良好的契机。

三、多元化的资金融通渠道

拉美地区巨额的资金缺口需要多种渠道来弥补，也需要多层次的投融资主体来实现。一般而言，开发性金融机构贷款期限较长，具有中长期资金优势，可以在支持基础设施、基础产业和支柱产业的建设上发挥独到作用；而商业银行的优势则在于可以利用筹集资金渠道的多元性吸收存款并发放商业贷款，与前者形成互补。另外，以股权投资为主的投资平台通过绿地投资和并购投资等方式提供风险资本，并撬动更多的债务融资，可更好地以"投贷联动"等方式与前两种方式结合起来，使资金融通方式更为务实、灵活和有效。此外，出口信用保险体系也为上述 3 种投融资模式提供了配套支持和保障作用。这几类不同的投融资主体按照各自的商业模式和市场化方式运作，互为补充，最终构建一个多元化和开放式的中拉金融服务保障体系。

（一）开发性金融作用关键

鉴于拉美地区经济建设具有项目回收周期较长、资金需求规模巨大等特点，开发性金融在其中可发挥重要作用。根据近年来中国的经验，开发性金融是指服务国家战略、依托信用支持、市场运作、自主经营、注重长期投资、保本微利、财务上有可持续性的金融模式。开发性金融业务具有多重优势，既可连接政府与市场、整合各方资源，又可为特定需求者提供中长期信用支持，还能对商业性资金起引领示范作用，以市场化方式予以支持。^①近年来，全球最大的开发性金融机构——中国国家开发银行（以下简称"国开行"），积极在拉美国家和地区布局设点，同时推出了多元化的优质金融服务，在搭建中拉资金桥梁的同时，自身也获得了国际化发展的长足进步。目前，国开行在拉美设有里约热内卢和加拉加斯两家代表处、8 个工作组，业务覆盖巴西、委内瑞拉、厄瓜多尔、秘鲁和阿根廷等 20 余个国家和地区，重点合作领域包括基础设施、制造业、农业、能源、通信、航天及高科技等。另外，国开行还通过中拉基础设施专项贷款和中国—加勒比基础设施专项贷款等融资安排，支持中资企业参与拉美地区的基础设施领域项目，积极支持双边在涉及国计民生的重大项目上合作，有力地促进了拉美国家的经济发展。

（二）中资商业银行广泛开拓拉美市场

截至 2017 年年底，已有 5 家中资商业银行分别在拉美 7 个国家和地区开设 11 家分支机构（见表二）。具体包括中国工商银行在阿根廷、巴西、秘鲁和墨西哥，中国银行在巴拿马、巴西和开曼群岛，中国建设银行在巴西和智利，交通银行在巴西，以及招商银行在开曼群岛开设的子行或分行。在上述分支机构中，也包括中资银行收购的 3 家拉美当地的商业银行及 1 家中国香港商业银行在当地的分支机构。中资商业银行在拉美的分支机构依托其在国内领先的市场地位、优质的客户基础和多元的业务结构等特点，紧紧围绕中拉经贸关系不断深化、经贸往来日益增多的有利契机，为拉美当地的中资企业、本土公司和政府客户等提供专业高效的金融服务，包括提供信贷、贸易融资、存款、汇款和外汇交易等产品，重点参与能源、基础设施、制造

---

① 周小川：《共商共建"一带一路"投融资合作体系》，《中国金融》2017 年第 9 期。

业、电信、贸易等领域合作，积极发挥中拉经贸往来的桥梁和纽带作用。越来越多的中资商业银行进入拉美，可扩大对拉美国家和行业的贷款组合，规避融资风险。同时，商业银行在投资领域和项目选择上具有更大的灵活性，因而也更具有商业可持续性。

表二　中资商业银行在拉美地区设立分支机构一览表

（截至 2017 年年底）

中资银行分支机构名称	国家地区	城市	成立时间	成立背景
中国工商银行（阿根廷）股份有限公司	阿根廷	布宜诺斯艾利斯	2013 年 4 月 8 日	工行于 2012 年 11 月成功收购阿根廷标准银行 80% 的股份，2013 年 4 月正式更名
中国工商银行（巴西）股份有限公司	巴西	圣保罗	2013 年 1 月 23 日	2013 年 1 月 23 日正式成立，并于当年 9 月 26 日正式对外营业
中国工商银行（秘鲁）股份有限公司	秘鲁	利马	2014 年 2 月 6 日	2013 年 11 月 8 日获得秘鲁银行、保险和年金监管局颁发的营业牌照，并于 2014 年 2 月 6 日正式对外营业
中国工商银行（墨西哥）股份有限公司	墨西哥	墨西哥城	2016 年 6 月 6 日	2014 年 11 月获颁银行牌照，是墨西哥第一家中资金融机构。2016 年 5 月 23 日获批营业牌照，6 月 6 日正式对外营业
中国银行巴拿马分行	巴拿马	巴拿马城	1994 年	于 1987 年在巴拿马设立代表处
中国银行（巴西）股份有限公司	巴西	圣保罗	2009 年 3 月 13 日	于 1998 年在巴西设立代表处
中国银行开曼分行	开曼群岛	大开曼		
中国建设银行（巴西）股份有限公司	巴西	圣保罗	2015 年 12 月 16 日	2014 年 8 月 29 日收购巴西工商银行

续表

中资银行分支 机构名称	国家 地区	城市	成立时间	成立背景
中国建设银行 智利分行	智利	圣地亚哥	2016 年 6 月 20 日	
交通银行巴西 BBM 银行	巴西	里约热内卢		2016 年 12 月 2 日交行完成收 购巴西 BBM 银行股权交割
招商银行开曼 分行	开曼 群岛	大开曼	2008 年	2008 年招行收购香港永隆银 行，包括其开曼群岛分行

〔资料来源：根据各中资银行网站信息整理〕

另外，作为巴西最大的商业银行，巴西银行也于 2014 年在中国上海开设了首家分行，成为第一家在中国境内开设分支机构的拉美地区商业银行。

（三）股权投资基金与中国企业携手发展拉美直接投资

拉美 33 个国家中有 28 个为中等收入国家，相对较难获取传统的优惠官方资金支持，主要需要依靠私人资金来源，特别是外国直接投资（FDI）。据拉加经委会估算，过去 10 年间，拉美地区 FDI 占其私人部门融资的比重高达 52％，比全球发展中国家平均水平高出约 10 个百分点。

图二显示，近年来，中国在拉美的直接投资迅速增加。2016 年，中国对拉美直接投资流量和存量分别达 272.3 亿美元和 2071.5 亿美元，分别约为 10 年前的 2.2 倍和 9.5 倍。在 2016 年中国对外直接投资流量继续蝉联全球第二的背景下，中国对拉美直接投资流量同比仍增长 115.9％，增幅比上一年提高 96 个百分点。从占比份额看，2016 年中国对拉美直接投资（流量）占全年中国对外直接投资总量的 13.9％，比上一年提高了 5 个百分点。2016 年中国对拉美直接投资存量份额也高达 15.3％。由此可以看出，我国已成为拉美重要的投资来源地之一。主要投资国别和地区包括开曼群岛、英属维尔京群岛、巴西、委内瑞拉、阿根廷、厄瓜多尔、牙买加、秘鲁、特立

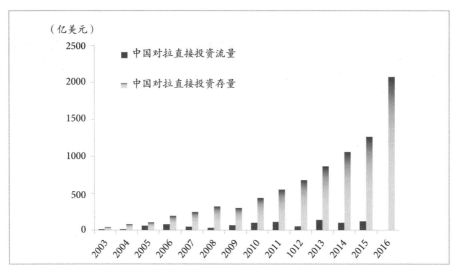

图二　中国对拉美直接投资流量和存量趋势（2003—2016）

〔资料来源：WIND 数据库〕

尼达和多巴哥、墨西哥等。同时，中国对拉美投资方式和投资主体也日趋多元化，投资领域从传统的能源矿产、基础设施领域开始向金融、农业、制造业、信息产业、服务业、电子商务和航空运输等诸多领域拓展。在 2016 年拉美最大的 10 个跨境并购项目（规模均超过 10 亿美元）中，中国有两个项目（共计 27 亿美元），仅次于美国（3 个项目，共计 43 亿美元），其中中国钼业公司以 15 亿美元收购英国 Anglo American 集团在巴西的铌和磷酸盐业务，规模位居第六位。

中国在拉美直接投资迅速增加，主要受以下 3 个因素的推动：

一是拉美国家鼓励外国直接投资。近年来许多拉美国家纷纷减少管制，采取了一系列鼓励外国投资的举措。例如，墨西哥 2014 年实施的能源部门改革措施和巴西 2016 年推出的基础设施投资伙伴计划等，都向外国投资者采取开放姿态。

二是中国企业主动投资拉美。改革开放 40 年来，中国无论在项目建设的技术、设计、施工和劳务承包，还是在运营维护和后续管理等环节均具有丰富经验。这些比较优势较好地契合了拉美经济发展，特别是基础设施方面的实际诉求。在国内经济结构转型背景下，中国企业主动"走出去"投资拉美，不仅有利于产业转移和结构调整，以及企业实现国际化经营的目标，而且有助于拉美地区实现产业结构的多元化和生产率的提高等。

三是近年来中国成立了一些主要面向拉美市场的股权投资基金。这些机构将中国的资金优势和产业优势与拉美地区的实际诉求密切结合，支持中国企业对拉美地区进行直接投资。这其中既包括面向拉美整体市场的多边基金，如中拉产能合作投资基金（以下简称"中拉产能基金"）和中拉合作基金等，也包括面向单个拉美国家的双边基金，如中巴基金和中墨基金等。另外，还有中葡基金这类面向包括巴西在内的葡语系国家的股权投资基金。这些基金通过商业化运作，重点支持中拉合作框架下的基础设施、资源开发、产业合作和金融合作等项目，实现中长期财务的可持续，为中拉经贸合作和互联互通提供投融资支持。例如，2015 年 6 月，中国成立了总规模为 300亿美元（首期 100 亿美元）的中拉产能基金。2015 年年底，在中拉产能基金的股权资金支持下，中国三峡集团成功地以 138 亿雷亚尔（约 37 亿美元）获得巴西伊利亚和朱比亚水电站的特许经营权，一跃成为巴西第二大私营电力运营商，为巴西电力产业发展和清洁能源建设做出了积极贡献。该项目 2016 年获得了金砖国家第四届金融论坛颁发的"最佳海外投资"奖。2016 年中拉产能基金再次助力中国三峡集团以 12 亿美元成功并购美国杜克能源公司在巴西境内的水电站项目。该项目当年也位居拉美地区十大跨境并购项目之列。此外，中拉产能基金还分别与泛美行、拉美开发银行以及国际金融公司等开展业务合作，通过多种形式的投融资工具为中拉资金融通提供全面支持。

另外，近年来中拉之间双边投资基金也不断涌现。2014 年年底成立的中墨基金首期规模为 12 亿美元。该基金通过股权和夹层等工具投资于墨西哥的多元行业，以实现长期资本增值。2017 年 5 月底，中巴扩大产能合作基金（以下简称"中巴基金"）也正式启动运行。该基金由中巴双方分别出资 150 亿美元和 50 亿美元（总规模 200 亿美元），未来投资领域包括物流和基础设施、能源矿产、高科技、农业和制造业等。这标志着中巴双方产能合作的进一步深化，也是中国落实"一带一路"资金融通的又一具体范例。

（四）加强和完善出口信用保险

鉴于中拉之间地理距离遥远，中国企业和金融机构对拉美市场尚有诸多领域了解不够深入，具有一定风险。这其中，中国出口信用保险公司（以下简称"中信保"）提供的中长期出口信用保险制度发挥了重要的风险保障作用，有效支持了中国大型成套设备出口和带动优势产能"走出去"。中信保在巴西专门成立工作组，并以此为支点辐射拉美全区域，帮助中国企业更好地开拓拉美国际市场，也为中国金融机构对拉美融资起到关键的支持和保障作用。

四、未来中拉资金融通需关注的几个方面

在"一带一路"共商、共建、共享理念的指引下，中拉金融合作水平不断提升，双方资金融通已取得一些初步成效。但总体看目前尚处于起步阶段，仍有很大的拓展空间。未来应以共建"一带一路"为新契机，进一步搭建和完善中拉资金融通的框架体系。在此过程中，仍有诸多现实问题需加以关注，应未雨绸缪，积极做好风险防范，为未来中拉资金融通的顺畅实施奠定坚实的基础。

（一）做好大势研判，减少周期性风险

资金融通是为实体经济发展提供服务保障的。鉴于全球经济金融格局的变动及大势影响着中拉经济的基本面，进而直接影响其投融资活动，分析中拉资金融通未来走势，首先要研判全球经济金融格局的最新演变及未来发展进程。

一是要加强对经济基本面的研判。当前，全球经济延续复苏态势，通胀

水平总体温和。美国经济复苏态势强劲,欧元区经济继续改善。新兴市场经济体总体保持较快增长,但内部表现有所分化,且仍面临较大的调整与转型压力。从拉美地区情况看,在经历了连续两年经济衰退后,全球经济和贸易活力增强,原材料价格上涨。受此利好因素拉动,2017年拉美经济增速由负转正。特别是作为拉美最大经济体的巴西也走出连续两年的深度衰退,经济增长率转为1%,高于市场普遍预期。另一拉美大国阿根廷经济也明显好转,2017年经济增长率高达2.9%。但也应看到,尽管拉美地区整体经济基本面有所好转,但一些深层次问题仍未得到根本性解决。比如,许多拉美国家经济结构较为单一,出口严重依赖大宗商品,经济周期,特别是大宗商品价格波动对其经济基本面影响显著。

二是密切关注发达经济体的宏观政策调整,特别是货币政策转向的影响。一方面,随着美联储正式进入加息周期,全球融资成本将总体抬升。在此背景下,原先在低融资成本环境下积累大量债务的拉美国家可能面临潜在的债务偿还风险,特别是在目前大多数拉美国家财政整顿仍未取得明显成效的情况下。另一方面,加息因素再叠加上美国税改政策的重大影响,将对全球资本流动格局产生重大溢出效应,资金流的逆转趋势将加大拉美地区投融资的难度和复杂性,不确定性会明显增加。这些重大变化为中拉资金融通带来了机遇,同时也带来了较大挑战。

(二)注重以商业化原则和市场化方式运作,防范道德风险

中国目前是全球最大的发展中国家,脱贫攻坚战仍在继续,而拉美地区也同样面临减贫和发展的任务。从可持续的角度出发,中拉之间的资金融通应互利共赢,以商业化原则和市场化方式进行实际运作,风险与回报应相匹配。中拉资金融通的最终目标应是建立长期、稳定、可持续、风险可控的金融保障体系。市场化导向是切实实现互利共赢的可持续之路。如果过多地采取优于商业支持的单方面减让式资金支持,各国有限的资源均无法对外提供可持续的资金支持。只有遵循市场化原则,才可以减少资金接受方的依赖心

理，避免道德风险，促使其充分发掘自身的资源禀赋潜力，积极地将外部推力转化成内生增长动力，最终实现更具有内源性增长动力的可持续发展。

（三）尝试扩大人民币在中拉投融资中的使用范围，规避汇率风险

对外投融资过程中，汇率风险是债权人或投资者最为关注的市场风险之一。近年来，国际金融市场剧烈波动，特别是随着美联储货币政策走向和市场预期变化，新兴市场经济体货币对美元汇率变动较大。从 2008 年金融危机以来的走势看，拉美主要国家的货币，如巴西雷亚尔、墨西哥比索和阿根廷比索等对美元汇率基本是在总体走贬态势中双向波动，近期略有回调（见图三）。但与此同时，拉美等新兴市场经济体大多数国内金融市场不够发达，汇率避险产品（特别是中长期类）缺失。有些币种产品即使有，市场交易量也较为有限，交易成本也相对较高。对于中国在拉美地区的中长期投融资带来较大挑战。这种情况下产生的汇率风险，需采取多种措施加以规避。一方面，可在投融资交易架构设计中尽可能采用减少币种错配的缓释措施，如适当增加当地货币计价的负债等。另一方面，随着 2016 年 10 月人民币正式

图三　拉美主要国家货币对美元汇率走势

〔资料来源：WIND 数据库〕

纳入特别提款权（SDR）货币篮子，未来中拉资金融通中也可考虑更多地尝试以人民币计价结算，并适当增加人民币清算行在拉美的数量，等等。

（四）加强宏观、微观领域多层次信息沟通和多种形式务实合作，最大限度降低信息不对称风险

在宏观层面上，加大人民银行与拉美各国央行以及中拉金融监管部门之间的信息沟通与交流合作力度。当前，随着中拉经贸合作规模的迅速扩大，中拉之间宏观经济金融政策的溢出效应及彼此之间的相互反馈效应将会逐渐增强。在中拉整体合作框架中，可考虑建立更加密切的中拉金融合作机制，加强双边央行和金融监管机构在诸如宏观经济形势、货币政策及金融监管信息等领域的沟通和协调，特别是在主要发达经济体政策变化的关键时点，以共同应对可能面临的挑战。

在微观层面上，应加强与拉美当地市场中介机构的合作沟通，减少法律和市场风险。与其他海外市场相比，在语言、文化、地理距离和商业实践等方面，拉美市场和中国差异相对较大，单纯依赖中国国内机构自身掌握的信息还远远不够。拉美国家尽管市场化程度较高，但其非正规行为较为严重，社会治理效率较低，法律风险较高。中国金融机构和企业应与当地伙伴加强合作，特别是在法律、税务和会计事务等方面。同时，鉴于一些区域多边机构成立时间长、风险管控机制成熟、对当地成员国宏观政策及国情国力了解较为深入，且比较重视保护债权国利益等相对优势，中方也应在投融资领域加强与区域多边机构的合作，共担风险，共享收益。此外，拉美国家在环保和劳工等领域法规严格，中资机构应严格遵守当地相关法律法规，规范投融资行为，有序参与当地经济建设。另外，中资机构还应尽快推进投融资业务本土化发展，与拉美当地金融环境深度融合，在拉美市场落地生根，保持可持续发展。

总之，在中拉资金融通过程中应做好各类投融资主体的协调配合，充分发挥政府、金融机构、企业等各主体的比较优势，各尽所能，最终形成良性和可持续的中拉多元化投融资格局，助力中拉金融合作再上新台阶。

第七章　中拉文明对话: 意义、目标、路径和机制

郭存海[*]

　　随着中拉关系从经济和政治双轮驱动向全面合作伙伴关系迈进,中国和拉美愈益成为一个利益共同体、责任共同体和命运共同体。由此提出的一个迫切要求是:在继续扩大中拉联系的广度的同时,急需在认识深度上与之同步。文明对话正是实现这一目标的关键路径。中国文明和拉美文明的差异性、开放性与包容性使得中拉文明对话不仅必要而且可能。随着拉美成为"一带一路"的自然延伸和不可或缺的重要参与方,"一带一路"成为推进中拉文明对话的主要路径和构建中拉文明对话机制的主要载体,因为以和平合作、开放包容、互学互鉴、互利共赢为特征的丝绸之路精神同中拉文明对话追求的目标是一脉相承的。本文将尝试分析中拉文明对话的意义、目标、可能的对话路径,并就构建中拉文明对话机制提出初步的思考。

一、文明对话: 国际关系的新范式

　　20世纪90年代以来,随着全球化进程的加速推进,不同经济体、不同文明之间的接触愈加频繁。由此引发两个值得关切的问题:一个是全球性问题的出现;另一个是承载着不同文明和价值特质的诸行为体的频繁互动,带来的是和谐还是冲突。针对这两个问题的思考形成了两个主要派别,一个是

*　郭存海,法学博士,中拉青年学术共同体(CECLA)联合发起人兼负责人,中国社会科学院拉丁美洲研究所副研究员、社会文化研究室主任、阿根廷研究中心执行主任,主要研究方向为拉美文化和中拉关系。

以塞缪尔·亨廷顿为代表的"文明冲突论"①，一个是主要由联合国推动的"文明对话论"②。亨廷顿认为，文明冲突将取代国家间的冲突成为国际政治的新范式，甚至将"文化"和"文明"概念置于国际政治理论研究的核心。"文明冲突论"一出，招致无数争论和批评，也引发国际社会对"文明冲突"前景的忧虑。

亨廷顿提出这个惊骇命题的最大意义不在于命题本身，而在于它触发的思考和关注，而这似乎也正是他的动机之一。正如他本人在中文版序言中所说的那样："我所期望的是，我唤起人们对文明冲突的危险性的注意，将有助于促进整个世界上'文明的对话'。"③ 长期关注和研究"文明对话"的哈佛大学华裔教授杜维明也认可亨廷顿的这一动机，并认为后者在某种程度上实现了自己的目的，"不过现在重视文明对话，对文明对抗、文明冲突的观点做出回应，主要是由于 1993 年亨廷顿教授提出了文明冲突的理论"④。

1998 年，应伊朗时任总统哈塔米开展世界不同文明对话的倡议，联合国大会通过决议，确立 2001 年为"不同文明对话年"⑤。文明对话自此成为联合国的正式议题；此后第五十六届联合国大会通过了《不同文明对话全球议程》，第一条明确提出"不同文明对话是不同文明之间和内部的一个进程，其基础是兼容并包，以及通过对话了解、发现和检验各种臆断、展现共同意义和核心价值以及综合多种观点的集体愿望"⑥。时任联合国秘书长科菲·安南

① ［美］塞缪尔·亨廷顿：《文明的冲突与世界秩序的重建》，周琪等译，新华出版社，2002，序第 2 页。

② 杜维明：《文明对话的发展及其世界意义》，《南京大学学报（哲学·人文科学·社会科学）》2003 年第 1 期。

③ ［美］塞缪尔·亨廷顿：《文明的冲突与世界秩序的重建》，周琪等译，新华出版社，2002，序第 3 页。

④ 杜维明：《文明对话的发展及其世界意义》，《南京大学学报（哲学·人文科学·社会科学）》2003 年第 1 期。

⑤ 第 56 届联合国大会决议 56/6《不同文明对话全球议程》，2001 年 11 月 21 日，http://www.un.org/chinese/ga/56/res/a56r6.pdf，访问日期：2018 年 5 月 12 日。

⑥ 第 56 届联合国大会决议 56/6《不同文明对话全球议程》，2001 年 11 月 21 日，http://www.un.org/chinese/ga/56/res/a56r6.pdf，访问日期：2018 年 5 月 12 日。

还发起成立了"联合国文明联盟"，以此作为专司文明对话项目的机构。①进入 21 世纪以来，文明对话日益成为国际关系的一种新范式，因为文明对话被视为人类文明交往的理性形式，是一种"积极的"文明交往，而与之相对立的文明冲突则是一种"消极的"文明交往。②

中国作为联合国安全理事会常任理事国之一，一直是文明对话的支持者和推动者。中国常驻联合国前代表王光亚大使在第六十届联合国大会关于此议题的发言中曾郑重指出："世界的多样性，文明和文化的差异不应是世界冲突的根源，而应是世界交流与合作的动力与起点……多样性、宽容性与兼收并蓄，是中华文化的重要特征……中国政府将继续加强与世界各国的文化交流与文明对话。"③

2014 年 3 月，习近平主席访问联合国教科文组织总部并发表演讲，提出了推动文明交流互鉴的三大原则：文明的多样性，文明的平等性和文明的包容性④。3 年后，这一思想的核心，即"文明交流超越文明隔阂、文明互鉴超越文明冲突、文明共存超越文明优越"，不仅被正式写入党的十九大报告，成为习近平新时代中国特色社会主义思想的重要内容，而且成为构建人类命运共同体和"一带一路"倡议的关键支撑。

从本质上来说，人类命运共同体思想和"一带一路"倡议都是对全球性问题的回应，都是为应对全球性问题而贡献的中国智慧、提出的中国方案。不惟如此，"一带一路"倡议，作为构建人类命运共同体的主要方式，"它背后的理念包含了一个对话文明的模式。这个模式根植于中国传统文

---

① 杨濡嘉：《联合国与文明对话：角色和趋势》，复旦大学硕士论文，2014。

② 彭树智：《文明交往和文明对话》，《西北大学学报（哲学社会科学版）》2006 年第 4 期。

③ 《中国常驻联合国代表王光亚大使在第 60 届联大关于不同文明对话议程与和平文化议题的发言（议题 42、43）》，中华人民共和国常驻联合国代表团，2005 年 10 月 20 日，http://www.fmprc.gov.cn/ce/ceun/chn/zgylhg/shhrq/zjwh/t217668.htm，访问日期：2018 年 3 月 9 日。

④ 《习近平在联合国教科文组织总部的演讲（全文）》，新华网，2014 年 3 月 28 日，http://www.xinhuanet.com/politics/2014-03/28/c_119982831_2.htm，访问日期：2018 年 4 月 16 日。

化……"①。许嘉璐也认为,"一带一路"跨越文化差异,本质上是中华文明和世界深入对话的文化通道。②

正因如此,"一带一路"愿景和行动文件在共建原则方面特别强调要坚持开放合作与和谐包容,倡导文明宽容,尊重各国发展道路和模式的选择,加强不同文明之间的对话,求同存异、兼容并蓄、和平共处、共生共荣。③这实际上是一种新文化观,一种新文明观。在此意义上,"一带一路"要建设的实质上是一条互尊互信之路,一条合作共赢之路,一条文明互鉴之路,亦即"文明对话之路"④。

通过上述讨论可以发现,文明对话有着越来越广泛的国际共识,中国为此采取了越来越多的行动。中国对于文明对话的支持和推动,不仅仅体现在治国理政思想和政府政策文件中,更彰显于具体的实践。2015 年 3 月,在博鳌亚洲论坛上,习近平主席倡议举行"亚洲文明对话大会";2016 年 3 月,在博鳌举行的亚洲文明对话会开启了落实"亚洲文明对话大会"的序幕⑤。在此之前更早启动的中国—阿拉伯文明对话在中阿合作论坛框架下已连续举行了 7 届⑥。而中拉文明对话的进程相对缓慢,直至 2015 年才作为一个议题被正式提出。有鉴于此,本文尝试回答中拉文明对话诸问题,包括但不限于为什么要对话,对话什么,和谁对话,如何对话。在此基础上,笔者试图就构

---

① 《"一带一路"理念包含对话文明的模式》,网易,2016 年 10 月 30 日,http://news.163.com/16/1030/02/C4JFF7E200014AED.html,访问日期:2018 年 3 月 4 日。

② 许嘉璐:《不同文明都将在"一带一路"上绚丽绽放》,凤凰网,2015 年 11 月 6 日,http://culture.ifeng.com/a/20151106/46133716_0.shtml,访问日期:2018 年 4 月 20 日。

③ 《推动共建丝绸之路经济带和 21 世纪海上丝绸之路的愿景与行动》发布,商务部综合司,2015 年 3 月 30 日,http://zhs.mofcom.gov.cn/article/xxfb/201503/20150300926644.shtml,访问日期:2018 年 4 月 18 日。

④ 谢金英:《让"一带一路"成为文明对话之路》,《人民日报(海外版)》2016 年 5 月 4 日第 1 版。

⑤ 蒋建国:《推动文明交流互鉴 激发亚洲创新活力——在博鳌亚洲论坛"亚洲文明对话会"上的主旨演讲》,国务院新闻办公室,2016 年 3 月 28 日,http://www.scio.gov.cn/xwbjs/zygy/32310/jh32312/Document/1473095/1473095.htm,访问日期:2018 年 4 月 16 日。

⑥ 中阿合作论坛官方网站,http://www.fmprc.gov.cn/zalt/chn/jzjs/wmdhyths/,访问日期:2018 年 4 月 16 日。

建中拉文明对话机制提出一些思考和建议。

二、中拉文明对话的理论和现实意义

由于地理遥远和交通通信不发达，中国和拉美的合作起步相对较晚且频度有限。进入 21 世纪以来，随着中拉相互需求的增强，双方的接触愈加频繁，过去因距离而产生的"美"让位于今天相识而不相知的尴尬。基于此，"中拉关系在保持广度上持续推进的同时，急需在认识深度上与之同步。中拉文明对话正是实现这一目标的基础和关键"[①]。

从中拉关系可持续发展的视角来看，中拉文明对话极具必要性和理论意义。首先，中国和拉美不仅地理距离遥远，而且存在深刻的文化和价值观念差异。这一现实事实上为增进中拉相互理解和认知制造了物理和精神的双重障碍。然而中拉关系的快速和长远发展，又急需民意基础的坚实支撑。其次，拉美对中国文化认知、信息来源混杂，其想象的中国与现实的中国相去甚远。拉美文明长期受欧洲文明的浸染，具有深厚的欧洲印记；而拉美对中国的认知往往借由欧洲中介的"折射的目光"[②]。欧洲和西方对中国的长期刻板印象无疑增加了拉美客观、真实地认识中国的难度。然而同时，在很长一段时间里，甚至"我们现在对拉美也还是抽象的概念多于具体的知识，模糊的印象多于确切的体验"[③]。最后，中国在拉美的存在被西方媒体鼓噪是"新殖民主义"，不仅造成对中国形象的误读，而且引起了拉美人的深深疑虑[④]。这种疑虑既有拉美对一切外来者不信任的历史背影，又有因对拉美价值传统不了解而引发的文化冲突。这种情势意味着，增信释疑对于共建中拉命运共同体和"一带一路"而言都是一项不可或缺的甚至必须

---

① 郭存海：《中拉文明对话正当时》，《人民日报》2015 年 5 月 15 日第 3 版。

② 魏然：《拉美大众文化中的中国想象：以阿根廷为中心》，未刊稿。

③ ［英］莱斯利·贝瑟尔主编《剑桥拉美史》第 1 卷，经济管理出版社，1995，序言第 1 页。

④ 郭存海：《中国的国家形象构建：拉美的视角》，《拉丁美洲研究》2016 年第 5 期。

前置的工作。这正是中拉文明对话的价值和使命。不过需要指出的是，发展中拉关系的主体是不平衡的，即中国是积极主动的一方，而拉美几乎是反应性的一方。因此，推动中拉文明对话及其机制建设，中国仍将扮演主动构建的角色，且是义不容辞的。

中拉文明对话本质上是对中国"新文明观"的回应和实践，具有较强的现实意义。以 2014 年 3 月习近平主席在联合国教科文组织总部的演讲为标志，中国的"新文明观"初步形成，并最终以"文明交流超越文明隔阂、文明互鉴超越文明冲突、文明共存超越文明优越"的高度概括写入党和政府的文件。[①] 这一"新文明观"随后践行于快速发展的中拉关系，为新时期的中拉关系注入了新内容和新活力。2014 年 7 月，在巴西利亚同拉美国家领导人会晤时，习近平主席宣布将"人文上互学互鉴"作为中拉关系五位一体新格局的有机组成部分并倡议在 2016 年举办"中拉文化交流年"。[②] 在 2016 年 11 月"中拉文化交流年"闭幕式上，习近平主席特别强调，文化关系是中拉整体外交的重要一翼，要以此为新起点，充分借鉴彼此文化成果，让中拉文明成为不同文明和谐相处、相互促进的典范。

中拉文明对话作为一种正式议题的提出，始于 2015 年李克强总理在联合国拉丁美洲和加勒比经济委员会的演讲。他在演讲中特别表示，"此访在中拉文明互鉴方面收获颇丰……双方可探讨设立中拉文明对话机制并纳入中拉论坛轨道，协商设立中拉思想文化经典互译工程，增进双方人民间的文化认知"[③]。此后，时任外交部拉美司司长祝青桥在《人民日报》上撰文表示，

---

① 事实上，早在 2013 年 6 月习近平主席在墨西哥参议院的演讲中就倡导"人文上，中拉要加强文明对话和文化交流，成为不同文明和谐共处、相互促进的典范"。这是有关中拉文明对话的最早倡议。参阅《促进共同发展　共创美好未来——习近平在墨西哥国会就中墨、中拉关系发表演讲》，《人民日报》2013 年 6 月 7 日第 1 版。

② 郭存海：《中共十八大以来中国对拉美的政策与实践》，《拉丁美洲研究》2017 年第 2 期。

③ 《李克强在联合国拉丁美洲和加勒比经济委员会的演讲（全文）》，新华网，2015 年 5 月 27 日，http://www.xinhuanet.com/world/2015-05/27/c_127847299.htm，访问日期：2018 年 3 月 20 日。

"中方提出建立中拉文明对话机制等新倡议，得到拉方积极响应"[①]。自此，中拉文明对话作为一项亟待启动的议程写入政策文件。2016 年 11 月发布的第二份《中国对拉美和加勒比政策文件》第一次明确强调要"积极开展中拉文明对话"[②]。2018 年 1 月中拉论坛第二届部长级会议通过的《中国与拉共体成员国优先领域合作共同行动计划（2019—2021）》[③] 将"人文交流"列为七大"优先合作领域"，其涉及的领域、主体和层面事实上正是中拉文明对话的具体指南。综上所述，中拉文明对话不仅是践行党和政府的"新文明观"，而且是新时期推进中拉整体合作和"一带一路"建设，以及让中拉命运共同体之船行稳致远的关键支撑。

三、中拉文明对话的目标和内容

从根本意义上来说，文明对话都旨在寻求尊重、包容、理解，乃至信任和认同，以最大限度地避免文明冲突。从其哲学意义上来说，"文明对话的主要目标，在于让两个文明之间的概念、信仰体系相互理解、沟通，同时约制私心与欲念，使两者的差异不会导致实质的矛盾冲突，进而能导向一个更为融通的思想体系和价值系统"[④]。概言之，文明对话的目标就在于增进不同文明间的宽容和理解，扩大共识，化解冲突，推动全球经济和文化进步的稳定。[⑤]

就中拉而言，文明对话至少包括三重目标，亦即 3 个不同层次的目标：

首先，中拉文明对话要寻求尊重和包容。中国文明和拉美文明属于不同

---

① 祝青桥：《中拉整体合作扬帆启程》，《人民日报》2016 年 1 月 29 日第 3 版。

② 《中国对拉美和加勒比政策文件》，外交部，2016 年 11 月 24 日，http://www.fmprc.gov.cn/web/zyxw/t1418250.shtml，访问日期：2018 年 4 月 19 日。

③ 《中国与拉共体成员国优先领域合作共同行动计划（2019—2021）》，外交部，2018 年 2 月 2 日，http://www.fmprc.gov.cn/web/ziliao_674904/1179_674909/t1531472.shtml，访问日期：2018 年 5 月 19 日。

④ 成中英：《文明对话、文化合作与对"一带一路"倡议的哲学反思》，《深圳大学学报（人文社会科学版）》2017 年第 5 期。

⑤ 宋健：《文明对话：世界的共同追求》，《人民日报》2001 年 9 月 21 日第 7 版。

的文明，具有明显的差异性和多元性，但这恰是中拉文明融合的起点，也是中拉文明对话的基础。这种特性首先意味着中拉双方要尊重对方的平等存在，不以己方价值观贬抑对方文明，也不将自己的价值和文化模式强加给对方。从这个意义上说，尊重和包容既是中拉文明对话的基本目标和前提，同时也是获取对方尊重与包容的条件和基础。正是基于这一点，中国以铿锵有力的宣示回应外界将"中国模式"输出到包括拉美在内的世界其他地区的质疑：我们倡导文明宽容，尊重各国发展道路和模式的选择；我们不"输入"外国模式，也不"输出"中国模式，不会要求别国"复制"中国的做法。[①]

其次，中拉文明对话要寻求理解和信任。中国和拉美的语言文化不同，历史传统迥异，双方在互动与合作中难免产生误解和疑虑，甚至发生利益冲突，都是可以理解的。但关键是处理和应对这一问题的态度和方式。正视问题并做好增信释疑工作无疑是首选动作。拉美文化嵌有深深的欧洲文明的印痕，而且受西方价值观念影响颇深。此外，历史上中拉互动相对较少，相互认知相对缺乏，而拉美对华认知很大程度上又是基于西方对华的认知。这两大因素都增加了中拉相互理解的难度和障碍。进入新的时期，尽管中拉之间有了直接沟通和认知的渠道，无须再经过欧洲或西方中转，但由于历史的基因和惯性的思维，增进中拉理解乃至建立中拉互信仍面临巨大挑战。另一方面，我们仍习惯性地将拉美视作一个具有共性的整体，这必然阻碍了我们对拉美的理解。我们既要看到拉美的历史和文化共性，更要看到拉美内部的差异性和多元性，是增进对拉认识的基本出发点。寻求理解和信任是中拉文明对话目标的中间层次，但可能是最困难的一部分。推动这一目标的实现，就需要更多的交流和互动，深刻理解彼此的价值观念和思维方式，更多地抱持同理心并努力换位思考。

最后，中拉文明对话要寻求互学和互鉴。纵观中国文明和拉美文明的发展历史可以发现，开放性和包容性是中拉文明的共同特征。"中国文明就

---

① 习近平：《携手建设更加美好的世界——在中国共产党与世界政党高层对话会上的主旨讲话》，《人民日报》2017 年 12 月 2 日第 2 版。

其本质来说就是一个对话文明。这个对话文明表现出的特点是开放、包容和进步。"①这意味着，中国文明在对待其他文明的方式上，既不会简单地照抄照搬，更不会扩张或"教化"其他文明，而是通过对话和学习来实现自己的进步，也可以说是一种学习型文明。拉美文明尽管在历史上曾被强势文明不断地侵入和强加，但其广阔的开放性和强大的包容性，使得外来文明不断地被吸收和融入，最终成为拉美混合文明的一部分。中拉文明的这些共同特征，使得双方不仅存在对话的空间，而且有着强大的学习动力。历史上绵延长达两个半世纪的太平洋海上丝绸之路，不仅是中拉物质文明的交换之路，更是文化交流和融合之路，因而可以说是中拉文明对话的开端。② 而今双方都处于一个新的发展时期，面临着共同的经济和社会治理挑战，中国改革开放和治国理政的经验，拉美的生态保护理念和实践，以及双方的发展战略和模式，都值得相互理解和欣赏，在互学互鉴中共同进步。这应当是中拉文明对话的最高目标和根本目的。

鉴于对话的多重目标和合作领域的不断扩大，中拉文明对话的内容也愈益广泛、多样、丰富而具体。这集中体现在新近发布的 3 份文件中，即《中国与拉美和加勒比国家合作规划（2015—2019）》③《中国对拉美和加勒比政策文件》（2016）④，以及《中国与拉共体成员国优先领域合作共同行动计划（2019—2021）》⑤。概括来看，中拉文明对话的内容大体可以分为 3 类，即治国理政经验交流、社会发展和治理经验分享，以及人文交流等。其中治国

---

① 郑永年：《对话文明与文明对话》，《联合早报》2016 年 4 月 5 日。

② Mariano Bonialian, *China en la América colonial. Bienes, mercados, comercio y cultura del consumo desde México hasta Buenos Aires*, prólogo de Josep Fontana, Ciudad de México, Instituto de Investigaciones Dr. José María Luis Mora, Biblos, 2014, p. 264.

③ 《中国与拉美和加勒比国家合作规划（2015—2019）》，新华网，2015 年 1 月 9 日，http://www.xinhuanet.com/world/2015-01/09/c_1113944648.htm，访问日期：2018 年 4 月 19 日。

④ 《中国对拉美和加勒比政策文件》（2016），外交部，2016 年 11 月 24 日，http://www.fmprc.gov.cn/web/zyxw/t1418250.shtml，访问日期：2018 年 4 月 19 日。

⑤ 《中国与拉共体成员国优先领域合作共同行动计划（2019—2021）》，外交部，2018 年 2 月 2 日，http://www.fmprc.gov.cn/web/ziliao_674904/1179_674909/t1531472.shtml，访问日期：2018 年 5 月 19 日。

理政经验交流，既涵盖政党治理、法律思想和立法实践，又包括（地方）政府治理经验和发展战略对接等。社会发展和治理经验分享则主要集中于减贫经验和模式、可持续发展和社会包容性理念。而人文交流是中拉文明对话最活跃、最丰富的内容，在整个过程中发挥着基础性和先锋的作用，是中拉文明对话的主要内容支撑，也是本文讨论的重点。

四、中拉文明对话的主体和路径

鉴于中拉文明对话的目标是多层次的，对话的内容是丰富而多样的，因此对话的主体也应该是多元而广泛的。联合国《不同文明对话全球议程》曾公开呼吁"不同文明对话应争取全球范围的参与且向所有人开放"[1]。同样，中拉文明对话也应该向中国和拉美地区的所有人开放，让所有的行为主体都能参与到文明对话进程中并充分发挥各自的比较优势。其中，学者、作家、思想家、科学家、文化艺术界人士，以及青年群体等在推动和维持中拉文明对话方面发挥着先锋和中流砥柱的作用；日渐活跃和发展壮大的民间团体则是推动和开展文明对话的伙伴与合作者；而媒体在推动和传播文明对话以增进更广泛的文化理解方面扮演着独特而不可或缺的角色。在这些最活跃也可能最可持续的对话主体之外，还必须对政府，特别是中国政府的角色和价值给予客观的认识和评价。就当前中拉关系发展的阶段和现实来看，政府事实上在中拉文明对话中发挥着引导、促进、鼓励、协助的作用，在对话机制成形期，甚至发挥着主导和支配性的作用。总而言之，要激活中拉文明对话，使其不仅保持较高活跃度而且有可持续性，就要充分调动各行为主体的主动性和参与精神，形成一种全方位、多层次、宽领域的文明对话格局。

对话主体的多样性意味着对话方式也有不同的选择路径。联合国《不同

---

[1] 第 56 届联合国大会决议 56/6《不同文明对话全球议程》，联合国大会，2001 年 11 月 21 日，http://www.un.org/chinese/ga/56/res/a56r6.pdf，访问日期：2018 年 5 月 12 日。

文明对话全球议程》认为，文明对话的普遍路径大致有 14 种①，主要包括：人员交往与交流，特别是知识分子、思想家和艺术家；专家学者互访；文化艺术节；会议、专题讨论和讲习班；体育和科技竞赛；翻译和传播；历史和文化旅游；教育和传授；学术和研究；青年对话等。中拉文明对话大体也可以循此路径推进，但必须重视政府间的一些重要对话和议程。此外，随着越来越多的拉美国家期待加入"一带一路"倡议，"一带一路"无疑将成为中拉文明对话的主体框架。正如习近平主席所说②，要将"一带一路"建成文明之路，建立多层次人文合作机制，搭建更多合作平台，开辟更多合作渠道，创新合作模式，推动各国相互理解、相互尊重和相互信任。下面笔者首先简要介绍一下当前重要的政府间对话和议程，其次重点从民间视角探讨中拉文明对话的主要路径和方式。

政府间对话机制是中拉文明对话的一个特殊组成部分，同时又是中拉文明对话的催化剂。随着 2015 年中拉论坛的成立和中拉整体合作机制的日渐形成，中拉政府间的双边对话和磋商机制③在保持进展的同时，一系列新的、极具活力的、专业性的多边对话机制开始蓬勃发展起来。这种多边对话机制多以论坛形式展开，其中包括中拉农业部长论坛（2013，北京）、中拉科技创新论坛④（2016，厄瓜多尔基多）、中拉政党论坛（2015，北京；2018，深圳）、中拉地方政府合作论坛⑤（2016，重庆）、中拉企业家高峰会⑥、中拉基础设施合作

---

① 第 56 届联合国大会决议 56/6《不同文明对话全球议程》，联合国大会，2001 年 11 月 21 日，http://www.un.org/chinese/ga/56/res/a56r6.pdf，访问日期：2018 年 5 月 12 日。

② 《习近平在"一带一路"国际合作高峰论坛开幕式上的演讲》，新华社，2017 年 5 月 14 日，http://www.xinhuanet.com/politics/2017-05/14/c_1120969677.htm，访问日期：2018 年 5 月 20 日。

③ 比如各种高层协调与合作委员会、高级混委会、政府间常设委员会、战略对话、经贸混委会、政治磋商等机制。

④ 与此同时，中方还正式启动了"中拉科技伙伴计划"和"中拉青年科学家交流计划"。

⑤ 根据中国国际友好城市联合会编写的《友好城市统计手册（1973—2017）》（未公开出版，2018 年 5 月），中国已经同拉美和加勒比地区的 172 个省市建立友好城市，友好省市数量排名前 3 的国家分别是巴西（57）、墨西哥（32）和阿根廷（22）。

⑥ 2007 年由中国贸促会倡导创立，是中国首个针对拉美地区的经贸合作促进机制性平台。高峰会每年轮流在中国和拉美举办。迄今已在中国、智利、哥伦比亚、秘鲁、哥斯达黎加、墨西哥、乌拉圭举办了 11 届。第 12 届拟于 11 月初在广东珠海举行。

论坛，以及中拉青年政治家论坛[1]。除此之外，其他拟"适时"或"在商定的时间"启动的政府间多边对话机制还包括中拉首都市长论坛、中拉能矿论坛、中拉工业发展与合作论坛、中拉旅游部长会议，以及中拉社会发展与减贫论坛等。

在各种政府间对话机制之外，相对松散但更多样化、更可持续的各种民间对话日益彰显其独特的活力和潜力。这里，笔者拟主要从语言、文化、出版、学术、媒体等5种路径加以分析。

（一）语言习得

语言是文明对话的工具，也是文化传播的载体。西语、葡语与汉语的交互传播，对于推动中拉文明对话、增进相互理解具有基础性作用。正因如此，中拉双方均重视语言人才的培养并鼓励对方官方语言在本国的传播[2]。

语言的交互传播既是发展彼此关系的需要，又顺应并反映了双方联系不断增强的现实。早在1952年为迎接11个母语为西语的拉美国家代表于当年10月来北京参加亚太和平会议，"周恩来总理兼外长直接指示北外筹建西班牙语专业，培养西语干部"[3]。这种一时之需直接促成了中国第一个西语专业的诞生，8年后第一个葡语专业也在北京广播学院（现中国传媒大学）开设。此后40年间，中国的西语、葡语教育发展缓慢，直到进入21世纪，才出现井喷式发展。截至2016年10月，中国大陆地区开设西语专业的院校已达96所，是1999年的8倍；开设葡语专业的院校从1999年的2所上升至27所，增长速度更快。[4]

---

[1] 中拉基础设施合作论坛自2015年起，每年在澳门举行一次，迄今已举办4次；中拉青年政治家论坛自2014年起，每年在北京举行一次，迄今已举办5次。

[2] 《中国与拉美和加勒比国家合作规划（2015—2019）》，新华网，2015年1月9日，http://www.xinhuanet.com/world/2015-01/09/c_1113944648.htm，访问日期：2018年4月19日。

[3] 庞炳庵：《新中国怎样向西语世界敞开大门》，《对外传播》2012年第5期。

[4] 中拉青年学术共同体、INCAE商学院：《中国西班牙语人才就业和流动调查报告》，2017年1月15日。根据教育部新近公布的2017高校本科专业备案和审批结果，全国（不含港澳台）开设西语和葡语专业的院校分别新增8所和2所。参阅《教育部关于公布2017年度普通高等学校本科专业备案和审批结果的通知》，教高函〔2018〕4号，2018年3月21日。

与此不同的是，汉语在拉美的传播远没有如此力度。客观而言，西语、葡语教育进入中国主要源于内需拉动，而汉语教育进入拉美则主要是外需推动——虽然汉语习得者主要是受到"中国机会"的吸引[1]。数据显示，从2006年拉美第一所孔子学院在墨西哥城设立至2017年年底，拉美共有20个国家开设了39所孔子学院和18个孔子课堂[2]。尽管这一数字与西语、葡语教育在中国的发展不可同日而语，但必须承认就其增速而言还是非同寻常的。

当前，西语、葡语和汉语在中拉两地的传播越来越为双方经贸合作和文明对话发挥着毋庸置疑的基础性作用。但同时也日益暴露出一些值得重视的问题，即语言作为交流工具的局限性越发凸显，越来越无法适应当前构建中拉全面合作伙伴关系的复杂任务的需求。复合型人才的培养可谓是当前中拉双方面临的共同挑战。

（二）文化传播

文化传播是增进民心相通的主要路径，也是推动中拉文明对话的主要方式。近年来，中拉文化交流异彩纷呈，交流方式和渠道都日益多样化。在中拉文化交流和传播方面，中国一直是主要的倡导者和推动者。

习近平主席倡导的"2016中拉文化交流年"在中拉关系史上堪称首举，意在传递文化交流的重要信号。据统计[3]，2016年全年在国内和24个拉美国家举办了240个重点项目，涉及艺术、文学、文贸、文物、图书、传媒、旅游等领域的文化交流活动共计650余场，直接参与人数630余万人次，受众计3200多万人次，并推动地方和民间与拉美地区举办文化活动1000余场，受众上亿人次。这是中国首次与整个拉美地区联合举办文化主题年，是拉美地区有史以来规模最大、覆盖面最广的"文化年"活动，具有时间长、

---

① 马洪超、郭存海：《中国在拉美的软实力：汉语传播视角》，《拉丁美洲研究》2014年第6期。

② 国家汉办·孔子学院／课堂官方网站，http://www.hanban.edu.cn/confuciousinstitutes/node_10961.htm，访问日期：2018年5月30日。

③ 数据由中国文化和旅游部外联局提供。

规格高、影响大的突出特征。中拉文化交流年的成功举办，开启了中拉文化交流与传播的大幕。

作为一种机制性的文化安排和品牌项目，2013 年 5 月，原文化部首次推出"拉美艺术季"[①]，协同 18 个拉美国家驻华大使馆在中国举办文艺演出、拉美艺术联展、客座艺术家创作交流等活动。自 2014 年起，每年 4 月—5 月在"拉美艺术季"框架下又开始举办"加勒比音乐节"活动。"拉美艺术季"迄今已举办 5 届，共邀请拉美及加勒比地区 20 余个国家的 200 余名艺术家在北京、浙江、湖南、贵州、四川等省市举办了约 500 场形式多样、内容丰富的活动。

目前，中国已同拉美地区 21 个建交国[②]中的 19 个国家签有文化协定，在此框架内与 11 个国家签署了年度文化交流执行计划，并据此在文化艺术、广播影视、文物保护、新闻出版、体育和旅游等领域开展了广泛深入的双边文化交流。尽管如此，中拉双方的日常文化传播机构仍然非常缺乏。迄今，中国仅在墨西哥设立了正式的中国文化中心；而在中国，除了联合在北京大学设立巴西文化中心外，尚无其他拉美文化中心或拉美国别文化中心。当然，更重要的是，当前的文化传播活动虽然在执行层面多由民间运作，但从本质上来说，仍然是一种政府间活动，民间的活力、积极性乃至参与潜力并没有得到充分释放。

（三）翻译出版

翻译出版是一种传统而稳固的文明对话方式，因为图书作品具有耐久性和稳定性的传播特点。但在 2000 年之前，中拉作品在交互翻译、出版和传播方面不仅数量较少，作品领域也主要集中于文学。尽管如此，研究也发现[③]：中国文学作品在拉美的译介和传播仍非常滞后，作家作品的数量和种类都很有

---

① 数据由中国文化和旅游部外联局提供。

② 此为 2015 年数据，到 2018 年 6 月，中国与拉美和加勒比地区的建交国增至 23 个，但签署文化协定的国家数量没变。参阅安薪竹：《中拉民众心灵相通的纽带：中拉文化交流现状及趋势》，《今日中国·中国—拉共体论坛首届部长级会议专刊》2015 年第 1 期。

③ 楼宇：《中国对拉美的文化传播：文学的视角》，《拉丁美洲研究》2017 年第 5 期。

限。和拉美文学在中国的传播相比（尽管这种传播仍然是中方主动寻求的结果），当前中国文学作品对拉传播存在相对突出的"数量差""时间差""语言差""影响差"等失衡问题[1]。仅以数量而言，截至2017年8月，共有20个拉美国家217位作家的526种作品被译介到中国，如果加上小说选集和重版重译的作品，则多达740部[2]。而中国文学作品在拉美的传播，前期还主要靠转译，直到近年来才随着西语和葡语人才的成熟而开始有规模地组织翻译出版。

这尤以对拉文化交流传播领域的先锋——五洲传播出版社为典型。从2012年承接中国当代作家及作品海外推广（西语地区）以来，五洲传播出版社已经出版了32种西语版中国当代文学作品，其中25种被拉美国家图书馆收藏[3]。与此相呼应，该社还创造性地联合孔子学院同步发起"中国作家拉美行"，以拉近中国作家和拉美读者之间的距离[4]。不惟如此，该社出版的中国主题图书在西语地区的影响力也是值得称赞的。据统计[5]，西语国家图书馆收藏的中国当代文学作品，五洲传播出版社的图书占全部中国出版社图书的比例高达80%。即使与全球出版社相比，五洲传播出版社的表现也不俗，被收藏的中国当代文学作品图书排名第二，仅次于西班牙凯伊拉斯出版社。尤其值得一提的是，五洲传播出版社还建立了面向全球西语受众的跨境数字阅读服务平台，西文版电子书网站和"中国书架"西文版客户端，目前上线图书1518种，成为中国向西语地区输出中国主题图书的主要出版社。

除了文学领域的出版，思想领域的对话也开始发力。为促进中拉优秀作品互译出版和翻译人才培养，推动思想文化领域的交流和碰撞，原文化部还

---

[1] 楼宇：《中国对拉美的文化传播：文学的视角》，《拉丁美洲研究》2017年第5期。

[2] 楼宇：《中国对拉美的文化传播：文学的视角》，《拉丁美洲研究》2017年第5期。

[3] 姜珊、周维等：《中国当代文学图书开拓西语市场分析——以五洲传播出版社为例》，《出版参考》2017年第4期。

[4] 最近，五洲传播出版社还将"中国书架"项目扩展到拉美的智利和阿根廷，年内还将落地墨西哥，以为当地人民深入了解中国提供便利。与此同时，浙江新华书店同阿根廷拉丁华人出版社开设了阿根廷也是拉美第一家颇有规模的中文书店——博库书店；而中国外文局于2018年2月在古巴设立中国图书中心，这是拉美地区第二家类似中心，第一家于2016年11月在秘鲁成立。

[5] 以下涉及五洲传播出版社的数据由该社对外合作部提供。

启动了"中拉思想文化经典互译工程",计划在"十三五"期间由中拉专家共同精选并翻译出版 50 部左右最具代表性的中拉思想文化经典作品。目前,第一批入选的 10 部作品已经公示并启动①。

(四)学术交流

学术既是文明对话的内容,又是文明对话的重要介质,因此在增进中拉相互理解方面发挥着独特的作用。近年来,中国和拉美地区以彼此为研究对象的学术机构迅速发展起来,并初步形成了一定的学术交流和合作网络。

在中国,拉美研究日渐受宠,呈加热升温之势。进入 21 世纪以来,特别是过去 5 年间,中国的拉美研究机构发展迅猛,从 20 世纪 60 年代至 70 年代起步阶段的寥寥数家发展到当前的近 60 家②,尤其集中于高校。拉美研究的这种燎原之势主要源于 3 方面的推动。首先,中拉关系快速发展的现实对拉美知识提出了迫切需要;其次,基于市场需求和预期而开设西语、葡语专业的高校大幅增加;最后,教育部启动的区域和国别研究培育基地计划对各高校的适时推动。但高校拉美研究机构急剧扩张的背后难以掩盖一个不容忽视的现实:有效研究力量仍显不足,难以产出有价值的研究成果。诚然如此,仍可以发现一种喜人的趋势,即新一代拉美研究者正在成长并表现出较强的学术潜力:年龄层次多以 80 后为主,他们熟练掌握研究对象国的语言,受过一定的专业学术训练。更重要的是,"拉美研究新一代"③有国际视野和国际交往能力,其研究领域并不局限于传统的政治、经济和外交,而不断拓展至人类学、法律、建筑、考古、教育和环境等。拉美研究的蓬勃发展也为

---

① 在民间层次上,北京大学电影与文化研究中心等于 2018 年 1 月联合启动了"拉丁美洲思想学术译丛"项目,以推动中拉在文化领域的深度理解。陈菁霞:《拉丁美洲思想学术译丛出版项目启动》,《中华读书报》2018 年 1 月 24 日第 1 版。

② 《中拉文明交流互鉴迈向新时代》,新华社,2017 年 11 月 21 日,http://xinhua-rss.zhongguowangshi.com/13694/2329087974017772976/2568081.html,访问日期:2018 年 1 月 19 日。

③ 郭存海:《中国的拉美研究新一代》,载郭存海、李昀祚主编《中国与拉美:山海不为远》,中国画报出版社,2016,第 150 页。

全国性拉美研究组织注入了新鲜血液，激发了学术活力。全国三大拉美研究组织——中国外国文学学会西葡拉美文学研究分会、中国拉美学会，以及中国拉美史研究会，特别是后两者加强了合作，以协作推动中国拉美研究人才和机构的发展壮大。

和中国的拉美研究相似，拉美的中国研究在双方关系急剧升温的背景下方兴未艾。据不完全统计，研究中国主题相关的拉美机构已有 20 多家。和中国的拉美研究相似，研究中国的拉美青年力量逐渐成长起来。这首先得益于孔子学院推动的汉语传播。越来越多的拉美青年开始学习汉语，且对研究中国产生了浓厚的兴趣，他们利用中国政府提供的各种奖学金攻读中国相关问题的硕士和博士，特别是国家汉办新近推出的"孔子新汉学计划"等。与此同时，拉美的大学也开始试水"中国研究"硕士学位项目，比如阿根廷拉普拉塔国立大学和拉努斯国立大学就于 2017 年推出了一年制"中国研究"硕士项目，以助推阿根廷的中国研究人才的培养。随着越来越多的拉美学者关注中国在该地区的存在，墨西哥国立自治大学中墨研究中心主任恩里克·杜塞尔·彼得斯牵头成立了"拉丁美洲和加勒比地区中国学术网"（Red ALC-China），定期组织拉美的中国研究学者开会并出版会议论文，渐成气候。拉丁美洲亚非研究协会①（ALADAA）近年越来越活跃，其中不仅中国话题必不可少，而且对中国的关注程度日益上升。

遗憾的是，中国研究和拉美研究在两地的兴起并没有推动形成紧密的中拉学术交流网络。近年来，中拉关系的密切带动了两地学术界走近彼此，相继产生了一些学术品牌，比如渐有影响的中拉学术高层论坛、中拉智库论坛、中拉法律论坛②，以及初兴的中拉青年学者对话等。然而，这些论坛或对

---

① 拉美地区专注于亚洲和非洲研究的学术性组织，智利、墨西哥和阿根廷 3 国的 ALADAA 最为活跃。

② 中拉法律论坛 2007 年成立于中国上海，公开数据显示，截至 2014 年已连续在中国、古巴、阿根廷、秘鲁、智利、厄瓜多尔和巴西举办了 7 届论坛，是中拉法学界唯一一个多边交流的互动平台。

话大多还集中于会议层次，并没有形成日常交流机制，更没有切实的联合研究安排，因此很难形成深度的学术对话或碰撞。这一方面是因为国内拉美研究机构缺乏深度整合与协作，另一方面拉美的中国研究机构相对更分散，甚至没有类似中国拉美学会这样的学术团体发挥协调作用。因此可以想象，目前中拉学术交流已有基础，但形成联合研究网络以助推中拉文明对话仍有很长的路要走。

（五）媒体对话

在当今信息化和网络化时代，媒体，特别是新媒体是一种最便捷、最大众的传播方式。但媒体是一把双刃剑，客观公正的信息传播有助于民心相通，反之容易造成误解。因此，媒体的交流与合作对于推动中拉文明对话可以说是至关重要的。

遗憾的是，中拉媒体交流的现状不容乐观。从总体上来看，当前中拉媒体交流与合作的特征大体可归为 3 个"差"，即落差、逆差和顺差[1]。首先，中拉媒体的相互关注度和中拉关系的整体发展水平存在明显落差。其次，中拉媒体关于彼此正面信息的传播中，中方处于逆差。虽然中拉媒体对彼此的关注相对较少，但就有限的报道而言，拉方媒体更多关注的是"问题中国"，而不是"梦想中国"，而中国媒体对拉美的报道总体上呈中性偏正面。最后，中拉媒体机构和人员交流方面，中方处于明显顺差。几乎中国的涉外主流媒体均在拉美派有记者，其中新华社几乎实现了对拉美国家的全覆盖。与之相反，拉美媒体在华记者长期处于匮乏状态，近年来不仅没有随着中拉关系的升温而增加，反而下降了。中拉媒体交流的当前特征，个中原因恐不难理解。第一，中拉媒体交流中方处于顺差，很大程度上是因为中国主动发现和走进拉美而不是相反，中国是双方关系"构建发展"[2]的主要推动力量。

---

[1] 这里的观点主要得益于新华社国际部西文编辑室主任冯俊扬于 2017 年 6 月 29 日—30 日在北京举行的"第六届中拉学术高层论坛暨中国拉美学会学术大会"上的发言。

[2] 赵重阳、谌园庭：《进入"构建发展"阶段的中拉关系》，《拉丁美洲研究》2017 年第 5 期。

第二，拉美媒体涉华报道大多以负面为主，主要源于西方媒体对拉美舆论的主导、拉美媒体驻华记者缺乏，以及因此而对西方媒体产生的信源依附。第三，在中拉关系议程上，政治和经济始终是优先议题，只是近年来随着文化障碍越来越成为影响中拉关系的明显因素时，双方特别是中国才意识到文化交流的重要性。

这种严峻形势意味着加强中拉媒体交流与合作不仅势在必行，而且需要主动构建。2016 年 11 月 22 日—23 日，由国务院新闻办公室、联合国拉丁美洲和加勒比经济委员会共同主办的首届中拉媒体领袖峰会[①]在智利首都圣地亚哥举行，吸引了 100 多家中拉主要媒体负责人参会。习近平主席在开幕式上发表致辞时提出了深化中拉媒体合作的 3 项主张，并宣布设立中国—拉丁美洲和加勒比新闻交流中心（CLACPC）和邀请拉美记者访华。2017 年 5 月，CLACPC 在北京正式成立，来自拉美 9 国的 11 名记者成为第一期学员；2018 年 5 月，中国国际新闻交流中心拉美分中心[②]第二期开班仪式举行，学员包括拉美 10 国 13 名记者。通过对第一期学员的追踪研究发现，该项目在帮助拉美记者了解和报道客观、真实、多元的中国，改变其过去报道路径和内容方面的确产生了切实效果。

五、中拉文明对话机制构建：思考和建议

当前在中拉政府的大力倡导和推动下，文化交流和文明互鉴日益摆脱其"低政治"议题的地位，而跃居中拉关系的"高政治"议程。受此推动，和中拉文明对话宗旨相一致的人文交流活动越来越多，也越来越活跃。但在这

---

① 2017 年 10 月 27 日，国务院新闻办公室还在北京举行了中拉媒体论坛，来自拉美 11 国 19 家主流媒体赴会，进一步助推中拉媒体交流机制的初步形成。

② 自 2018 年起，中国公共外交协会将中非、中国—南亚东南亚、中国—拉美和加勒比新闻交流中心项目整合扩建为"中国国际新闻交流中心"，下设拉美分中心和加勒比分中心，后者首期项目于 2018 年 4 月 1 日正式启动，为期 1 个月。

种表面繁荣之下仍难以掩盖整体发展比较碎片化的现实。由此带来的潜在问题是，众多交叉甚至重复性的文化交流和文明互鉴活动难以形成合力、达致复合效果。有鉴于此，急需一个总体性、纲领性的平台或计划，以协调、指引和理论统领中拉文明交流互鉴活动。因此，构建中拉文明对话机制不仅愈益紧迫，而且正当其时。

首先，要充分认识当前和未来一个时期加强中拉文明对话的紧迫性和重要性。当前，中拉关系已经进入"构建发展"阶段，中拉合作的整体性、规划性和目标性愈益清晰。相继颁布的三大政策文件[①]意味着中拉合作的力度都在大幅提升。然而，中拉相互认知的缺乏，"一如彼此不了解对方道路规则的两个司机，接触越频繁，冲突的可能性就越大"[②]。如何最大限度地减少利益冲突，增强对合作共赢的理解和认识，无疑是一项紧迫而重要的任务。中拉文明对话无疑正是缓解冲突、增信释疑，甚至构建共识的重要路径。

其次，中拉文明对话仍处在起步阶段，急需协调或整合。和其他地区相比，拉美是中国开展文明对话相对滞后的一个地区。尽管如此，当前中拉之间仍有一些文化交流项目，但比较突出的问题是，许多交流项目既缺乏整体设计和长远规划，又缺乏有机衔接，以致呈分散化和碎片化状态。中拉文明对话当前尚处于摸索阶段的特征，也意味着急需相应机构和部门的专业指导。然而，直至今天，中国尚未同任何一个拉美国家，更不用说同整个拉美地区建立高级别人文交流机制了。这种交流机制的缺乏不利于民心相通的整体促进，因其既无法有效协调不同类型的项目，又无法整合文明对话的力量。要让中拉文明对话持续有效推进，借以增进中拉互信和双方合作的可持续性，机制建设就必须提上日程。

最后，构建中拉文明对话机制的时机已经成熟。如前所述，在政府层面

[①] 指前文所提到的、旨在框定和指导中拉合作发展方向的 3 个纲领性文件:《中国与拉美和加勒比国家合作规划（2015—2019）》《中国对拉美和加勒比政策文件》（2016），以及《中国与拉共体成员国优先领域合作共同行动计划（2019—2021）》。

[②] 郭存海:《中国的国家形象构建:拉美的视角》,《拉丁美洲研究》2016 年 10 月第 5 期。

上，习近平主席先后在不同场合强调要加强中拉文明对话，使中拉文明成为和谐相处、交融互鉴的典范。李克强总理在联合国拉丁美洲和加勒比经济委员会演讲中，提出了构建中拉文明对话机制的倡议。第二份《中国对拉美和加勒比政策文件》也集中反映了这些思想和倡议，并明确提出要"积极开展中拉文明对话"。在民间层面，中拉思想文化经典作品的翻译、出版和传播初显活力；两地学术机构关于中拉主题的研讨会日渐增多，知识分子间的互访更加频繁；中拉媒体交流日趋增强，对彼此的报道主题日渐多元，内容日益客观。更重要的是，智库和文化传播机构、大学和地方政府还率先发起并举行了第一届"中拉文明对话"国际研讨会[①]，以实际行动支持构建中拉文明对话机制的倡议。

然而，正如中拉文明对话要"细水长流"才能"润物无声"一样，中拉文明对话机制建设也不太可能一蹴而就，而要循序渐进。在此，笔者就构建中拉文明对话机制提出以下建议和思考：

第一，设立"中拉文明对话"论坛并纳入"中拉论坛"轨道，以协调中拉文明对话各领域。目前，中拉论坛下设 8 个子论坛，唯一缺乏的是长期以来一直滞后、至今仍没有得到有效确立的中拉文明和文化整体交流机制。中拉文明对话机制的设立将填补这一领域的空白，为整体性的中拉文化交流互鉴提供高平台。鉴于中拉文明和文化的多元性，中拉文明对话首先应该聚焦于发现中拉文明的价值共性，寻求对话的基础。

第二，推动并支持拉美的中国研究，打造中拉学术交流与合作网络。与国内的拉美研究热相呼应，拉美学界研究中国的主动性也明显增强。近年来，多个拉美国家的大学、学术机构以不同形式加强了对中国问题的研究。

---

① 这次会议由中国社会科学院拉丁美洲研究所、常州大学、江苏省人民政府外事办公室、中国外文局朝华出版社联合发起，并于 2017 年 11 月 18 日—19 日在常州大学举办。会议主题是"中华文明与拉美文明：交融与互鉴"，讨论近现代以来中拉文明对话的历史经验，探索未来进一步推进中拉文化交流和文明互鉴的路径。来自中国和拉美 10 国的政府官员、外交官、专家学者、记者，以及文化传播机构的代表共计 100 多人参加了研讨会。第二届"中拉文明对话"国际研讨会拟于 2018 年 9 月在南京举行。

尽管如此，在拉美，中国研究尚属"新兴"领域，中国研究的机构仍非常有限。基于此，（1）急需充分发挥中国拉美学会的作用，整合国内拉美研究资源，支持和培养拉美研究新生力量，同时拓展并发挥中拉学术交流的桥梁作用，以与拉美的中国研究机构进行战略对接；（2）推动中拉学术机构在拉美地区共建中国研究中心，以帮助培养中国研究力量，支持拉美学者和机构适时成立中国研究学会；（3）设立中国—拉丁美洲研究院，作为中拉学术对话、开展联合研究的协调机构和拉美地区中国研究机构建设的后援机构；（4）加强中拉媒体人士和学者之间的交流与互动，推动适时举办中拉学者、记者对话。

第三，加大政策扶持力度，培育基于市场的文化交流长效机制。当前构建中拉文明对话机制具有鲜明的政府主导性，尽管其作用独特，但从长期来看，单纯依靠政府力量无法为中拉文明对话提供持续动力。在全球经济高度发达的今天，构建中拉文化交融互鉴的长效机制，需要打造基于市场的、以文化产品和文化服务为核心的中拉文化产业合作。这是因为文化产品是蕴含着文化符号与精神价值的物化载体，不仅具有和文化交流一样的功能，而且从传播效果和动力来看，都更强更足。尽管当前中拉文化产业合作水平仍比较低，但从长远来看，将有广阔的合作空间。其客观依据有三：中拉双方拥有丰富而璀璨的文明、文化资源，拥有大力发展文化产业和推动国际合作的战略需要，拥有巨大的文化市场潜力和以平等互利为核心的合作根基。[①]

---

① 贺双荣：《文化产业与国际形象：中拉合作的可能性——以影视产业合作为例》，《拉丁美洲研究》2015 年第 4 期。

第三部分

支点国家

第八章 丝绸之路穿越大西洋及其对巴西的影响

[巴西]伊万德罗·梅内泽斯·德·卡瓦略，[巴西]鲁比亚·C.韦格纳 *

一、引言

2018 年是中国改革开放 40 周年，此时的中国已将欠发达国家、农业国的过去抛在身后，成为世界第二大经济体、一个更加现代化和都市化的国家。拥有约 11.2 万亿美元国内生产总值（2016）的中国是最大的货物贸易出口国（当年商品进出口总额计 3.68 万亿美元）。改革开放政策被证明是成功的。通过这一政策，党对国家的治理模式逐步进行改革，中国边界面向国际贸易和外国投资开放，建立起中国与世界的一种新型关系。40 年过后，中国的经济和社会发展依赖于一种新的参与国际事务的战略，现如今该战略变得更加活跃与国际化。如果说从前中国的经济和社会发展依赖于产品出口和国际投资，而今中国则是资本、技术和自有品牌的供应方，并通过对外政策扩大在全球的影响力。

新时代，中国政府一直对中国的对外政策进行战略性重新定位，通过一系列可使中国经济、金融和文化更好地融入世界的区域、大洲和洲际合作的大型项目与平台，扩大中国的全球影响力。"一带一路"倡议显露出中国新一轮外交的雄心壮志，中国通过这一倡议开展符合中国国家利益的

---

* 伊万德罗·梅内泽斯·德·卡瓦略（Evandro Menezes de Carvalho），巴西热图里奥·瓦加斯基金会（FGV）法学院国际法教授、中国—巴西研究中心主任，弗鲁米嫩塞联邦大学（UFF）国际法教授、金砖国家研究中心主任。鲁比亚·C.韦格纳（Rubia C. Wegner），里约热内卢联邦农村大学经济科学系（DeCE/UFRRJ）教师，热图里奥·瓦加斯基金会法学院中国—巴西研究中心研究员。

142

合作项目，在项目实施中同时具备足够的灵活性，以满足其他国家的国家利益。

2012年年底中共十八大召开之际，当选中国共产党中央委员会总书记的习近平呼吁全国人民集中力量实现"中国梦"，这一表述涉及民族复兴的国家战略，与"两个一百年"奋斗目标相关：中国共产党成立一百年时全面建成小康社会和新中国成立一百年时建成社会主义现代化国家。在"中国梦"宣布5年之后，在中共十九大上再次当选中国共产党中央委员会总书记的习近平宣布了"新时代中国特色社会主义"。这标志着中国当代史在毛泽东时代后的一个关键转折点，其基础是习近平本人在中共十九大上明确指出的："我国日益走近世界舞台中央，不断为人类作出更大贡献。"预计中国将在2025年左右成为世界最大经济体。"新时代"是"中国梦"这一国家愿景的展示，而回归世界舞台中央则是对这一梦想的概括。

从国际维度来看，最能体现"新时代中国特色社会主义"对外政策的是"一带一路"倡议。为评估这一倡议的全球影响，必须理解它是什么以及它如何影响世界其他地区——特别是拉美。"一带一路"倡议指的是"丝绸之路经济带"和"21世纪海上丝绸之路"，这是习近平主席在2013年9月和10月访问哈萨克斯坦和印度尼西亚时分别提出的，目的是在21世纪创造类似于两千多年前的古代丝绸之路的路线，并通过各种贸易路线与文化交流，将亚洲、欧洲和非洲等主要文明体连接起来。

2015年3月，在倡议发布两年后，中国国家发展和改革委员会、外交部和商务部在国务院授权下联合发布了题为《推动共建丝绸之路经济带和21世纪海上丝绸之路的愿景与行动》的文件，其中阐述了倡议的原则、合作重点、合作机制及中国各地方开放态势。合作重点包括：（1）加强政府间合作，积极构建沟通交流机制，深化利益融合，沿线各国可以就发展战略进行充分交流对接；（2）促进基础设施互联互通；（3）促进贸易与投资畅通；（4）深化金融合作，推进亚洲货币稳定体系、投融资体系和信用体系建设；（5）促进民心相通——这是"一带一路"建设的社会根基，开展文化交流、学术往来。

合作是"一带一路"倡议的标志。截至 2017 年 5 月，已有 40 多个国家和国际组织在"一带一路"倡议框架内与中国签署了协议。[1]"一带一路"倡议有可能促进亚洲、非洲和欧洲的发展中国家和发达国家及其他组织之间的地缘经济重组。如此规模的计划促进了经济一体化，在不同于 20 世纪下半叶主流模式的基础上，其共同建设的原则与合作的优先级有扩展至拉美的潜质。

二、"一带一路"倡议：一种新的国际经济一体化方式？

"一带一路"倡议是一个国际合作平台，涵盖亚欧地区现有的双边、区域和多边合作协议与倡议。为推动与参与倡议国家对行动计划进行共同探讨，2017 年 5 月，中国政府举办了"'一带一路'国际合作高峰论坛"，共有 29 位外国国家元首和政府首脑出席。南美方面，智利时任总统米歇尔·巴切莱特和阿根廷总统毛里西奥·马克里出席了会议。二十国集团（G20）所有经济体都参加了论坛，与会者还有来自 130 多个国家的数千名代表，以及来自 70 个国际组织的代表，包括联合国秘书长安东尼奥·古特雷斯、世界银行行长金墉和国际货币基金组织总裁克里斯蒂娜·拉加德。包括习近平主席在内的 30 位国家元首和政府首脑商讨、通过并在领导人会议结束后发布了《"一带一路"国际合作高峰论坛圆桌峰会联合公报》[2]（以下简称《联合公报》），其中指出："我们主张加强'一带一路'倡议和各种发展战略的国际合作，建立更紧密合作伙伴关系，推动南北合作、南南合作和三方合作。"

值得注意的是，"一带一路"倡议框架内的合作有可能超出亚欧大陆的领土范围，到达包括南美洲在内的世界其他大洲。《联合公报》第五条明确指出："一带一路"倡议加强亚欧互联互通，同时对非洲、拉美等其他

---

[1] "Belt and Road Forum for International Cooperation: a meeting of great minds for a better, shared future". *China Today*, v. 66, n. 6, June 2017, p. 16.

[2] "Joint Communique of the leaders roundtable of the Belt and Road Forum for International Cooperation", http://www.chinadaily.com.cn/china/2017-05/16/content_29359366.htm.

地区开放。[①]

　　"一带一路"倡议开启了中国与世界其他地区关系的崭新阶段。这是中国对外政策的一个中心倡议。一些作者将"一带一路"倡议视为一种不同于21世纪的全球化的模式进行分析[②]，认为它将更具包容性，并减少发达国家与发展中国家之间的不对称性。中国政府则将"一带一路"倡议置于和平共处五项原则之中，并且将其置于"共同的合作与发展基础"的重心之上。尽管对其实践存在一些怀疑声音，保塔索与翁加雷蒂强调指出[③]，"一带一路"倡议的潜力在于中国将其各种能力联系起来，包括：（1）在一定程度上过剩的行业（钢铁、水泥、机械）；（2）可用于融资的资本；（3）依据各邻国的需求可提供的工程服务的秘诀。卡拉汉针对该问题指出[④]："一带一路"倡议范畴内的一体化类型是思想、外交和制度上的互联互通。经济一体化的"双赢"将取决于"一带一路"所有沿线国家金融、能源、通信和物流的发展。

　　在"一带一路"倡议中，基础设施投资通过各国之间的实体连接推动经济一体化。因涉及相关国家的国家利益，各种经济合作项目具有不同程度的复杂性与不同目标。20世纪90年代期间，在美洲有两种合作模式占主导地位：旨在形成一个共同市场模式的南方共同市场（MERCOSUL，以下简称"南共市"），及仅仅意图建立一个自由贸易区的经济合作计划——北美自由

①　参见《联合公报》第5条。还是在《联合公报》中，第15条第1点指出"一带一路"倡议应加强对话协商，促进各国发展战略对接，注意到"一带一路"倡议与第六段所列发展计划和倡议协调发展，促进欧洲、亚洲、南美洲、非洲等地区之间伙伴关系的努力。

②　PAUTASSO, D.. A China na nova arquitetura geoeconômica global e o caso do Banco Asiático de Investimento em Infraestrutura. *Meridiano* 47（UnB）, v. 16, pp. 12-19, 2015；PAUTASSO, D.；UNGARETTI, C. A Nova Rota da Seda e a recriação do sistema sinocêntrico. *Estudos Internacionais*, v. 4, pp. 25-44, 2017；YIWEI, Wang. China's "New Silk Road"：A Case Study in EU-China Relations. ISPI Report Xi's Policy Gambles：The Bumpy Road Ahead, Alessia Amighini, Axel Berkofsky（Eds.）, 2015. p. 18.

③　PAUTASSO, D.；UNGARETTI, C. A Nova Rota da Seda e a recriação do sistema sinocêntrico. *Estudos Internacionais*, v. 4, pp. 25-44, 2017.

④　CALLAHAN, William A. "China's Belt and Road Initiative and the New Eurasian Order". Norwegian Institute of International Affairs, *Policy Brief*, n. 22, 2016, p. 4.

贸易协定（NAFTA）。

最后值得一提的是，2000 年，巴西时任总统费尔南多·恩里克·卡多佐提出了南美洲基础设施一体化倡议（IIRSA），旨在在南美洲所有国家开展实体基础设施建设。[①] 这项提议以技术协调委员会（CCT）的形式在制度上得到了美洲开发银行（BID）、安第斯开发公司（CAF，2007 年起改称拉美开发银行）以及拉普拉塔河流域发展基金[②]（FONPLATA）的支持。提出南美洲基础设施一体化倡议的主要依据是开放的地区主义，即促进私人投资和维持资本在国际市场的最高竞争力。[③] 基础设施投资部门和相应的南美洲地区划分的规划由技术协调委员会实施，遵循地理相近、生产互补以及经济基础互补的标准。各国政府希望投资由长期融资的创新型财富提供资金，然而并未实现。对南美洲基础设施一体化倡议的另一种主要批评是，它在基础设施领域的投资项目更方便以"出口走廊"的形式发展出口，而不是以促进区域生产一体化的形式发展出口。

2000年—2010 年，南美洲基础设施一体化倡议的成果主要包括：在南美洲各国政府之间制定超过 500 个交通、能源和电信方面的基础设施项目，发展 9 个"一体化与发展轴心"[④]（EID）——这在一定程度上与"一带一路"倡议中的经济走廊类似——以及制定 31 个优先项目的实施议程。有鉴于此，2011年，南美洲基础设施一体化倡议被纳入南美洲国家联盟的南美洲基础设施和计

[①] 有关经济一体化和基础设施建设的倡议此前已在该区域被提出。其中一个例子是，1986 年由当时的阿根廷总统和巴西总统签署了建立"经济一体化与合作计划"（PICE）与"拉普拉塔河流域条约"的协议，后者是拉普拉塔河流域发展基金的前身。

[②] 拉普拉塔河流域发展基金始于 1967 年 2 月，其前身首先是阿根廷、玻利维亚、巴西、巴拉圭和乌拉圭之间签署的圣克鲁斯德拉谢拉文件，之后是拉普拉塔河流域条约，于 1970 年成为拉普拉塔河流域发展基金。该基金是一个位于玻利维亚的国际法人。拉普拉塔河流域发展基金的股权结构是股东国家之间分享所有权，这反映出它促进拉普拉塔河流域和谐发展的使命。其自有资金总额为 1 亿美元，其中阿根廷和巴西出资 33.35%，其他国家出资 11.1%（Wegner, 2018）。

[③] CORAZZA, Gentil. O "regionalismo aberto" da Cepal e a inserção da América Latina na Globalização. Ensaios FEE, Porto Alegre, v. 27, n. 1, pp. 135-151, 2006.

[④] 行动计划依据以下参数优先考虑各个一体化与发展轴心：（1）国家和地区的地理覆盖面；（2）现有和潜在的贸易量；（3）生产性投资的目前水平和预计规模；（4）吸引私营部门参与融资的潜力；（5）项目环境可持续程度（IIRSA, 2000）。

划委员会（COSIPLAN）。据了解，区域基础设施应当围绕一体化正式协议——南美洲国家联盟，以便有更多空间对私有资本和公共资本在资助相关项目中所发挥的作用加以讨论。[1] 它继而更名为南美洲基础设施一体化倡议——南美洲基础设施和计划委员会（IIRSA-COSIPLAN）。同时，依据官方数据，"一体化与发展轴心"的影响范围在 2016 年扩大至 97.7% 的南美领土，其中亚马孙轴心的影响最大，为 8.1%，秘鲁—玻利维亚—巴西轴心影响最小，为 1.2%。同年，处于不同"一体化与发展轴心"上的南共市各国在南美洲基础设施一体化倡议框架下共有 380 个独立项目。此类投资一直在持续发展：2014 年有 419 个项目，2015 年有 593 个项目，2016 年有 581 个项目，2017 年总共有 581 个投资项目，达到 1920 亿美元，其中仅完成 22%，另外 30% 正在实施中。[2]

2008 年后，南美洲基础设施一体化倡议成为南美洲国家联盟的体制性框架，这体现了一种相对而言更为精细的治理。尽管保留了技术协调委员会，项目的提交与审批程序开始以南美洲国家联盟各国提交给南美洲基础设施和计划委员会的目的作为准则。然而，融资结构并未发生根本性变化，仍是公私合作形式：融资决策来自金融机构。截至 2016 年，国家财政部是其主要款项来源（项目的 61%），其次是私营实体/法人实体（11%），美洲开发银行（7%），拉美开发银行（4%）和私有银行（4%）。[3] 南美洲基础设施一体化倡议的治理相对流畅。

南美洲地区机构众多，但其有效性以及巴西在其中的作用尚不明确。正如中国在亚洲所扮演的角色一样，巴西需要建立一个基于自身利益进行发展的地区框架。值得一提的是，2016 年以来，对于南共市各国政府而言，南美洲国家联盟已不再具有优先地位。

---

① WEGNER, Rubia C. Investimento em conexão física e o aprofundamento da integração na América do Sul：evidências a partir do seu financiamento. *Economia e Sociedade*（UNICAMP），2018.（Mimeo，aceito para publicação）.

② Wegner，2018.

③ Wegner，2018.

据了解，与美国发起的倡议不同，南美背景的倡议与"一带一路"倡议模式近似。然而，"一带一路"倡议与那些主导南美的经济合作模式有所区别。首先，"一带一路"倡议并不意图促进一个拥有共同市场的国际组织，例如南方共同市场。其次，"一带一路"倡议并不像美国向南美和中美洲国家提议的那样，仅仅试图在各国之间发展一个自由贸易区。最后，"一带一路"倡议意图成为一个地理上和经济上更广阔的平台，以灵活性与务实性为指导，其经济合作不局限于促进贸易，也重视基础设施投资，以推动区域与洲际的互联互通。具有上述特点及优点的"一带一路"倡议以中国作为主要动力与出资方。

三、中国在"一带一路"倡议融资框架中的主导作用

"一带一路"倡议体现了中国参与国际事务模式的一种结构性变化。自1978 年改革开放以来，中国的优先事项一直是经济现代化，直到它摆脱了孤立地位。"一带一路"倡议是国际直接投资的一种促进力量。自 2008 年全球金融危机以来，国际直接投资经历了一系列挫折。根据联合国贸易和发展会议（UNCTAD，以下简称"贸发会议"）的数据，近年来国际直接投资有所恢复：2017 年预期增长 1.8 万亿美元，2018 年预期增长 1.85 万亿美元，尽管尚未达到 2007 年的高水平。[①] 鉴于 2016 年国际直接投资占中国国内生产总值的比例，中国已成为世界第二大投资国。近年来，中国接受的外国直接投资的规模有所扩大，所接受的直接投资仅列美国之后。国际直接投资是中国用来实现人民币国际化的一个重要工具。

在 2017 年 5 月"一带一路"国际合作高峰论坛开幕式的讲话中，习近平主席强调了"一带一路"倡议带来的相互依存关系，以及新行为体对经济增长的需求，应当更具包容性，在各国之间更注重保持平衡。习近平主席指出，自 2013 年"一带一路"倡议发布后，参与倡议的各国之间投资额超过

---

① UNCTAD. *World Investment Report：investment，and the digital economy*. United Nations Publication, Geneva, 2017, p. 252.

500 亿美元，中国企业落户于 20 个国家的 56 个经济合作区，带来了更多收入，创造了更多就业机会。[①] 事实上，"一带一路"倡议促进了中国企业在经济增长相对低迷的时期投资额的增加。根据贸发会议的数据[②]，"一带一路"倡议参与国之间所商定的国际直接投资额接近 6 万亿美元，因此，它所取得的进展可通过财政资源调动来进行解释。

表一中的数据表明，受到极具自信的中国对外政策的影响，多边金融倡议的特征有：成员国具有一定的专业化水平，目标普遍表现得极为相似。丝路基金将中国作为唯一成员国，在出资方面，其重点是推动"一带一路"倡议的发展。亚洲基础设施投资银行（AIIB）的初衷是为亚洲基础设施投资提供资金支持，它是中国通过集体努力而促成的最重要的机构之一。

表一　中国多边金融机构（2017）

指标	新开发银行（金砖银行）	亚洲基础设施投资银行	丝路基金
成员数量（个）	5	84	1
授权资本（百万美元）	100.000	100.000	40.000
认缴资本（百万美元）	50.000	93.000	40.000
认缴与支付资本（百万美元）	10.000	18.600	10.000
总资产（百万美元）	10.000	18.500	－
目的	调动资源，为基础设施和可持续发展项目提供资金	为农村基础设施、能源、环境保护、交通、信息技术、卫生、物流与城市发展等项目提供资金	促进中国与"一带一路"倡议其他参与国的繁荣发展
中国的影响力	中	相对较低	高

〔来源：Chan（2016）多家机构报告〕

① "Full text of President Xi's speech at opening of Belt and Road forum", http://www.xinhuanet.com/english/2017-05/14/c_136282982.htm.

② UNCTAD. *World Investment Report*：*investment*，*and the digital economy*. United Nations Publication, Geneva, 2017，p. 252.

亚洲基础设施投资银行、新开发银行（金砖银行）[①]以及丝路基金的成立替代了传统的多边融资体系倡议。中国正在寻求国际金融结构的转型，在"一带一路"倡议项目的融资方面发挥着重要作用。金融合作是"一带一路"倡议的核心要素之一，相关国家中有很多金融体系欠发达的发展中国家。基础设施投资依赖于长期融资，增加了对国家金融体系替代工具的需求。

鉴于"一带一路"倡议对沿线国家和地区的经济发展极具影响，并在世界经济领域引发反响，分析人士认为"一带一路"倡议可能会成为一个更具包容性与公正性的国际新秩序的载体。[②]如果说对此还言之尚早，至少我们可以说，中国的外交话语将"一带一路"的概念带到了世界其他地区，例如拉美。

四、"一带一路"倡议与中拉论坛：中国面向拉美的平台

2013 年起，伴随着习近平主席第一个任期的开始，中国与拉美地区的关系获得了前所未有的发展，并对拉美和加勒比国家的对外政策产生了影响。中国是该地区的第二大贸易伙伴，于 2008 年发布了首个中国对拉美和加勒比国家的政策文件，指出中国政府发展与该地区各国的关系具有战略层面的意义，并提议建立中拉全面合作伙伴关系。2014 年，习近平主席作为国家元首访问了几个拉美国家，并出席了在巴西福塔莱萨举行的第六届金砖国家峰会。同年，在北京举行的亚太经合组织会议上，涵盖南美洲和中美洲国家的亚太自由贸易区（ALCAP）公布。会议还通过了《亚太经合组织互联互通蓝图（2015—2025）》，借以加强实体、制度与人员往来上的互联互通，使亚太地区在 2025 年之前实现全面联通。

---

① 新开发银行（金砖银行）是 2014 年在巴西福塔莱萨举行的金砖国家峰会上成立的。

② 就这一争论，全球安全研究所联席所长盖尔·鲁夫特表示："'一带一路'倡议是中国首次真正尝试重塑国际秩序，成为习近平'新时代'的标志。毋庸置疑，这可使中国大大受益。加强中国的力量并不意味着必然会削弱美国。"（"US petulance toward Belt, Road self-defeating", *Global Times*, July 2, 2015, p. 17.）

2015 年是中国与拉美和加勒比国家关系的一个重要里程碑，这一年举行了中国—拉共体论坛首届部长级会议。在这次论坛上，习近平主席会见了近 30 个拉共体 ① 成员国代表，并提出未来 10 年双方之间的贸易额将达到 5000 亿美元，中国在拉美的直接投资额将达到 2500 亿美元。自此，中国与拉美和加勒比国家的关系进入一个全面合作的新阶段。同年，中国总理李克强访问巴西、哥伦比亚和秘鲁，并签署了多个协议。在不到一年的时间里，两位中国主要领导人对拉美进行了访问，显示出中国政府现如今给予该地区的重视。

2016 年，习近平主席访问了厄瓜多尔、秘鲁和智利，这是他在第一任期内对拉美进行的第三次访问。2018 年 1 月，中国—拉共体论坛第二届部长级会议在智利首都圣地亚哥举行。在致与会领导人的贺信中，习近平主席表示，"3 年来，中拉论坛已成为中拉整体合作的主渠道"。他还指出，中国已参与拉美地区 80 多个融资项目。② 在同一贺信中，习近平主席呼吁拉美国家积极参与到"一带一路"倡议中来，打造一条跨越太平洋的合作之路，把中国和拉美更加紧密地联通起来。③

中国—拉共体论坛第二届部长级会议通过了 3 个文件：《圣地亚哥宣言》《中国与拉共体成员国优先领域合作共同行动计划（2019—2021）》，以及《关于"一带一路"倡议的特别声明》。在最后这一文件中，中方表示"该倡议已经获得国际社会的普遍赞同，中方认为拉美和加勒比国家是海上丝绸之路的自然延伸和'一带一路'国际合作不可或缺的参与方"④。中国的对外政策将拉美和加勒比地区视为一个由洲际基础设施连接起的巨大集团。中国—

---

① 拉共体（CELAC）是 2011 年 12 月在委内瑞拉加拉加斯正式成立的国际机构。该集团有 33 个成员国，是拉美地区政治对话的主要论坛，没有美国和加拿大的参与。

② Diário do Povo da China. "Segunda reunião ministerial do Fórum China-CELAC é realizada no Chile"，2018.01.24. Link：http://portuguese.people.com.cn/n3/2018/0124/c309808-9419231.html .

③ Diário do Povo da China. "Presidente chinês pede esforços concertados com América Latina na Iniciativa do Cinturão e Rota"，2018.01.23. 中国外交部长王毅建议，中国与拉美国家应共同建设海上与陆上的互联互通。参阅 http://www.fmprc.gov.cn/ce/cebr/por/szxw/t1529889.htm。

④ "Declaración especial de Santiago de la II reunión ministerial del foro CELAC-China sobre la iniciativa de la franja y la ruta"，http://www.itamaraty.gov.br/images/2ForoCelacChina/Declaracin-Especial-II-Foro-CELAC-China-VF-22-01-2018.pdf.

拉共体论坛成为中国与整个拉共体地区合作的主要渠道，而"一带一路"倡议是中国政府所提出的加强各方关系的合作模式。

五、中国企业在拉美的投资扩展——巴西个案

我们将具体分析在"一带一路"倡议这一充满自信的中国最新对外政策中巴西的地位，即中巴两国之间的经济关系，也就是两国之间国际直接投资和外贸的发展。

2017 年 11 月，巴西规划、预算和管理部（以下简称"巴西规划部"）国际事务司（SEAIN）发布了一份双月公报[①]，涉及中国在巴西的投资（见图一）。其主要事项有：（1）已确认和未确认的投资；（2）中国对巴西各行业的投资；（3）投资来源（私有或公共）和投资类型。该公报是在巴西—中国

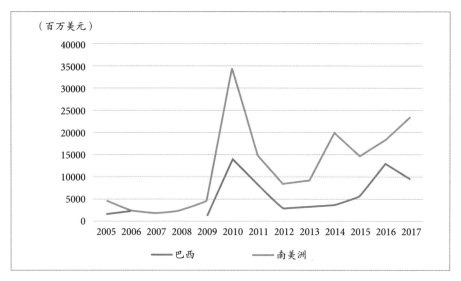

图一　中国对巴西和南美洲国际直接投资趋势（2005—2017）

〔来源：中国对外投资追踪数据，更新于 2018 年 1 月〕

---

① Financial Times, The Heritage Foundation & American Enterprise Institute, Comissão Empresarial Brasil-China, Aiddata, Reuters, Bloomberg, Gazeta Mercantil, G1, UOL, Folha, Estadão, Valor Econômico, Dealogic, Terra, Macauhub, Embaixada da China no Brasil e Embaixada do Brasil na China.

基金范畴内发布的，两国之间的双边关系因该基金而加深，并反映出在规划上巴西对中国的坚定立场。

依据阿文达诺、梅尔吉索与迈纳的统计[①]，2013 年，中国企业宣布在该地区投资额为 110 亿美元，但实际投资约为 50 亿美元。尽管由中国企业经营的国际直接投资数额可能呈现一定的规律性，但在已实现的投资中不能观察到这种规律性。作者使用的数据库仅仅是将宣布的交易与已实现的交易区别开来的（见图二）。

2008 年—2012 年，自然资源是中国企业在该地区投资的最主要领域。确定讨论在至少 3 个方面进行：（1）经营方面，将中国投资理解为该地区的机会；（2）有关中国面临的经济发展挑战；（3）一个试图分析中国在自然资源领域投资对该地区经济发展所发挥的影响的小组。近年来服务业获得了大

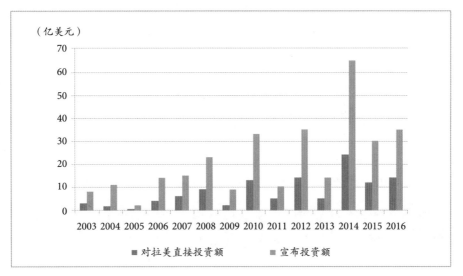

图二　中国在拉美的国际直接投资趋势（2003—2016）

〔来源：Bureau van Dijk，fDI Markets 2017〕

① AVENDANO, Rolando；MELGUIZO, Angel；MINER, Sean. "Chinese FDI in Latin America：We extend a special thanks to HSBC for the generous support for this initiative, without which this report would not have been possible". New Trends with Global Implications. The Atlantic Council of the United States- OECD, 2017, p. 28.

部分投资。2003 年—2012 年，采掘业占中国企业在该地区的国际直接投资额的 60% 以上，而 2013 年—2016 年这一比例降至 40%；另一方面，服务业和能源行业分别增长至 40% 和 10%[1]。中国经济增长放缓与钢铁等部门产能过剩的经济形势，使得国有企业国际化成为其竞争市场的战略。

2003 年—2018 年中国在巴西确定的投资额达到 541 亿美元，其中大部分是由中国国有企业投资的。[2]2003 年—2017 年，共有 156 个投资项目公布，总额达 670 亿美元。与阿文达诺、梅尔吉索与迈纳 2017 年所分析的相类似，巴西规划部国际事务司的结论是，自 2010 年起，中国投资开始多元化，进军能源开采领域。中国投资总额中的 24% 用于石油和天然气开采，另外 23% 用于电力和天然气（开发、传输和分配）以及金属矿物开采（12%），并购是最常见的方式。

表二中的数据——仅涉及金额超过 10 亿美元的交易——与巴西规划部国际事务司专为巴西制作的公报中所提供的数据一致。在巴西投资的几家主要中国企业包括中国三峡集团、国家电网、中国石化。实际上，80% 的投资集中于发电、输电以及矿物、石油和天然气的开采。2017 年，中国投资的多元化开始于金融服务、药物化学、物流，以及交通运输领域，总额达 106 亿美元。上述领域都是在"一带一路"倡议与"中国制造 2025"范畴内蓬勃发展的领域。

表二　中国—巴西国际直接投资：已实现的最大数额交易（2006—2017）

年份	中国企业	数额（百万美元）	所购份额	巴西企业	部门
2006	中国石化	1290		巴西国家石油公司	能源
2010	华东地质勘查局（江苏）	1200		伊塔米纳斯铁矿矿业股份公司	采矿业
2010	中化集团	3070	40%	挪威国家石油公司	能源

---

① Avendano, Melguizo e Miner *op cit.*

② SEAIN. Boletim Bimestral sobre Investimentos Chineses no Brasil. Ministério do planejamento, desenvolvimento e gestão, ago/set 2017, p. 3.

续表

年份	中国企业	数额 （百万美元）	所购 份额	巴西企业	部门
2010	国家电网	1720	100%	巴西输电公司	能源
2010	中国石化	7100	40%	雷普索尔公司	能源
2011	太原钢铁、中信、宝钢	1950	15%	巴西矿冶公司	采矿业
2011	中国石化	4800	30%	葡萄牙高浦能源	能源
2013	中海油与中国石油	1280	10%，10%	巴西国家石油公司、壳牌与道达尔	能源
2015	国家电网	2200			能源
2015	中国工商银行	2000		巴西国家石油公司	能源
2016	中国三峡集团	3660			能源
2016	洛阳栾川钼业集团	1500		英美资源集团	化学
2016	中国保险公司	1090		巴西国家石油公司	能源
2016	中国三峡集团	1200		杜克能源	能源
2016	国家电网	4490	55%	巴西电力公司 CPFL	能源
2017	中信领投基金	1100		陶氏化学	农业
2017	国家电投	2260			能源
2017	国家电网	3440	40%	巴西电力公司 CPFL	能源

〔来源：中国对外投资追踪数据，更新于 2018 年 1 月〕

　　表三中的数据表明，2017 年，信息技术、金融服务和能源行业获得了中国企业的最大投资。中国企业扩大了在巴西基础设施与物流相关的服务领域中的影响，海航集团进入了里约—加利昂财团，包括中国能源建设与中信领投基金在内的金融服务领域正在进行革新。

表三　2017 年中国企业在巴西的投资

年份	中国企业	数额（百万美元）	份额	巴西企业	部门
2009	中国交建	100	80%	Concremat 工程咨询公司	建筑
	中国交建	150			交通运输
	中国交建	280	51%		交通运输
2017	中国能源建设	150		生产方系统	
2016	上海鹏欣集团	250		DKBA 公司	
2017	中信领投基金	1100		陶氏化学	
2015	海航集团	320	60%	奥德布雷赫特公司	交通运输
2017	招商局集团	920	90%	加拿大技术伙伴	交通运输
2017	国家电投	2260			能源
2017	中国石油	120	20%		能源
2010	国家电网	3440	40%	巴西电力公司 CPFL	能源

〔来源：中国对外投资追踪数据，更新于 2018 年 1 月〕

2008 年以来，南美洲国家，特别是巴西，增加了对基础设施的投资。能源部门是经历重大转变的部门之一。2010 年，中国国家电网宣布向巴西输电公司投资约 9.9 亿美元，由此显著扩大了其在巴西电力部门的影响。2015 年，中国国家电网（51％）与巴西北方电力公司（24.5％）、巴西福纳斯电力公司（24.5％）共同竞标成功，获准建设贝卢蒙蒂水电大坝的电力线路。2017 年，中国国家电网和中国三峡集团等表达了对收购贝卢蒙蒂水电大坝的兴趣，以使中国企业在巴西电力行业显著且巨大的影响力得到进一步加强。中国三峡集团目前也参与了亚马孙河流域的其他大型水电项目。2016 年，它与由巴西电力公司控股的巴西福纳斯电力公司签署了协议，共同建设并运营位于帕拉的圣路易斯塔帕若斯水电站。自 2014 年开始，中国三峡集团和福纳斯电力公司也成为圣曼努埃尔水电站建设的合作伙伴，该水电站同样位于帕拉，在特莱斯皮雷斯河上，容量为 700 兆瓦。然而，2016年，巴西环境和可再生自然资源管理局（IBAMA）取消了圣路易斯塔帕若斯水电站的许可进程，而圣曼努埃尔水电站在 2016 年年底前已完工，目前已启动商业运营。

根据巴西规划部网站的信息，巴西—中国合作基金在中国"一带一路"倡议框架下发布，由巴西规划部国际事务司与中拉产能合作投资基金有限责任公司（Claifund）[①] 签署。双方将为巴西政府评定各个与深化产业合作有关的部门中的各种优先项目，包括基础设施、物流、能源、矿产资源、农工业、先进技术、农业仓储、制造业、数字服务等部门。巴西—中国合作基金将在巴西运营，其组织结构包括指导委员会、技术工作组和执行秘书处。发送给执行秘书处的咨询信是技术工作组评估项目的手段，工作组将咨询信分类并提交给指导委员会。然而，有关融资的决策应由潜在投资者[②] 根据各项目的内部规定做出。也就是说，巴西—中国合作基金不是一个投资基金，而是作为优先项目的分类工具运营的，它不为相关优先项目出资，出资者是那些潜在融资方。融资条件与出资形式是由潜在融资方决定的。中拉产能合作投资基金也不作为保障机制运行。

巴西—中国合作基金确立的优先部门至少表现出中巴双边关系的两个战略关切：使制造业、数字服务与先进技术等部门的出口多元化与尖端化，以及促进矿产资源和农产品等中国进口商品的流通和物流。巴西政府表示该基金具有创新性，出资责任不在于基金方面，尽管基金方面保留有活跃融资进程并将投资引导到优先领域的职能。在该基金中，中国并不像在"一带一路"倡议框架中的其他基金中一般，为投资提供资金支持。

事实上，巴西和秘鲁之间计划依靠中国的资金建设一条跨洋铁路。这条铁路将有利于通过太平洋运输巴西大豆，并降低交易成本。另外，依据预定

---

① 这是一个中国投资基金，也是中巴合作基金中国方面资金的主要来源。
② 可以是有意为中巴合作基金所认证的项目提供资金、资源的任意中国或巴西机构。

路线，这条路线将使得巴西农业边界的扩展得到巩固，特别是大豆扩展至巴西北部地区。秘鲁将不仅作为铜矿石和铁矿石的潜在供应商，还将成为以较低成本向中国出口各种自然资源的平台。

项目的另一条可能路线是连接波多韦柳和韦尔德河畔卢卡斯。在该区域，技术性研究已经开始。韦尔德河畔卢卡斯还会与乌鲁阿苏（戈亚斯州）之间建立另一条路线，其特许权已包含在 2012 年中巴签署的协议中。之后，这一路线会延伸至科林托（米纳斯吉拉斯州），到达波多阿苏（里约热内卢州）。这条跨洋路线的建立将成为中国的新战略港口，形成地方上的供应方与中国购买方之间的直接沟通渠道，并可进一步降低地区间的交通运输成本。

其中一个最难实施的区域是从波多韦柳（朗多尼亚州）到秘鲁的普卡尔帕，这是一个中国企业高度集中的地区，有数家采矿企业，如中国铝业、中国五矿和江西铜业。在已公布或已实现的中国企业向巴西相关方面进行的投资中，对巴西东南地区的投资密度最大，特别是许多中国企业在里约热内卢和参与坎波斯盆地石油勘探的巴西企业有所合作。在此背景下，对 MMX 矿业、雷普索尔公司以及与巴西国家石油公司、壳牌与道达尔在利布拉油田勘探上的共同投资是中国获取能源资源的重要指标。

六、结论

习近平主席上任以来，中拉关系获得全新的地位。伴随着 2008 年第一份《中国对拉美和加勒比政策文件》的发布，中国在美洲大陆的影响力进一步扩大，拉美国家处于中国长期发展战略的影响范围内。中国政府使用"合作"与"互利"等术语描述自身在拉美和加勒比地区的存在。发展中拉关系的关键领域不仅仅归结为自然资源，基础设施、能源乃至科技在中国提出的五年计划中均得到了强调，例如，2009 年中国向阿根廷提供贷款机会并与之实行人民币国际化，阿根廷成为第一个与中国签署货币互换协议的拉美经济体，它在与中国进行贸易时不需兑换美元。这些举措显示出中国将拉美和加勒比地区视为其外交政策议程的重要地区。

中国通过与发展中国家开展合作，加强了自身在全球治理领域的领导地位。中国是一个重要市场，而发展中国家经济体，特别是南美洲经济体，对中国而言，是其进行国际直接投资、获取原材料以及增加出口额的地区。中国的相关出口正在日益精细化，这体现在实施中的"中国制造2025"计划。

中国面对拉美和加勒比地区拥有全面的合作战略，但拉美和加勒比国家并没有类似的对华战略。拉美和加勒比国家的数量及其利益的多元化使其难以制定出一份与中国合作的共同方案，来促进该地区的一体化发展。一些国家内部政局动荡，导致经济增长越发低迷，加剧了地区各国间的分裂。然而，中国—拉共体论坛可成为拉美和加勒比国家互联互通、继续共同推动本地区现有一体化与经济合作计划，以及制定共同发展议程的平台。

中国对巴西贸易与投资方面的影响并没有要减弱的迹象。巴西凭借其区域经济实力，可成为"一带一路"倡议在南美进行推广的重要载体。仅在2017年一年间，巴西中国商会统计中国企业在巴西投资额达200亿美元。[①]中国驻巴西大使李金章表示：

> 中巴是中拉论坛的倡建者，双方都视论坛为自己的"孩子"。中巴合作对于中拉合作具有重要引领示范作用。中方愿与巴方探讨"一带一路"倡议与巴西发展战略对接，加强基建、农业、电力、通信、工程机械等领域合作，助力建设拉美物流、电力、能源、信息通道，促进地区互联互通，实现中拉合作转型升级。[②]

[①] Robert Obert Muggah and Adriana Erthal Abdenur, "China's Strategic Play in Brazil", Sept. 27, 2017, http://www.americasquarterly.org/content/chinas-strategic-play-brazil.

[②] "Fórum China-CELAC: Novas Oportunidades para o Desenvolvimento", http://www.chinacelacforum.org/esp/ltdt_2/t1527418.htm.

　　表面上看，拉美和加勒比在最初处于"一带一路"倡议之外，但中国在该地区的投资和中拉贸易的实际存在正是受到这一倡议的影响。换句话说，如果"新丝绸之路"对于拉美人而言是一个遥远的概念，那么相反，中国投资是一个非常具象的现实。从这个角度来看，可以说拉美地区已是中国"一带一路"伟大倡议的一部分。

　　在成为全球领导者的进程中，"一带一路"倡议显示出中国影响力对外的强大投射，并将中国定位为发展中国家谋求合作发展的堡垒。中国外交部长王毅曾提及习近平主席将"中国梦"与"拉美梦"以及"亚太梦"联系起来。从这个意义上来说，"拉美梦"的实现在战略上依赖于与中国的经济合作，而这实际上建立于互利基础之上。"一带一路"倡议与中国—拉共体论坛是将这一梦想转变为现实的主要平台。习近平主席在"一带一路"国际合作高峰论坛开幕式上曾表示："'一带一路'建设不是另起炉灶、推倒重来。"事实上，全球与拉美范围内都已存在许多其他经济合作模式。然而，如果说中国没有"另起炉灶"，它至少正在努力使"炉灶"热起来。

第九章　阿根廷与"一带一路"：机遇与挑战

［阿根廷］爱德华多·丹尼尔·奥维多[*]

一、引言

中国政府提出的"一带一路"倡议，旨在将亚非欧国家和地区连接在一起。2015 年，它的涵盖范围扩展到大洋洲；2017 年，习近平主席提出"拉美是 21 世纪海上丝绸之路的自然延伸"[①]，拉美被纳入"一带一路"。由此，"一带一路"由区域性倡议升级为全球性倡议，影响着全世界更多国家。

"一带一路"的框架文件为《推动共建丝绸之路经济带和 21 世纪海上丝绸之路的愿景与行动》[②]，由中国国家发展和改革委员会、外交部和商务部联合发布。文件指出，"一带一路"建设是一项系统工程，要坚持共商、共建、共享原则，积极推进沿线国家发展战略的相互对接。[③] 由此看来，"一带一路"是一个经

---

[*]　爱德华多·丹尼尔·奥维多（Eduardo Daniel Oviedo），博士，阿根廷国家科技研究委员会（CONICET）研究员，罗萨里奥国立大学正教授。

[①]　《习近平同阿根廷总统马克里举行会谈，两国元首一致同意推动中阿全面战略伙伴关系得到更大发展》，外交部，2017 年 5 月 17 日，http://www.fmprc.gov.cn/web/gjhdq_676201/gj_676203/nmz_680924/1206_680926/xgxw_680932/t1462761.shtml，访问日期：2018 年 7 月 4 日。

[②]　国家发展和改革委员会、外交部、商务部联合发布《推动共建丝绸之路经济带和 21 世纪海上丝绸之路的愿景与行动》，商务部，2015 年 4 月 1 日，http://www.mofcom.gov.cn/article/resume/n/201504/20150400929655.shtml，访问日期：2018 年 7 月 4 日。

[③]　英文版本与中文版本不同："The Belt and Road Initiative is a systematic project, which should be jointly built through consultation to meet the interests of all, and efforts should be made to integrate the development strategies of the countries along the Belt and Road。"参阅 "National Development and Reform Commission, Ministry of Foreign Affairs, and Ministry of Commerce of the People's Republic of China", *Vision and Actions on Jointly Building Silk Road Economic Belt and 21st-Century Maritime Silk Road*，北京，2015，http://en.ndrc.gov.cn/newsrelease/201503/t20150330_669367.html。

济倡议，所以弄懂"一带一路"是否属于国际合作模式或一体化模式尤为重要。

施韦泽和赫默对两种模式的定义是："国际合作，指合作各方原有结构保持不变、以加强联系为目的开展合作；一体化，指合作各方原有结构发生改变，以达成一体化联盟为目的开展合作。"[①] 从这个角度看，"一带一路"是一个宽泛的初期性合作框架，没有明确的机制，也没有达到一体化的程度，因为国际法对"一体化"的定义是："超国家的、有共同体机构的组织"[②]。此外，它既不局限于任何一种国际合作模式（税率优惠区、自由贸易区、关税同盟），也不局限于任何一种一体化模式（共同市场、经济联盟、经济一体化）。事实上，中国寻求建立一种能体现其领导地位的新型国际合作机制，在宽松灵活的框架下实现与沿线国家发展战略的相互对接。

2017年5月，马克里总统同其他国家的领导人在北京出席了"一带一路"国际合作高峰论坛，阿根廷加入"一带一路"倡议。随之也引发关于阿根廷在"一带一路"倡议中面临什么样的机遇和挑战的思考。从这两条研究主线出发，立刻会产生各种疑问，有必要从学术角度加以解答。例如，习近平主席如何理解"自然延伸"？阿根廷和"一带一路"有什么联系？阿根廷在"一带一路"中有哪些利益？阿根廷和中国在"一带一路"中有哪些共同利益？总之，本研究拟从阿根廷的角度探讨它在"一带一路"倡议框架下面临的机遇和挑战。

本文分5部分探讨阿根廷在"一带一路"中面临的机遇和挑战。第一部分以2015年政权更替后阿根廷在外交政策上出现的变化为背景，介绍阿根廷对主要全球性倡议所持的立场。第二部分解析阿根廷的反提案——"南美洲基础设施一体化倡议"和"一带一路"发展战略对接。第三部分探讨阿根

---

① Michael Schweitzer y Walder Hummer, Derecho Europeo, p. 5, citado en Eduardo A. Monsanto, Derecho internacional y derecho de la integración (a propósito del derecho comunitario), en Ponencias, Año II, Nº 5, Rosario, 1996, p. 7.

② Michael Schweitzer y Walder Hummer, Derecho Europeo, p. 5, citado en Eduardo A. Monsanto, Derecho internacional y derecho de la integración (a propósito del derecho comunitario), en Ponencias, Año II, Nº 5, Rosario, 1996, p. 7.

廷加入"一带一路"倡议后出现的机遇。第四部分分析阿根廷扭转对华贸易逆差和实现切身利益所面临的挑战。第五部分，对阿根廷在"一带一路"中面临的机遇和挑战做出总结，提出新的研究课题。

二、阿根廷与新型国际倡议

"一带一路"是当今世界现行的 4 个主要政治经济倡议之一，另外 3 个是跨太平洋伙伴关系协定（TPP），跨大西洋贸易与投资伙伴关系协定（TTIP），亚非增长走廊（AAGC）。其中，"一带一路"由中国倡导，跨太平洋伙伴关系协定由美国主导，直至其在 2017 年 1 月退出，跨大西洋贸易与投资伙伴关系协定由美国和欧盟主导，亚非增长走廊则由日本和印度主导。

在这 4 个倡议中，阿根廷只参与了"一带一路"。2016 年 6 月，阿根廷成为太平洋联盟的观察成员国，以期在一段时间后加入 TPP。美国的退出使 TPP 的政治经济影响力急剧降低，也使阿根廷政府对 TPP 的战略热情冷却，尽管环太平洋 11 国继续协商达成了新的 TPP-11 协定，也没能让阿根廷提起兴趣。另外，特朗普还冻结了美国和欧盟的 TTIP 谈判；而 AAGC 刚提出不久，只局限于亚非之间的合作。

阿根廷加入"一带一路"，原则上不会和其他大国产生利益冲突；毕竟，没有美国参与的 TPP 已失去意义，而阿根廷和日本、印度的关系已在马克里上台后得到巩固。TTIP 则不同，如果美国和欧盟最终达成协定，可能会影响阿根廷的利益，因为阿根廷政府意在推动签订南方共同市场和欧盟之间的自贸协定。此外，中美开打贸易战为阿根廷对华出口创造了有利前景，中国商务部发布的反制"美国对中国进口钢铁和铝产品加征关税"的选项中，美国对华出口的农产品可被阿根廷替代[①]。

---

① 2018 年 3 月，中国商务部宣布的反制措施一共包含 7 类 128 项美国进口产品，其中包括新鲜水果、干果和坚果、葡萄酒、改良乙醇、人参和无缝钢管。

与其他历史时期（如冷战时期）国际政治和意识形态分歧阻碍国家和地区之间的联系不同，21 世纪的第二个十年末期呈现的是一个开放的国际政治和意识形态体系，同时也伴随着贸易保护的加强。阿根廷的外交政策从"务实主义转向"改变为积极自主的全面参与。在经历了经济封闭、进口替代工业化、克里斯蒂娜政府被国际社会孤立后，阿根廷在 2015 年 12 月实现了自 1983 年恢复民主体制以来的第三次政权更替。这次政权更替改变了阿根廷的发展方向和外交政策，开启了自由贸易和经济开放的进程，回归到资本市场和国际参与中。在这种背景下，马克里政府重新审视了由合作走向分歧的中阿关系，习近平主席也宣布把"一带一路"延伸到拉美，中拉合作从此开始进入新阶段。[①]

2017 年年初，马克里总统计划对中国进行国事访问，以期找到一致办法来缓解紧张的双边关系和不利局面——这种局面始于马克里政府重新审核克里斯蒂娜政府与中国签署的双边协议。中国外交部提议将访问定在 2017 年 5 月中旬，邀请马克里总统在"一带一路"国际合作高峰论坛召开期间访华。阿根廷的出席有力地支持了"一带一路"倡议，和中国一起向世界展现了拉美对"一带一路"的热情，也在化解双边分歧的关键时刻展示了"一带一路"倡议的具体成果。因此，习近平主席在与马克里总统的会晤上宣布"拉美是 21 世纪海上丝绸之路的自然延伸"[②]并非偶然。

三、"南美洲基础设施一体化倡议"与"一带一路"的对接

中国提出"一带一路"，寻求让拉美国家加入这一全球性倡议，显示出中国外交积极主动的面貌。原则上讲，拉美两国——阿根廷和智利——对

---

① Oviedo, Eduardo Daniel, Argentina: alternancia política y política exterior. La relación con China durante el mandato del presidente Mauricio Macri, China Hoy, noviembre 2017, pp. 40-42.

② 《拉美是 21 世纪海上丝绸之路的自然延伸》，中国科技网，2017 年 5 月 18 日，http://www.stdaily.com/index/toutiao/2017-05/18/content_544667.shtml，访问日期：2018 年 7 月 4 日。

"一带一路"的支持，正印证了 20 世纪 80 年代路易斯·迈拉明确描述的拉美面对大国倡议时会采取的传统应对策略。[①] 他对主动参与者和被动参与者的分类与中国人民大学程大为的分类相似。程大为认为，"一带一路"倡议中，对接的主体存在倡导者和回应者，或政策的输出者和接受者之分。[②] 不过，中国虽是这个倡议的发起者和提出者，却不是这个倡议的唯一推动者和实现者，还需要有关国家的支持和努力。所以，"一带一路"是一个宽松的国际合作平台，而非古代那样强加的政策，这是实现倡议的前提。

根据《"一带一路"国际合作高峰论坛圆桌峰会联合公报》第五条，阿根廷总统和共同出席该论坛的其他国家和政府领导人向"一带一路"倡议表示欢迎和支持。[③] 马克里总统访华期间双方发布的中阿联合声明第三条中，马克里总统再次向习近平主席表示了感谢：

> 马克里总统感谢习近平主席邀请他出席"一带一路"国际合作高峰论坛，祝贺论坛取得圆满成功。双方将在"一带一路"框架内加强发展战略对接，推进互联互通和联动发展，为实现世界经济稳定、持续、平衡和包容发展作出贡献。[④]

《中阿政府间常设委员会第二次会议纪要》也做出相同评价：

> 阿方祝贺中方成功举办"一带一路"国际合作高峰论坛。中方感谢

---

① Luis Maira, Los escenarios internacionales y el proceso de formación de las políticas exteriores, en Manfred Wilhelmy (comp.), La formación de la política exterior: los países desarrollados y América Latina, Grupo Editor Latinoamericano, Buenos Aires, 1987, pp. 393-430.

② 程大为：《如何理解"一带一路"倡议中的"对接"策略》，《人民论坛》2017 年第 17 期。

③ 《"一带一路"国际合作高峰论坛圆桌峰会联合公报（全文）》，新华网，2017 年 5 月 15 日，http://www.xinhuanet.com/world/2017-05/15/c_1120976819.htm，访问日期：2018 年 7 月 4 日。

④ 《中华人民共和国和阿根廷共和国联合声明》，外交部，2017 年 5 月 17 日，http://www.fmprc.gov.cn/web/ziliao_674904/1179_674909/t1462819.shtml，访问日期：2018 年 7 月 4 日。

阿方支持"一带一路"倡议，欢迎阿方参与"一带一路"建设。双方将共同努力，在"一带一路"框架内对接发展战略，促进互联互通和联动发展，推动世界经济实现强劲、可持续、平衡、包容增长。①

中国外交界和中国学界认为，这两段话的中心词都是"对接发展战略"，程大为对"对接发展战略"的理解是：

> 对接的前提是对方国家有自己的发展战略，在双方已有的战略契合点上考虑进一步的合作。这不同于世界贸易组织的贸易谈判，在世界贸易组织的贸易谈判发生的多数情景下，议题是崭新的，倡导国发起议题，得到各国响应后，开始新议题的谈判，是规则制定过程。目前的对接以双边为主，是在尊重彼此已有的政策框架下进行的对外政策协调，寻找合作的机会。对接并不一定是规则的制定过程，它可能仅仅是一种合作，也可能会导致规则制定。②

《"一带一路"国际合作高峰论坛圆桌峰会联合公报》的 18 项条款中，有几项指向阿根廷与"一带一路"的合作对接：（1）"一带一路"倡议对拉美等其他地区开放（第五条）；（2）"南美洲基础设施一体化倡议"以及其他国际、地区和国别合作框架和倡议能够为推进互联互通和可持续发展带来合作机遇（第六条）；（3）存在双边、三边、区域和多边（第三条）及产业（第九条）合作的可能性；（4）建设开放型经济、确保自由包容性贸易、反对一切形式的保护主义（第七条）；（5）推动南北合作、南南合作和三方合作（第八条）；（6）本着平等协商、互利共赢、和谐包容、市场运作、平衡和可持续的原则进行合作（第十四条）。③

---

① 《中阿政府间常设委员会第二次会议纪要》，北京，2017 年 5 月 17 日。
② 程大为：《如何理解"一带一路"倡议中的"对接"策略》，《人民论坛》2017 年第 17 期。
③ 《"一带一路"国际合作高峰论坛圆桌峰会联合公报（全文）》，新华网，2017 年 5 月 15 日，http://www.xinhuanet.com/world/2017-05/15/c_1120976819.htm，访问日期：2018 年 7 月 4 日。

值得注意的是，"一带一路"的核心是促进基础设施建设，尤其是在高铁和信息化领域。面对中国的"一带一路"倡议，马克里总统以南美洲国家联盟轮值主席的身份提出，"南美洲基础设施一体化倡议"可以和"一带一路"在南美洲基础设施建设上展开合作，使"一带一路"和其他地区性倡议相适应。马克里总统的反提案符合中国学者提到的战略对接，"南美洲基础设施一体化倡议"也恰好出现在"一带一路"论坛联合公报中。

"南美洲基础设施一体化倡议"于 2000 年在第一届南美洲首脑峰会上发起，致力于改善南美的通信、能源和交通等基础设施状况。为此，还设立了南美洲基础设施和计划委员会（COSIPLAN），"为南美洲基础设施一体化的规划和实施提供政策和战略协商平台，致力于实现社会、经济和环境的发展"[1]。"南美洲基础设施一体化倡议"发起了 562 个国家级和国际级的基础设施项目和互联互通项目，项目金额达 2000.00 亿美元。[2]

中国社会科学院拉丁美洲研究所谢文泽认为，"南美洲基础设施一体化倡议"的实施主要面临两大困难和挑战。第一，缺资金。第二，难协调——在区域发展规划、优先项目的筛选标准和方法、技术标准、环境和社会影响评估体系、融资和担保机制等方面难以做出统一安排，有些国家之间仍有领土纠纷，双边关系协调也存在一些障碍。[3] 此外，对中国来说，未与巴拉圭建交也是一个障碍，毕竟位于南美中部的巴拉圭是其中 64 个项目的参与者。[4]

可以看出，"南美洲基础设施一体化倡议"和"一带一路"倡议计划建设的项目是同一性质的，中国"一带一路"倡议也能解决资金缺乏的问

[1] Unión de Naciones Sudamericanas, COSIPLAN. Disponible en: http://www.iirsa.org/Page/Detail?menuItemId=119.

[2] Consejo Sudamericano de Planeamiento e Infraestructura de la UNASUR（COSIPLAN）, Sistema de Información de Proyecto. Disponible en: http://www.iirsa.org/proyectos/.（Consulta realizada el 27 de diciembre de 2017）

[3] 谢文泽：《"一带一路"视角的中国—南美铁路合作》，《太平洋学报》2016 年第 10 期。

[4] Consejo Sudamericano de Planeamiento e Infraestructura de la UNASUR（COSIPLAN）, Sistema de Información de Proyecto, Disponible en: http://www.iirsa.org/proyectos/.（Consulta realizada el 17 de enero de 2018）

题。因此，以中国外交部长王毅提出的"志同道合"为基础，"南美洲基础设施一体化倡议"和"一带一路"倡议可在两大方面实现对接：基础设施和资金。

四、贸易和资金是阿根廷的机遇

中国学界普遍认为拉美经历了经济增长的"黄金十年"[①]，但阿根廷情况不同，它错过了大宗商品的高价时代。[②] 根据中阿贸易往来数据，阿根廷在双边贸易中处于逆差地位。中国政府将"一带一路"延伸到拉美的决定为改写这种贸易关系提供了契机，阿根廷可借此扭转不利局面，谋求更公平、更平衡的双边合作，消除不利于中阿贸易互补的因素。"一带一路"自然延伸到拉美可以为中阿合作创造以下机遇：

（1）部分资金转向拉美。按照最初的规划，参与"一带一路"的国家原本计划把资金、投资和贷款等资源专门用于亚非欧的基础设施建设，将拉美排除在"一带一路"之外。[③] 但是，阿根廷和智利[④] 两国领导人出席"一带一路"国际合作高峰论坛、阿根廷和智利在论坛联合公报中表态支持"一带一路"、论坛联合公报中将"南美洲基础设施一体化倡议"列为和"一带一路"相互沟通协调的合作框架之一，这一系列行动至少使两个南美国家和"一带一路"相对接。因此，原本打算用于实施亚欧项目的资金可能会转向南美的

---

① 沈安：《新形势下深化中拉合作关系的必要性、路径选择和挑战》，《拉丁美洲研究》2017 年第 6 期。

② 根据世界银行数据，阿根廷的国内生产总值（PIB）由 2008 年的 3615.88 亿美元降至 2016 年的 5464.76 亿美元。基于购买力平价（PPA）的人均国内生产总值从 2008 年的 17711 美元降至 2016 年的 19939 美元。

③ "一带"通过亚洲、非洲、欧洲国家将亚欧连接在一起，"一路"沿 3 个方向伸展：（1）穿过俄罗斯，通向欧洲；（2）穿过中亚和东亚，到达波斯湾和地中海；（3）从中国到东南亚，从南亚到印度洋。

④ 智利的情况比较有趣，智利时任总统米歇尔·巴切莱特出席"一带一路"国际合作峰会是 TPP 危机后智利外交政策重新调整的体现。

基础设施建设项目，不过这将取决于其他拉美国家是否会和"一带一路"协调一致。

（2）为"南美洲基础设施一体化倡议"框架内的基础设施项目提供资金。"南美洲基础设施一体化倡议"和"一带一路"的潜在合作为阿根廷本国的和阿根廷参与的区域性基础设施和互联互通项目的融资开辟了有利前景。值得一提的是，"南美洲基础设施一体化倡议"有 10 个轴心，其中 5 个与阿根廷有关：巴拉圭—巴拉那河轴心、南回归线轴心、南共市—智利轴心、南安第斯轴心、南部轴心。截至 2017 年，阿根廷参与了 162 个项目，项目总金额为 482.07 亿美元，其中 33 个项目已经完成，19 个在规划中，57 个处于预实施阶段，53 个正在实施。[①]"一带一路"论坛联合公报第三条提到双边、三边和区域合作，使阿根廷本国的和阿根廷参与的区域性基础设施建设项目向丝路基金、亚洲基础设施投资银行、中拉产能合作投资基金等金融机构寻求融资成为可能。

关于中国政府对拉美的投资和贷款，中国学者主要建议降低风险。中国社会科学院拉丁美洲研究所林华认为：

> 马克里政府执政时期，预计阿投资环境会得到不断改善。但阿根廷历来是一个机遇与风险并存的国家。政策风险、经济风险、法律风险、劳工风险等都不容忽视。特别是当前阿根廷正处于经济调整过程中，政策变动的风险较大。规避风险的关键之处在于必须对这个国家的方方面面有充分了解，这样才能准确地预测风险，减少损失。[②]

新华社世界问题研究中心沈安与林华持同样观点：

[①] Consejo Sudamericano de Planeamiento e Infraestructura de la UNASUR（COSIPLAN），Sistema de Información de Proyecto. Disponible en: http://www.iirsa.org/proyectos/.（Consulta realizada el 27 de diciembre de 2017）

[②] 林华：《阿根廷新政府改革措施及对中阿关系的影响》，《当代世界》2016 年第 11 期。

中方无论是政府还是企业，在推进与拉美国家的合作时，都应采取积极、稳妥、慎重的态度，对风险要有充分的评估，在前景不明朗的情况下，不应轻易扩大合作规模，不要上新项目。①

林华还认为，中国政府应坚持独立自主的外交政策，发展与拉美各国的正常外交关系，不以意识形态画线。② 这一点之所以重要，是因为中国资金过去被指责大多流向了委内瑞拉查韦斯和马杜罗政府、厄瓜多尔科雷亚政府或阿根廷克里斯蒂娜政府。另外，为了避免在"南美洲基础设施一体化倡议"的框架下开展项目建设时陷入不必要的矛盾和分歧，谢文泽建议中国政府以双边合作为主，分别开展可行性研究和规划工作，分段建设，分期实施。③

（3）双边项目有了另一种资金选择。"一带一路"的资金和中阿双边框架协议的资金是不同的。《中阿基础设施全面合作五年计划2017—2021》的16个优先合作项目是克里斯蒂娜政府时期中阿商定的，加入"一带一路"之前，马克里政府重新审核了这一计划。这16个项目只代表双方的合作意愿，并不意味双方承担国际法约束下的任何义务或责任。④

2017年5月15日，阿根廷副总统加夫列拉·米切蒂签署338号法令，为2014年《中阿经济和投资合作框架协议》条款5中的"优惠融资"⑤限定

---

① 沈安：《新形势下深化中拉合作关系的必要性、路径选择和挑战》，《拉丁美洲研究》2017年第6期。

② 沈安：《新形势下深化中拉合作关系的必要性、路径选择和挑战》，《拉丁美洲研究》2017年第6期。

③ 谢文泽：《"一带一路"视角的中国—南美铁路合作》，《太平洋学报》2016年第10期。

④ 《中阿基础设施全面合作五年计划2017—2021》条款5，北京，2017年5月17日。

⑤ 338号法令规定，"优惠融资"须满足以下条件：（1）贷款享有至少与预计项目实施时长等期的宽限期，如项目分期实施，全部或部分贷款应获此待遇；（2）签署优惠融资贷款合同时，贷款利率要在阿根廷纽约州法律政策规定的同样偿还期的公共贷款利率的基础上减少25%；（3）享有从宽限期到期后算起至少10年的还款期。参阅Boletín Oficial de la República Argentina, Decreto 338/2017, Buenos Aires, 16 de mayo de 2017。

了范围。该法令规定，"优惠融资"适用于上述 16 个项目。如果打破隔阂，中阿两国可把《中阿经济和投资合作框架协议》的资金用于中阿双边项目，把"一带一路"的资金用于"南美洲基础设施一体化倡议"框架中阿根廷参与的项目，实现资金的最优配置。

沈安还表示，"鉴于中国实际能力和各国的具体情况，'一带一路'计划也不可能包办一切，而应从中国实际能力出发，有针对性地实施。因此，中国政府仍应继续坚持原定适用范围，不宜无限度扩张；也不应把已有合作机制和项目全部放在'一带一路'倡议内，更不要用'一带一路'取代已经实施并已被证明确有成效的合作机制"[①]。

（4）扩大出口，增加出口多样性。从贸易角度和参与国家数量来看，"一带一路"是世界主要市场之一，为扩大出口、丰富商品种类、拓展出口市场，尤其是扩大向中国和其他新兴市场的出口，提供了一个多边合作平台。根据《"一带一路"国际合作高峰论坛圆桌峰会联合公报》第七项条款，"一带一路"成员国承诺"共同致力于建设开放型经济、确保自由包容性贸易、反对一切形式的保护主义"[②]，"促进以世界贸易组织为核心、普遍、以规则为基础、开放、非歧视、公平的多边贸易体制"[③]。这是阿根廷加入"一带一路"最看重的一点——阿根廷已进入贸易自由新时代，可以为"一带一路"国家的粮食安全做出贡献。

中国在 2008 年—2017 年的中阿贸易中拥有较大顺差，中国政府注意到这一问题后，为了继续维持和谐良好的中阿关系，采取了一些减少贸易不平衡的措施。值得强调的是，有两个中阿双边协议被纳入"一带一路"国际合作高峰论坛成果清单：中国农业部（现农业农村部）与阿根廷农业产业部

---

① 沈安：《新形势下深化中拉合作关系的必要性、路径选择和挑战》，《拉丁美洲研究》2017 年第 6 期。

② 《"一带一路"国际合作高峰论坛圆桌峰会联合公报（全文）》，新华网，2017 年 5 月 15 日，http://www.xinhuanet.com/world/2017-05/15/c_1120976819.htm，访问日期：2018 年 7 月 4 日。

③ 《"一带一路"国际合作高峰论坛圆桌峰会联合公报（全文）》，新华网，2017 年 5 月 15 日，http://www.xinhuanet.com/world/2017-05/15/c_1120976819.htm，访问日期：2018 年 7 月 4 日。

签署的农业合作战略行动计划，中国国家质量监督检验检疫总局（现国家市场监督管理总局）和阿根廷相关部门签署的检验检疫合作协议。[1] 双方有意推动阿根廷商品进入中国市场，所以，2017 年年底，中国政府降低了阿根廷 32 种产品的进口关税 [2]。此外，双方在协商了 15 年后终于达成了阿根廷对华出口新鲜、带骨肉类的卫生协议 [3]，对阿根廷的对华出口来说意义非凡。

（5）在阿根廷的中国人是阿根廷对接"一带一路"的"桥梁"。阿根廷是一个移民国家，华人社区因人口众多而变得越来越重要。中国学者认为，华人华侨是连接中国与世界的"桥梁"。中国福建省是"一带一路"的轴心之一，在阿根廷居住的约 18 万中国人中，有 80% 来自福建省。[4] 因此，作为间接参与者的福建人，在阿根廷与"一带一路"的对接中扮演着重要角色。

五、解决贸易失衡是阿根廷的重大调整

然而，基础设施建设未必能解决中国和其他参与"一带一路"的国家之间的贸易结构问题。相反，可能会加剧中阿贸易失衡。而最近 10 年里，中国就是在这种稳固的经济结构下进行贸易和资本运作的。

沈安认为，中拉贸易结构存在的问题主要是拉美国家的经济结构所致，推动自贸协定的签署有助于克服双边贸易增长停滞的问题。一些中右派政

① 《"一带一路"国际合作高峰论坛成果清单（全文）》，"一带一路"国际合作高峰论坛官方网站，2017 年 5 月 16 日，http://www.beltandroadforum.org/n100/2017/0516/c24-422.html，访问日期：2018 年 7 月 4 日。

② Martín Kanenguiser, El gobierno chino redujo el arancel para el ingreso de exportaciones argentinas, La Nación, Buenos Aires, 19 de diciembre de 2017. Disponible en: http://www.lanacion.com.ar/2093882-el-gobierno-chino-redujo-el-arancel-para-el-ingreso-de-exportaciones-argentinas.

③ "Histórico: autorizan el ingreso de más cortes de carne argentina de calidad a China", en Infobae, Buenos Aires, 17 de enero de 2018.

④ Eduardo Daniel Oviedo, Introducción a la migración china en Argentina, Jsapiens, Año I, N° 1, Seminario Rabínico Latinoamericano Marshall T. Mayer, Buenos Aires, 2017, p. 25.

党——马克里政府就被中国视为这样的政党——掌权后可能改变自贸协定政策，更是中拉之间签署自贸协定的机会。[①]

值得说明的是，虽然拉美的经济结构不利于中拉之间开展对等的贸易合作，但是，双边贸易互补性较弱等因素也是造成中拉贸易结构失衡的原因。根据拉美经济研究基金会一项基于 Michaely 波动指数的报告，"虽然阿根廷出口的很多产品在中国的进口市场占据一定位置，但相对来说，中国与其他国家的贸易互补性更高"[②]。

其他南美国家（如巴西和智利）因为有巨大的贸易顺差，不需要借外来资金补充本国的国际储备。阿根廷却在 2008 年—2017 年保持不断增长的连年对华贸易逆差，总计达 443.68 亿美元。[③] 巴西和智利同期的对华贸易顺差分别为 2561.51 亿美元[④] 和 488.40 亿美元[⑤]。巴西的对华贸易顺差额，比巴西中央银行截至 2017 年 12 月的国际储备（3739.72 亿美元）的 2/3 还多。截至 2017 年 12 月，智利的国际储备[⑥] 也超过 389.82 亿美元[⑦]。所以，巴西和智利有一定的外汇储备来面对 2008 年开始的全球金融危机，阿根廷则不得不求助于中国贷款走出 2014 年—2015 年总统大选期间的资金困境。所以说，中阿贸易使阿根廷的逆差扩大，由此造成的财政紧张在一定程度上又因中国贷款得到缓解。

要探究中阿贸易失衡的原因，把阿根廷和巴西相比，比和智利相比更合

① 沈安：《新形势下深化中拉合作关系的必要性、路径选择和挑战》，《拉丁美洲研究》2017 年第 6 期。

② M. Cristini y G. Bermúdez, La nueva China cambia el mundo, Documento de Trabajo Nº 81, FIEL, Bueno Aires, 2004, p. 29.

③ INDEC Informa, 2008-2017.

④ Ministério da Indústria, Comércio Exterior e Serviços, Estatísticas de Comércio Exterior, 2008-2017. Disponible en：http://www.mdic.gov.br/index.php/comercio-exterior/estatisticas-de-comercio-exterior.

⑤ Prochile, Reporte Anual de Comercio Exterior de Chile, 2008-2017.

⑥ Banco Central do Brasil, Quadro Sinóptico das Reservas Internacionais, 31 de diciembre de 2017.

⑦ Banco Central de Chile, Reservas Internacionales, diciembre de 2017.

适，因为阿根廷和巴西都是南方共同市场成员国。与智利相比，阿根廷和巴西的对华贸易政策更相似，而智利早在 2006 年与中国签订自由贸易协定时就确定了其对华贸易战略。不过，统计数据显示，巴西的对华贸易取得了巨大成功，阿根廷的对华贸易却并非如此。多种不利因素的影响使阿根廷的对华贸易无法像巴西一样成功，这些因素有：（1）巴西接受了"中心—外围"贸易互补结构，形成了"再初级化"（re-primarización）的经济模式[①]；（2）巴西走向国际，阿根廷却在 2001 年陷入债务违约，随后一直被国际资本市场孤立到 2016 年 4 月；（3）阿根廷的出口关税政策限制了大豆的对华出口；（4）巴西有两大出口产品（大豆和铁矿），阿根廷只有一种（大豆）；（5）中国企业因巴西体量大，选择在巴西建分公司，或建设面向整个南方共同市场的进口集散中心；（6）巴西雷亚尔对美元汇率相对稳定，阿根廷比索却不断贬值；（7）与主要竞争对手（澳大利亚、新西兰以及东南亚的农产品出口国）相比，阿根廷离中国太远；（8）巴西和中国同为金砖国家，阿根廷不在此列。

阿根廷政权更替后，中国资本继续以直接投资、基础设施贷款、货币互换的形式流入阿根廷。比起政府间贷款，马克里政府更青睐中国的直接（或间接）投资，这与中国在"走出去"战略（1999 年）和两份对拉政策白皮书（2008 年和 2016 年）[②]中发布的鼓励到海外投资的政策完全相符。因此，2017 年马克里总统在访华期间与中国签署了超过 200 亿美元的政府间基础设施贷款协议。这些协议是之前克里斯蒂娜政府已经和中方签订，又经马克里总统和中方重新商议后再次签订的。此外，阿根廷投资和国际贸易局还公布了自 2017 年 12 月 31 日马克里执政以来中方在阿的总投资额为 14.13 亿美元的 19 个项目[③]。虽然马克里执政时期的宏观经济环境比

① Pierre Salama, Brasil y China：caminos de fortalezas y desconciertos, Revista Problemas del Desarrollo, 188（48）, enero-marzo 2017.

② 第一份中国对拉政策白皮书于 2008 年 11 月发布，第二份于 2016 年 11 月发布。

③ Agencia Argentina de Inversiones y Comercio Internacional, Mapa de la Inversión al 31 de diciembre de 2017. Disponible en：http://www.inversionycomercio.org.ar/mapadelainversion.php.

上届政府时期更有利于外国投资，但是中国这样的投资规模对阿根廷实际的资金需求来说并不够。如前所述，中国学者对这种情况给出的解释是，中国企业考虑到在阿投资的各种风险[①]而减少了投资。例如 2017 年 11 月，中国石化试图出售股份（后未被中国政府批准）一事对吸引中方投资来说不是什么好消息。此外，政府间项目本身的"政府间"属性，也使其透明性引发质疑。阿根廷舆论对中阿基础设施贷款协议的接受度并不太高，而是更希望中国企业与其他欧美企业相互竞争，但中国的投资战略却偏偏以政府间协议为重心。

由于受到国际社会的孤立，克里斯蒂娜政府选择与中国深化金融投资合作，尤其是 2014 年 7 月中阿建立全面战略伙伴关系之后，中国这个从不曾是阿根廷债权国的国家，在阿根廷政府迫切的资金需求下成为其重要债权国。阿根廷就这样开始向中国借贷，包括 103.75 亿美元的货币互换和超过 200.00 亿美元的政府间基础设施贷款。如前所述，阿根廷向中国寻求贷款是因受到国际社会的孤立，但另一方面，像阿根廷这样的发展中国家的资金需求却和中国的全球实力建设[②]（"走出去"战略和人民币国际化是其在金融领域的主要内容）不谋而合。

六、结论

"一带一路"是当今世界 4 个主要政治经济倡议之一，在中国政府的推

---

① 林华：《阿根廷新政府改革措施及对中阿关系的影响》，《当代世界》2016 年第 11 期；沈安：《新形势下深化中拉合作关系的必要性、路径选择和挑战》，《拉丁美洲研究》2017 年第 6 期。

② 英国政治经济学家苏珊·斯特兰奇将国际体系中的 4 种相互作用的构成国家实力的要素描述为：对安全、贷款、生产、知识、信仰和观念的控制，Susan Strange, State and Markets. London：Bloomsbury, 2015；罗伯特·基欧汉对国家实力的描述比苏珊·斯特兰奇更为确切，他认为，霸权国家应控制原材料、资金来源、市场、高附加值商品生产的竞争优势。参阅 Robert Keohane, Después de la Hegemonía：Cooperación y discordia en la Economía Política Mundial, Grupo Editor Latinoamericano, Buenos Aires, 1988, p. 63。

动下逐渐成为以亚欧为主体的区域性倡议。在美国退出 TPP 4 个月后，"一带一路"延伸到拉美，成为涵盖五大洲的全球性倡议。中国提出"一带一路"倡议，寻求建立一种宽松、灵活、开放的国际合作机制。

虽然"一带一路"沿着丝绸之路的传统路线重建，而拉美在历史上并非严格意义上的沿线区域，但是，中国关于"自然延伸"的说法是值得赞赏的，这有助于使拉美国家的利益与"一带一路"对接。如果没有加入"一带一路"，拉美国家将被排除在一个由世界第二大经济体发起的全球性重大倡议之外，而中国正打算对这个方案投入巨额资金。

在当今世界 4 个主要政治经济倡议中，阿根廷只参与了"一带一路"，这种参与为阿根廷的贸易发展和资金引进创造了良好的前景，但是对该倡议可能达到的效果应持谨慎态度。"一带一路"倡议倾向于推进公路、铁路和通信设施的建设，这将提高拉美国家之间、中国及其在拉美的贸易伙伴之间的互联互通水平。不过，它还面临两大困难：（1）面对墨西哥城—克雷塔罗高铁项目被撤销，连接巴西和秘鲁海岸的两洋铁路项目被暂停，该如何开展新的铁路项目？（2）在拉美，"一带一路"和其他倡议存在竞争，中国和其他当事方（如欧盟）有潜在的项目竞争、利益竞争，在拉美国家对他们的战略定位方面也存在竞争。例如，玻利维亚和瑞士签署了基础设施规划和建设协议、玻利维亚两洋铁路项目车头和车厢的供应协议[1]；阿根廷和瑞士两国在达沃斯签署了铁路设施领域合作谅解备忘录[2]。这些事实体现了中国在拉美的"铁路外交"的阻力，也给实现基础设施互联互通带来了挑战。

当然，基础设施建设并不能迅速改变阿根廷当前对外发展过程中的困

---

[1] "Suiza participará en el proyecto boliviano del tren bioceánico que unirá las costas de Sudamérica", en Infobae, 12 de noviembre de 2017. Disponible en: https://www.infobae.com/america/america-latina/2017/11/12/suiza-anuncio-que-participara-en-el-proyecto-boliviano-del-tren-bioceanico-que-unira-las-costas-de-sudamerica/.

[2] Ministerio de Relaciones Exteriores y Culto de la República Argentina, "Argentina y Suiza firmaron en Davos un acuerdo para trabajar juntos en materia ferroviaria", Información para la Prensa N° 018/18, Buenos Aires, 24 de enero de 2018.

境。因此，基础设施建设在拉近南美和亚洲这一点上值得赞赏，但也会带来双边贸易的新问题。

　　只有巧妙地把基础设施建设和改变现有经济结构结合在一起，才能扭转阿根廷在当前中阿贸易中的逆差地位。要想在一段时期内改变这种贸易关系，农产品是中短期内的唯一选择，至少可以通过推行巴西、智利那样的成功战略快速平衡中阿贸易关系。从这个方向看，中美贸易战为阿根廷带来了无数机遇，阿根廷可以在对华农产品出口中代替美国这一重要对手。

第十章 "一带一路"框架下的中墨关系

[墨西哥] 恩里克·杜塞尔·彼得斯 *

中墨两国关系历经几个世纪之久，在文化、经贸和政治等领域深入交流。自 20 世纪后半叶，特别是 90 年代以来，随着中国在全球经济、政治和文化中的地位大幅提升，中墨双边关系也极大深化。中国与墨西哥在学术、科技、旅游等各领域的交流大大加强。

中墨经贸关系带动双边关系进入新阶段，但这并不意味着可以将两国关系的发展简单归因于双边经贸关系的发展，而忽视其他领域的合作。实际上，两国关系在诸多领域都得到蓬勃发展。正是在这一背景下，本文将分析"一带一路"框架下的中墨双边关系。

本文将分 4 个部分阐述这一主题。第一部分将简要介绍 2013 年"一带一路"倡议的主要背景和中墨关系，以便理解中墨双边经贸关系；通过简要分析近期地缘战略领域和国际领域情况，具体分析中墨主要双边合作机制和最近达成的重要协定，以把握目前两国的经贸关系。第二部分将具体分析双边经贸关系的主要特点和涉及的主要行业，以便清楚直观地了解近 20 年双边经贸关系中存在的问题。第三部分将探讨一些重点议题，涉及贸易领域和其他一些引发双边关系紧张的重要经济领域，以便对当前双边经贸形势有一个现实且具体的理解。在前三部分的基础上，本文在最后一部分提出了一份双边经贸议程，可由此达成一系列短中长期协定。

---

* 恩里克·杜塞尔·彼得斯（Enrique Dussel Peters），墨西哥国立自治大学（UNAM）全职教授、墨西哥国立自治大学经济系中墨研究中心（CECHIMEX）主任，拉丁美洲和加勒比地区中国学术网（Red ALC-China）创始人兼主任。

一、背景："一带一路"和中墨双边经贸关系

近几十年，以中国为代表的亚洲国家不断发展，成为全球经济增长的引擎。中国对全球 GDP（以美元计）的贡献率已经由 1990 年的 1.6% 上升至 2016 年的 14.8%；与此同时，美国的贡献率则由 20 世纪 60 年代的 35% 降至 1990 年的 26.5%，到 2016 年又进一步降至 24.6%。尽管如此，2016 年中国的人均 GDP（以美元计）仅为美国的 14.1%、墨西哥的 99%。2013 年起，中国成为全球主要出口国，但 2016 年其进口仅占全球进口总额的 9.5%，而同期美国进口则占全球进口总额的 13.4%。中国已成为全球第二大贸易国：1990 年—2015 年，中国在全球贸易中的占比增长了 10 多倍，2015 年达到 10.6%，而同期美国和墨西哥分别仅占 12% 和 2.0%。[①]

近年来，中国不断深化并扩大国内改革进程。在"新常态"这一主题下，中国政府力图在 21 世纪下半叶对 20 世纪 80 年代末以来形成的经济增长模式进行根本性改革。在过去 5 年多的时间里，中国政府着力提升人民生活水平，刺激国内消费，并不断提高投资的经济、社会和环境效率。经济增长模式的实质性变革，是为了使消费和服务业对经济增长发挥更重要的作用，并大规模实现产业升级，逐步迈向技术含量更高、具有创新性的产业。此外，高速发展的城镇化进程形成了新的经济增长动力，并对社会、环境和教育等领域带来了新的挑战。[②]

2013 年 10 月，习近平主席提出"一带一路"倡议，此后这一倡议在中国国内历经多个阶段并被反复讨论。在"一带一路"倡议提出后的 4 年多时间里，该倡议以开放合作、和谐包容、市场运作和互利共赢为原则，提出了一套长期合作方案。[③] 基于此原则，目前"一带一路"倡议又提出了一组合作

---

① 世界银行世界发展指标 2017 年数据。

② 中国发展高层论坛（2017 年会），由国务院发展研究中心主办，每年对各项战略、政策和短中长期机制进行分析。

③ "Full Text: Vision and Actions on Jointly Building Belt and Road", http://news.xinhuanet.com/english/china/2015-03/28/c_134105858.htm.

重点，即政策沟通、设施联通、贸易畅通、资金融通、民心相通。目前"一带一路"倡议已经自然延伸至拉美和加勒比地区。

另一方面，近几十年来，墨西哥将重点放在生产模式的重大调整上，希望转型成为制成品出口国。20 世纪 80 年代初，墨西哥 80% 以上的出口为石油，而目前 80% 以上的出口则为制成品。1994 年，《北美自由贸易协定》生效。该协定强化了墨西哥同美国由来已久的经贸关系，也由此形成了一个高度差异化与两极化的生产模式。[①] 经历了这一过程，今天的墨西哥有数量不多但十分有活力的行业，其企业经营面向外贸；其余的行业和企业则面向国内市场，在生产效率和附加值创造方面都十分落后。[②] 墨西哥借此不仅获得了极高的贸易开放度和大量引资工具，还同 46 个国家签署了 12 项自由贸易协定、32 项促进和相互保护投资协定，以及一些特定范围的协定（包括经济互补协定和部分领域贸易协定）。[③] 与此同时，这种在地理、政治和经济上高度集中于北美洲的做法使墨西哥很晚才开始关注亚洲：一些公共机构、私人机构和学术机构最近都展开了一些具体行动来认识全球格局转变并研究具体对策。[④] 例如，《国家发展计划 2013—2018 年》中列出了 7 条具体做法，被纳入以亚洲为重点的外交计划。

从墨西哥战略角度来看，跨太平洋伙伴关系协定（TPP）已成为墨西哥政府 2013 年—2018 年最重要的一个赌注：2013 年墨西哥加入 TPP，经过

① Ros, Jaime y Juan Carlos Moreno-Brid. 2010. *Desarrollo y crecimiento en la economía mexicana*. México：fce.

② Dussel Peters, Enrique. 2017a. "Efectos del tpp en la economía de México：impacto general y en las cadenas de valor de autopartes-automotriz, hilo-textil-confección y calzado", en *Cuadernos de Trabajo* vol. 4. México：Centro de Estudios Internacionales Gilberto Bosques, Instituto Belisario Domínguez, Senado de la República, pp. 1-66.

③ Leycegui Gardoqui, Beatriz（coord.）. 2012. *Reflexiones sobre la política comercial internacional de México 2006-2012*. México：itam, se, Miguel Porrúa；Secretaría de Economía（se）. 2017a. *Comercio Exterior/Países con Tratados y Acuerdos firmados con México*. México：se.

④ Dussel Peters, Enrique（coord.）. 2014b. *La inversión extranjera directa de China en América Latina：10 casos de estudio*. México, Red alc-China, udual y unam-Cechimex.

同越南、美国和日本的艰难磋商，12 国政府最终于 2016 年 2 月在新西兰奥克兰签署 TPP。然而，美国总统唐纳德·特朗普认为美国和日本对 TPP 的存在与否具有否决权，决定退出 TPP。[①] 从这个角度讲，特朗普政府要求重谈《北美自由贸易协定》一事会对墨西哥政府造成巨大压力，同时也考验着墨西哥的这一重要贸易协定。[②]

在此背景下，中墨两国已达成一系列重要的区域性机制和双边机制，并参与到多项多边机制中来。中方的多项倡议在拉美和加勒比地区引发关注。一方面，中国于 2008 年和 2016 年发布了两份对拉政策白皮书（GPRC，2011；GPRC，2016）。在这一"新的全面合作阶段"至少有 4 方面的重要规划（GPRC，2016：3）。第一，这一倡议的出发点是在双方共同感兴趣的各领域（从文化、政治到经贸、投资和学术交流）"坚持交流互鉴"（GPRC，2016：5），强调对话与磋商机制的重要性。第二，在经贸领域（GPRC，2016：7—11）提出 13 个重点板块，包括促进"高附加值产品和技术密集型产品"贸易（GPRC，2016：7），"产业投资及产能合作"（GPRC，2016：7），"基础设施合作"（GPRC，2016：8），"制造业合作"（GPRC，2016：9）及"贸易投资促进机构和商业协会的合作"（GPRC，2016：10）。第三，白皮书强调促进高附加值产品和技术密集型产品的贸易，"推动中国的优质产能和优势装备对接拉美和加勒比国家的需求，帮助有需要的拉美和加勒比国家提高自主发展能力"（GPRC，2016：7），这一点至关重要。在基础设施项目方面，加强政府和社会资本"在交通运输、商贸物流、仓储设施、信息通信技术、能源电力、水利工程、住房和城市建设等领域"

---

① Dussel Peters, Enrique. 2017a. "Efectos del tpp en la economía de México: impacto general y en las cadenas de valor de autopartes-automotriz, hilo-textil-confección y calzado", en *Cuadernos de Trabajo* vol. 4. México: Centro de Estudios Internacionales Gilberto Bosques, Instituto Belisario Domínguez, Senado de la República, pp. 1-66.

② 墨西哥同样积极参与太平洋联盟，尽管目前这一协定由于其在贸易和投资上的比重缩减，对墨西哥仅属于次要协定。太平洋联盟成立于 2011 年，创始成员国为智利、哥伦比亚、秘鲁和墨西哥。

（GPRC，2016：8）的合作。第四，中方提出的面向拉美和加勒比地区的合作规划中特别强调制造业领域的合作，以"建立建筑材料、有色金属、工程机械、机车车辆、电力和通信设备等生产线和维修服务基地"（GPRC，2016：9）。

2014 年 7 月，习近平出席在巴西举行的中国—拉美和加勒比国家领导人会晤时，提出"1+3+6"务实合作新框架，"1"是"一个规划"，即《中国与拉美和加勒比国家合作规划（2015—2019）》；"3"是"三大引擎"，即以贸易、投资、金融合作为动力；"6"是"六大领域"，即能源资源、基础设施建设、农业、制造业、科技创新、信息技术领域。这一合作框架在2016 年及未来都将在中拉和中墨双边关系上发挥作用（GPRC，2016：4—5[①]）。2015 年 1 月，在中国—拉共体论坛首届部长级会议上，中拉双方共同制定了《中国与拉美和加勒比国家合作规划（2015—2019）》，同时确定了在政治、文化、教育和经贸等领域的广泛的合作机制。文件中涉及的多项议题，如促进双方中小微企业和金融机构间合作、基础设施和交通运输、工业、科技及航空航天、信息通信等具体领域，都十分重要。文件特别提出"探讨中国同拉共体成员国共同建设工业园区、经济特区、高技术产业园，特别是在研发领域，以促进产业投资和产业价值链的形成"[②]。举办中拉工业发展与合作论坛等专项论坛，设立中拉合作基金、中拉基础设施专项贷款等一批专项资金，还提出要"提供其他金融资源，支持中国和拉共体成员国间重点合作项目"[③]。在教育领域，提出将提供 6000 个政府奖学金名额、6000个赴华培训名额及 400 个在职硕士名额。[④]

---

① Gobierno de la República Popular China（gppc）. 2017. "Documento sobre la Política de China hacia América latina y el Caribe", en *Cuadernos de Trabajo del Cechimex*, núm. 1, pp. 1-12.

② Comunidad de Estados Latinoamericanos y del Caribe（celac）. 2015. *Plan de Cooperación de los Estados Latinoamericanos y Caribeños-China*（*2015-2019*）. celac.

③ Comunidad de Estados Latinoamericanos y del Caribe（celac）. 2015. *Plan de Cooperación de los Estados Latinoamericanos y Caribeños-China*（*2015-2019*）. celac.

④ 中国—拉美企业家高峰会于 2002 年成立，并每年于拉美和中国召开。自第 10 届起，该会议成为双边经贸领域的重要机制。

在中墨双边领域也有大量重要的合作机制。自 1972 年中墨两国建交至 20 世纪 90 年代，两国关系主要扎根于政治领域。[①] 伴随着两国各自的改革及不断增长的经贸往来，双边关系进入新阶段。2005 年建立了中国—墨西哥混委会（每年召开会议）和中墨企业家高级别工作组（GAN），两机制均运转至今。随后两国又签署了旅游、矿产和海洋等领域的 10 余项重要的双边协议。[②]2003 年，中墨两国建立战略伙伴关系；2013 年，双边关系提升为全面战略伙伴关系。2008 年，两国签署促进和相互保护投资协定；2013 年建立两国政府间高级经济工作组（GANE）和高级投资工作组（GANI）。

习近平主席和培尼亚·涅托总统领导的两国政府不断强化高层互访：2013 年—2016 年，两国领导人举行了 6 次会晤，并于 2014 年签订了《关于推进中墨全面战略伙伴关系的行动纲要》；其间还进行了 21 次部长级互访。[③] 中墨双边投资基金的建立反映出两国希望通过资金支持深化双边经贸关系的意愿。该基金规模为 12 亿美元，由墨西哥政府、中国国家开发银行

---

① Anguiano Roch, Eugenio. 2010. "Perspectivas a largo plazo de la relación sino-mexicana", en Dussel Peters, Enrique y Yolanda Trápaga Delfín (eds.), *Hacia un diálogo entre México y China. Dos y tres décadas de cambios socioeconómicos.* México：Senado de la República, cicir y unam-Cechimex, pp. 429-444.

② Dussel Peters, Enrique. 2012. "Aspectos comerciales y de inversión entre China y México：¿colisión o acuerdo?", en Dussel Peters, Enrique (coord.), *40 años de la relación entre México y China. Acuerdos, desencuentros y futuro.* México, unam-Cechimex, Cámara de Senadores y cicir, pp. 81-90. 2008 年—2016 年，中墨两国共签署了 12 项协定，包括中华人民共和国政府和墨西哥合众国政府关于贸易救济措施的协议（2008），中华人民共和国政府和墨西哥合众国政府关于促进和相互保护投资的协定（2009），中华人民共和国和墨西哥合众国引渡条约（2012），中华人民共和国国家标准化管理委员会与墨西哥合众国经济部技术合作谅解备忘录（2014），中国国家质量监督检验检疫总局（现国家市场监督管理总局）和墨西哥国家食品卫生、安全和质量服务局关于鲜食蓝莓输华植物检疫要求议定书（2014），中国进出口银行、墨西哥国民银行与墨西哥国家石油公司框架协议（2014）及农业、畜牧业、农村发展、渔业等领域的多项协定（2016）等。

③ Ventura Valero, Julián y Rodrigo Meléndez Armada. 2016. "Relaciones económicas México-China：una agenda de oportunidades", en *Revista Mexicana de Política Exterior*, vol. 108, pp. 27-49.

（CDB）和中国投资有限公司（CIC）共同注资，由世界银行国际金融公司（IFC）运作。中国工商银行（ICBC）等银行获准在墨西哥成立经营。[①]

最后需要指出的是，经过大量努力，中墨两国达成了《2014—2018中墨行动计划》。[②]两国承诺进一步推进政治合作，特别要通过中墨企业家高级别工作组、两国政府间高级经济工作组和高级投资工作组推动经济领域合作。具体而言，要增加中国在墨投资，尤其以能源领域的投资为重点，推动中小企业在相应领域的发展，重视旅游领域的合作。此外，最近几任中国驻墨大使都积极推动中国在墨投资，鼓励中国游客赴墨旅游，推进自由贸易协定释放潜能。[③]

二、中墨双边经贸的主要特点

首先需要认识到，中墨两国官方（中国商务部和墨西哥银行及墨西哥经济部）的统计数据存在较大差异。表一反映了1995年—2016年的统计差异。可以看出，墨西哥自华进口额整体上远远高于中国对墨出口额。以2005年为例，墨方自华进口额为中方对墨出口额的320%，并且这种统计上的差异直至2016年都始终存在。与此同时，墨对华出口额统计也远低于

① Secretaría de Relaciones Exteriores（sre）. 2014. *Programa de Acción entre los Estados Unidos Mexicanos y la República Popular China para Impulsar la Asociación Estratégica Integral*. México：sre, 12 de noviembre.Zamora Torres, Abraham. 2016. "Oportunidades de inversión en México：infraestructura y ZEE", en Dussel Peters, Enrique（coord.）, *La relación México-China. Desempeño y propuestas para 2016-2018*. México：unam-Cechimex, MexiCham, pp. 49-55.

② Secretaría de Relaciones Exteriores（sre）. 2014. *Programa de Acción entre los Estados Unidos Mexicanos y la República Popular China para Impulsar la Asociación Estratégica Integral*. México：sre, 12 de noviembre.

③ Chavarría, Engge. 2008. "China quiere tlc；México en desventaja", en Bilateals.org, Consultado el 18 de abril. *Expansión*. 2013. "China desea un tlc con México", en *Expansión*, 3 de junio. Qiu, Xiaoqi. 2014. "China, profundización integral de la reforma y sus relaciones con México", en *Cuadernos de Trabajo del Cechimex*, núm. 3. México：unam-Cechimex, pp. 1-12.Zócalo. 2011. "China quiere TLC con México", en *Zócalo*, 29 de diciembre.

中方自墨进口统计：2016 年，墨方对华出口统计额仅为中方自墨进口统计额的 52.53%。这一情况应当引起重视。对造成该情况的原因也已经有了详尽分析。[1] 鉴于存在这一差异，下文将采用墨方统计数据。

表一　中墨贸易统计差异（部分年份）

	1995	2000	2005	2010	2011	2012	2013	2014	2015	2016
墨对华出口（1）（百万美元）	37	310	1136	4196	5964	5721	6468	5964	4873	5407
墨自华进口（2）（百万美元）	520	2878	17696	45608	52248	56936	61321	66256	69988	69521
中对墨出口（3）（百万美元）	195	1335	5538	17873	23976	27518	28966	32255	33810	32545
中自墨进口（4）（百万美元）	194	488	2225	6875	9378	9161	10238	11179	10083	10293
（1）/（4）百分比（%）	19.07	63.52	51.06	61.03	63.60	62.45	63.18	53.35	48.33	52.53
（2）/（3）百分比（%）	266.67	215.58	319.54	255.18	217.92	206.90	211.70	205.41	207.00	213.61

〔来源：根据墨西哥银行（2017）、中国海关统计（2017）、联合国商品贸易统计数据库（2017）数据制作）〕

---

[1] Dussel Peters, Enrique. 2005. "El caso de las estadísticas comerciales entre China y México. Para empezar a sobrellevar el desconocimiento bilateral", en *Economía Informa*, núm. 335, pp. 50-59. Morales Troncoso, Carlos. 2008. "El comercio entre México y China: una colosal triangulación", en *Comercio Exterior*, vol. 58, núm. 12, pp. 885-894.

对于中国而言，拉美和加勒比地区在中国外贸总量中的占比已大幅上升：该地区在中国外贸总量中占比峰值出现在 2012 年，为 6.71%；即便如此，2016 年拉美和加勒比地区仍紧随美国、日本和韩国之后，是中国的第四大贸易伙伴。2016 年，墨西哥在中国外贸总量中所占份额为 1.17%，是拉美和加勒比地区中仅次于巴西的中国第二大贸易伙伴，远高于 2000 年前占比（不足 0.5%）。近年来，墨西哥在中国对外贸易中的排名大幅提升：1995 年，墨西哥在中国贸易伙伴中仅排第五十二位，而在 2016 年排第二十四位；在 2016 年中国进口排行中，墨位列第二十九，在中国出口排行中则位列第十七（见表二）。而中国在墨西哥外贸中所占份额的增长情况更为突出：2003 年，中国就已经成为墨西哥第二大贸易伙伴。尽管墨西哥大量自华进口是促成这一情况的主要原因，但 2016 年中国也紧随美国和加拿大，成为墨西哥的第三大出口目的国。日本、德国和西班牙等国在墨西哥对外贸易中的地位已被中国取代。

下面将分 3 部分进行分析。首先将对墨西哥对华出口的主要趋势从大项和分项角度进行分析。其次将对墨西哥自华进口情况进行分析。最后将对各领域贸易差额、重点行业情况、贸易集中度、技术水平和行业内贸易指数等进行计算，通过数据来理解双边贸易情况。

1. 墨西哥对华出口的主要特点

目前，墨西哥出口仍主要集中在美国。尽管 20 世纪 90 年代末，墨对美出口额占其总出口额的 88% 以上，但 2016 年这一比重降至 80.9%；相反，墨对华出口额占比由 2009 年的不足 1% 升至 2016 年的 1.45%。需要强调的是，2013 年墨对华出口额达到历史最高值 64.68 亿美元，此后一直处于停滞状态，再无增长。2016 年墨对华出口额仅为 2013 年的 83.57%，为近年来墨西哥对主要市场出口额的最大跌幅。

图一展示了墨西哥出口的主要特征和结构。需要注意的是，资本货和半制成品在墨出口中占比很高，2015 年占墨全部出口的 73%；其在对美出口中的占比为 73.69%，在对华出口中占比 77.64%。与墨整体出口及墨对美

表二 墨西哥与中国：部分国家（地区）在其国际贸易中的排名

| | 中国 | | | | | | | | | | | | | | |
| | 出口排名 | | | | | 进口排名 | | | | | 贸易排名 | | | | |
	1995	2000	2010	2015	2016	1995	2000	2010	2015	2016	1995	2000	2010	2015	2016
德国	5	5	5	5	5	6	5	6	6	6	6	6	6	6	6
阿根廷	42	43	39	37	42	32	33	32	41	43	36	37	35	41	42
巴西	25	26	15	21	23	18	25	9	9	9	20	26	10	14	17
韩国	4	4	4	4	4	4	4	3	2	1	4	5	4	4	4
美国	3	1	1	1	1	2	4	5	2	4	3	2	1	1	1
香港	1	2	2	2	2	5	6	25	28	36	2	3	3	2	2
日本	2	3	3	3	3	1	1	1	5	2	1	1	2	3	3
墨西哥	46	24	23	18	17	44	44	31	31	29	52	35	29	27	24

续表

墨西哥															
	出口排名					进口排名					贸易排名				
	1995	2000	2010	2015	2016	1995	2000	2010	2015	2016	1995	2000	2010	2015	2016
德国	7	4	7	6	3	3	5	5	4	4	4	5	5	5	5
加拿大	2	2	2	2	2	4	4	6	6	6	3	2	3	3	4
中国	41	19	3	3	3	12	6	2	2	2	17	6	2	2	2
西班牙	5	3	4	7	6	9	11	11	12	12	5	7	8	8	9
美国	1	1	1	1	1	1	1	1	1	1	1	1	1	1	1
日本	3	5	8	8	5	2	2	3	3	2	3	4	4	3	3

〔来源：根据联合国商品贸易统计数据库（2017）1995—2016 数据和全球贸易预警组织（GTA）2016 年数据（2017）编制〕

出口相比，墨对华出口中的资本货占比相对较低，2015年仅占9.74%，而同期对美出口中资本货占比为31.20%。这一差距与墨出口构成相关，我们将在下面的段落中讨论。

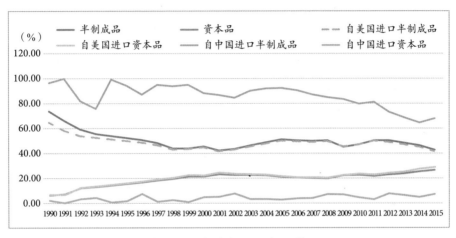

图一　墨西哥：对部分国家货物出口占比情况（1990—2015）

〔来源：根据联合国商品贸易统计数据库（2017）数据制作〕

另外，墨出口集中度很高。目前墨西哥出口仅集中在《商品名称及编码协调制度》中的几个章节（见表三）。2016年，汽车零部件—汽车和电机、电气设备分别占墨进出口额的60.50%和48.72%。拉丁美洲和加勒比地区主要对华出口原材料。与此不同，墨对华出口的62.14%为汽车，电气设备和矿砂、矿渣、矿灰。此外，还需注意的是，2016年墨西哥汽车零部件—汽车出口中，对华出口所占比重远低于对美出口占比。

表三　墨西哥：部分章节商品出口总量中中国和美国占比（%）

		1993	2000	2010	2016	1993	2000	2010	2016
		中国				美国			
	总计	0.05	0.19	1.41	1.45	82.75	88.16	80.07	80.94
26章	矿砂、矿渣、矿灰	0.00	2.41	53.12	37.31	39.32	36.97	6.39	0.54

续表

		1993	2000	2010	2016	1993	2000	2010	2016
		中国				美国			
47章	木浆及其他纤维状纤维素浆	0.00	0.00	33.61	23.85	99.98	86.70	56.19	59.64
74章	铜及其制品	0.00	2.15	30.19	22.92	63.64	90.36	45.17	55.45
37章	照相及电影用品	0.00	0.15	1.87	14.24	38.44	77.14	39.54	32.77
23章	食品工业的残渣及肥料	0.00	0.15	4.00	12.08	86.88	56.95	15.68	10.43
87章	车辆及其零件、附件	0.00	0.02	1.24	1.33	81.38	88.74	79.36	83.56
85章	电机、电气设备及其零件	0.02	0.04	0.42	1.00	97.56	97.13	83.88	87.63

〔来源：根据联合国商品贸易统计数据库（2017）1993—2016数据和全球贸易预警组织（GTA）2016年数据（2017）编制〕

若从分项角度，即以《商品名称及编码协调制度》六位税则代码分析，可以看出更多墨西哥对华出口趋势。墨西哥出口前10名的商品中，除石油外，其余均与制造业，特别是汽车零部件—汽车有关。这10项占2016年墨西哥出口总额的28.66%。而反观墨西哥对华出口，则表现出不同特点：前10项中仅有3项与汽车零部件—汽车有关，其余7项均为铜制品和石油制品。这10项占墨西哥对华出口的61.13%；与墨西哥整体出口情况相比，墨对华出口表现出更高的集中度（见图二）。

最后，我们根据中国商务部提供的数据计算中国对自墨进口商品征收

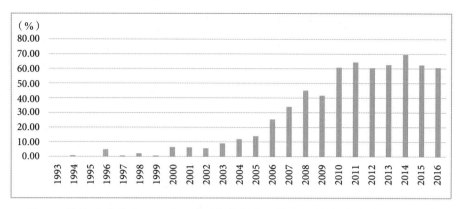

图二 墨西哥对华出口：出口前10名商品占总出口的比重（1993—2016）

〔来源：根据联合国商品贸易统计数据库（2017）数据制作〕

的关税[①]。虽然计算中所使用的关税数据仅涵盖中国自墨进口商品的22%，其余商品的关税数据尚未掌握，但是这一计算结果仍然十分重要，反映出2016年中国自墨进口商品关税相对较高，为9.72%。由于中方提出2017年将降低对自墨进口商品税率，这一数字有望降至5.54%，而缴纳关税额也将有望由2.18亿美元降至1.24亿美元。

2. 墨西哥自华进口的主要特点

墨西哥对外贸易在发生最深刻的结构性变化的同时，也实现了贸易多样化，这一点可以通过墨西哥自亚洲及中国的进口情况看出[②]。截至2000年，墨西哥70%以上的进口来自美国；1996年这一比例更是高达75.67%。自2000年起，美国在墨西哥进口中的比重开始下降：2007年起，占比开始低于50%，2016年更是降至46.40%。另外需要注意的是，在本文所分析的时间段内，墨西哥自欧盟及拉美和加勒比地区的进口也有所减少。

与此相反，墨西哥自华进口则表现出实质性增长，其平均年度增长率在

---

① 中国对822种商品（《商品名称及编码协调制度》八位税则代码）进口的最惠国税率实施临时税率。根据这些税率，结合中国自墨进口信息，可以计算出2016年中国对自墨进口征收关税、税率下调带来的关税降低及墨方能由此享受到的减税情况。当数据库既包含最低税率又包含最高税率时，选用最低值用于计算。在822种商品中，墨西哥对华出口272种商品。

② 以下数据来自2017年联合国商品贸易统计数据库和2017年全球贸易预警组织（GTA）数据。

1993 年—2000 年和 2000 年—2016 年分别为 30.2% 和 22.0%。上述两段时期内，墨自华进口平均年度增长率比墨整体进口平均年度增长率高出 1 倍以上；而在 2000 年—2016 年，墨自华进口平均年度增长率更是墨自美进口平均年度增长率的 10 倍。1995 年中国在墨西哥进口中的比重仅为 1%，2005 年则提高至 7.98%，2016 年升至 17.96%。这是墨西哥对外贸易所发生的最快速、最深刻的结构性变化。

另一方面，1990 年—2015 年墨西哥自美国和中国的商品进口结构[1] 表明，墨自中美两国的进口额巨大。需要注意的是，该时间段内墨西哥整体进口和自美进口中，消费品和资本品占比不断下降。1990 年，墨自美进口中，资本品占比为 23.06%，2005 年则降至 13.98%，后又于 2015 年降至 12.49%。然而，墨自华进口结构却发生了最重要的结构性转变（见图三）。20 世纪 90 年代初，消费品进口占比高于 40%，此后比重不断下降，直至 2015 年降至 13.81%。半制成品进口增长最为显著，20 世纪 90 年代半制成品在总进口中的占比约为 40%，至 2009 年增至 50%，2015 年增至

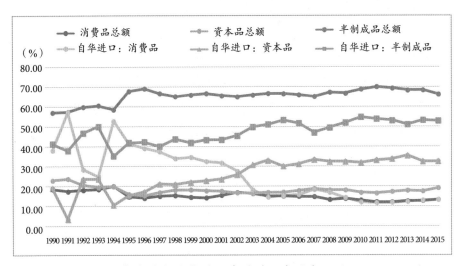

图三　墨西哥各类货物自华进口在总进口中的占比（1990—2015）

〔来源：根据联合国商品贸易统计数据库（2017）数据制作〕

---

[1]　中国海关统计（2017）和中国商务部统计（2017）。

53.19%。而墨自华进口中的资本货占比逐渐上升，这一点最为重要：1990年—2000年和2000年—2015年，在墨自华各类进口中，资本品的平均年度增长率最高，接近20%；2004年起高于30%，2015年达33%。可以看出，墨西哥自华进口中资本货占比在相对较短的时间里实现了翻番，远高于墨西哥整体进口和墨西哥自美进口中的资本货占比。[①]

《商品名称及编码协调制度》中的商品所在章节能够反映墨西哥进口的主要特点。墨进口主要集中在汽车零部件、汽车和电气设备3个章节，约占墨进口的50%，2016年占比为48.72%。墨自华进口前3位商品属于电气设备、汽车零部件和光学仪器3个章节，20世纪90年代其占比不足40%，2010年则升至75.59%，2016年为69.55%。这说明墨自华进口具有高集中度的特点，即商品主要集中于《商品名称及编码协调制度》的部分章节。

如对一些具体章节下墨自华进口商品的情况进行分析，也能发现其表现出高度集中的趋势。目前，在雨伞、玩具、帽类、草编织品等轻工制造领域，自华进口在墨总进口中的占比超过2/3，并已实质性取代自美进口。这一趋势在雨伞这类商品中表现得最为明显：1993年，在墨雨伞总体进口中，自华进口占比为12.95%，2016年这一占比则增至84.85%；相反，自美进口占比则由1993年的72.79%跌落至2016年的10.73%。表四反映出在部分重点领域，墨自华进口在墨整体进口中的地位迅速提升。而在汽车零部件—汽车和电气设备等墨战略性行业中，自华进口也占有越来越重要的地

---

① 这一议题十分重要，反映出近20年墨西哥自美进口逐渐被自华进口所替代；此外，这一问题在目前进行的《北美自由贸易协定》重新谈判中也十分重要。可参考 Dussel Peters, Enrique y Samuel Ortiz Velásquez. 2016. "El Tratado de Libre Comercio de América del Norte, ¿contribuye China a su integración o desintegración?", en, Dussel Peters, Enrique (coord.), *La nueva relación comercial de América Latina y el Caribe con China, ¿integración o desintegración regional*? México: Red alc-China, udual, unam-Cechimex, pp. 245-308; Dussel Peters, Enrique. 2017a. "Efectos del tpp en la economía de México: impacto general y en las cadenas de valor de autopartes-automotriz, hilo-textil-confección y calzado", en *Cuadernos de Trabajo* vol. 4. México: Centro de Estudios Internacionales Gilberto Bosques, Instituto Belisario Domínguez, Senado de la República, pp. 1-66。

位。例如在电气设备领域，2016 年中国已取代美国成为墨西哥主要进口国。在轻工制造领域，自华进口在墨进口中的地位大幅提升且发展迅速，在精密产品领域亦是如此，这一点将在后面的段落中谈到。

表四　墨西哥：部分章节商品进口总量中中国和美国占比（%）

		1993	2000	2010	2016	1993	2000	2010	2016
		中国				美国			
	总计	0.70	1.58	15.13	17.96	74.03	73.22	48.25	46.40
墨西哥进口占比（按类别）									
66 章	雨伞、阳伞、手杖等	12.95	59.26	90.63	84.85	72.70	22.04	4.50	10.73
67 章	羽毛、羽绒及其制品	1.07	66.56	82.88	80.90	69.12	23.52	3.95	3.27
95 章	玩具、游戏品	4.51	36.23	66.24	73.74	72.57	45.26	19.86	11.19
65 章	帽类及其零件	3.00	20.26	61.29	65.93	73.33	46.15	17.33	17.60
46 章	编结材料制品	0.07	58.24	79.63	62.30	72.93	22.78	1.68	4.40
墨西哥自华进口占比（按类别）									
85 章	电机、电气设备及其零件	0.51	1.96	29.89	34.60	82.28	76.55	26.58	25.69
84 章	核反应堆、锅炉、机器、机械器具、机器零件	1.30	1.64	23.99	23.79	66.23	66.87	40.57	38.32
90 章	光学、照相仪器及设备	0.45	2.52	20.25	22.45	72.05	72.77	40.11	39.42
87 章	车辆及其零件、附件	2.42	0.23	3.33	5.95	71.61	72.18	54.87	50.03
39 章	塑料及其制品	0.43	0.97	5.91	8.10	92.28	89.14	74.75	68.29

〔来源：根据联合国商品贸易统计数据库（2017）1993—2016 数据和全球贸易预警组织（GTA）2016 年数据（2017）编制〕

若通过《商品名称及编码协调制度》六位税则代码进行分析，也能看出墨西哥自华进口的一些特点。一方面，进口排名前 10 的商品门类中，除两项（第四位未知代码和第八位其他装置、仪器及器具）外，其余所有商品均与汽车零部件和电气设备有关。另一方面也能看出墨西哥自华进口表现出相对较高的集中度：自 2009 年起，进口排名前 10 的商品占进口总量的比重超过 40%（2016 年降至 34.18%），而仅前 3 名商品的占比就高于 15%。847330（自动数据处理设备零件、附件）项下商品尤为突出，2003 年占进口总量的 14.14%。

在 2015 年墨对自华进口商品所征关税中，上述领域也十分突出[1]。墨西哥对自华进口商品征收关税的税率是相对较低的，仅为 1.77%。而得益于《北美自由贸易协定》，墨对自美进口征收关税税率更低，仅为 0.32%。从图四可以看到，如采用对美税率，墨自华进口总体上可减税 10.13 亿美元。然而需要注意的是，2015 年墨自华进口主要几项（如电气设备、汽车零配件和光学设备等）的总体关税税率本就不高；以电气设备为例，2015 年税率为 0.45%，而《北美自由贸易协定》规定的税率则为 0.13%，若采用后者税率，减免的关税不足 9300 万美元。相反，《北美自由贸易协定》关税待遇对纺织、鞋类和家具等轻工制造行业影响较大。以鞋类为例，如果中国可以享受到与美国一样的关税待遇，关税税率会由 22.53% 降至 4.06%。

---

[1] 根据 2015 年数据计算墨西哥进口征税情况。可参考 Dussel Peters, Enrique（coord.）. 2016. *La relación México-China. Desempeño y propuestas para 2016-2018*. México：unam-Cechimex y MexCham; Dussel Peters, Enrique. 2017a. "Efectos del tpp en la economía de México: impacto general y en las cadenas de valor de autopartes-automotriz, hilo-textil-confección y calzado", en *Cuadernos de Trabajo* vol. 4. México：Centro de Estudios Internacionales Gilberto Bosques, Instituto Belisario Domínguez, Senado de la República, pp. 1-66; Dussel Peters, Enrique. 2017b. "Chinese infrastructure projects in México", a publicarse en Dussel Peters, Enrique y Ariel C. Armony（coords.）, *Chinese infrastructure projects in Latin America*. México：Red alc-China, Universidad de Pittsburgh.

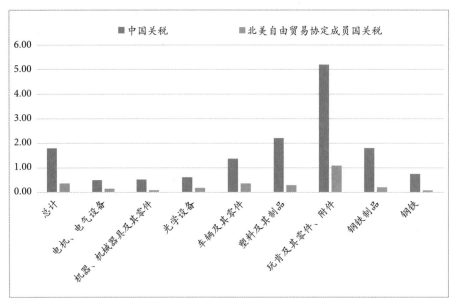

图四　2015年墨西哥征收中国和《北美自由贸易协定》成员国关税税率对比

〔来源：墨西哥对自华进口商品征收关税税率（根据《商品名称及编码协调制度》二位关税代码分类）（2015）〕

3. 双边贸易的贸易差额、技术水平和产业内贸易

通过上文对中墨两国贸易情况的具体分析，可以对《商品名称及编码协调制度》部分章节和税则代码项下的商品贸易趋势及双边贸易的关税情况有一个准确的把握。接下来将从以下3方面进行简要分析：贸易差额、技术水平和产业内贸易。

中墨两国在贸易统计方面存在差异，这点已经在上文进行了分析。除此以外，两国之间的贸易差额也在近20年里引发双边关系紧张，而实现贸易平衡这一目标也被反复提出。在图五中，可以看到墨西哥对外贸易表现出越来越突出的二元性：一方面是对美贸易大量顺差，另一方面则是同其他贸易伙伴，特别是同中国的贸易赤字。考虑到2013年—2016年墨西哥对华出口停滞（这一点将在后文分析）这一因素，2016年墨西哥对华进出口比值高达13：1。电气设备、汽车零部件和光学仪器3个章节是造成墨西哥对华贸易巨大赤字的主要商品章节。

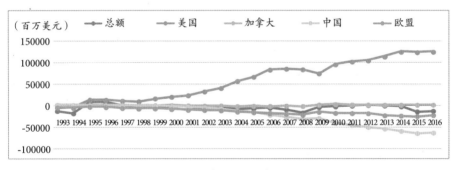

图五　墨西哥同主要贸易伙伴贸易差额（1993—2016）

〔来源：根据联合国商品贸易统计数据库（2017）数据制作〕

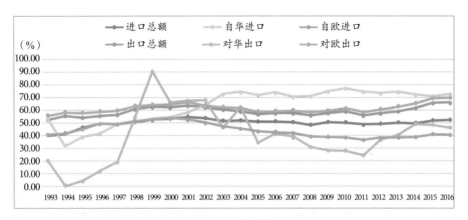

图六　墨西哥中高科技领域对外贸易各部分占比（1993—2016）

〔来源：根据联合国商品贸易统计数据库（2017）数据制作〕

墨西哥在推动中高科技商品①对外贸易发展上做出了巨大努力（见图六）。自 20 世纪 90 年代末，中高科技商品出口占墨出口总额的 60%，2016 年达 66%。2015 年和 2016 年，墨西哥对美出口中，中高科技商品占比超过 70%。然而，在这一领域，墨西哥对华贸易却存在巨大逆差。拉美和加勒比地区主要国家在中高科技商品领域的出口尚不足其出口的 5%，考虑到这一点，应当承认墨西哥在该领域的大量出口是整个拉美的一个特例。然而即便如此，2007 年墨西哥对华出口中高技术商品占比仅接近 40%，而中国对墨出口的中高技术商品占比却超过 70%。前文已对这一差异进行了

———————

① 中高科技商品指《商品名称及编码协调制度》中 84 章—90 章中包含的商品。

详细分析，这也反映出双边贸易的结构差异。

最后将讨论一下墨西哥同中美两国贸易中的产业内贸易[①]。通过计算可以清晰地看出，1993 年—2016 年，墨西哥对美贸易经历了几个不同的阶段：1998 年产业内贸易指数达到最高水平，为 0.468。此后，该指数持续下降，2016 年降至 0.399。中墨间产业内贸易指数与美墨间指数的趋势不同，反映出中墨两国贸易与墨西哥同其他贸易伙伴间的贸易都具有实质性区别。中墨间产业内贸易指数仅在个别情况达到 0.1%，2016 年仅为 0.06%。这反映出，目前双边贸易主要为产业间贸易，即各生产环节间的整合度较低。

三、双边关系中的主要问题

接下来将对一些引起双方关系紧张的重点领域进行研究，从而探讨如何解决中墨贸易中存在的主要问题。其中一些领域并不直接涉及贸易，但也影响着经济运行。这些议题对于本文第四部分非常重要。在此重点挑选出 6 个领域，通过简要说明来理解其影响及同各双边经贸议题之间的关系。

1. 中国对墨直接投资规模小

2013 年，中墨双边关系提升至全面战略伙伴关系。在此新形势下，习近平主席和培尼亚·涅托总统均有意愿提升中国对墨投资。而另一个实际情况是，自 2013 年起至今，中国在墨直接投资既远低于其在墨投资潜力[②]，也低于中国在其他拉美国家的投资。根据墨方统计数据[③]，1999 年—

[①] 产业内贸易反映相应国家间的贸易整合度，通过《商品名称及编码协调制度》四位税则代码计算。如希进一步研究，可参考 Dussel Peters, Enrique（coord.）. 2016. *La relación México-China. Desempeño y propuestas para 2016-2018*. México：unam-Cechimex y MexCham。

[②] Dussel Peters, Enrique y Samuel Ortiz Velásquez. 2016. "El Tratado de Libre Comercio de América del Norte, ¿contribuye China a su integración o desintegración?", en Dussel Peters, Enrique（coord.）, *La nueva relación comercial de América Latina y el Caribe con China, ¿integración o desintegración regional*? México: Red alc-China, udual, unam-Cechimex, pp. 245-308.

[③] Secretaría de Economía（se）. 2017b. *Informe estadístico sobre el comportamiento de la inversión extranjera directa en México（enero-diciembre de 2016）*. México：se, Comisión Nacional de Inversiones Extranjeras.

2016 年，中国产业内贸易额达 4.85 亿美元，为同期对墨投资的 0.1%；根据中方统计数据①，2004 年—2014 年，中方对墨直接投资额为 4.10 亿美元，为其同期对外投资总额的 0.06%。近 5 年来，中国对墨直接投资总量低，且无增长趋势。此外，如果观察中国对拉美和加勒比地区及对墨西哥的投资情况②，可以看出目前中国企业对各国都需要一个相对较长且投入较大的学习过程，而中墨两国相关机构并未参与其中。然而，中国对墨直接投资，特别是在电气设备和汽车零部件—汽车行业，仍潜力巨大。③

2. **基础设施项目和经济特区**

中国已在全球范围开展了 1100 多个基础设施项目，其中 100 多个项目位于拉美和加勒比地区；即便如此，目前在墨项目仅有 3 个④：坎昆龙城项目（项目于 2007 年启动，于 2015 年取消）、墨西哥城—克雷塔罗高速铁路项目（2014 年 8 月发布开标信息，2015 年 1 月项目取消）和奇科森坝二期水电站项目（2015 年 1 月中国水电哥斯达黎加股份有限公司中标，自 2016 年 7 月至今，项目一直处于暂停状态）⑤。前两个项目的取消，特别是高铁项目的取消，极大影响了中墨双边关系。然而，尽管在基础设

---

① Ministerio de Comercio（Mofcom）. 2017. *China FTA Network.* China：Mofcom. http://fta.mofcom. gov.cn/topic/enpacific.shtml.（Consultado en abril de 2017）

② Dussel Peters，Enrique（coord.）. 2014b. *La inversión extranjera directa de China en América Latina：10 casos de estudio.* México, Red alc-China, udual y unam-Cechimex.

③ Dussel Peters，Enrique（coord.）. 2016. *La relación México-China. Desempeño y propuestas para 2016-2018.* México：unam-Cechimex y MexCham.

④ Dussel Peters，Enrique. 2017b. "Chinese infrastructure projects in México", a publicarse en Dussel Peters，Enrique y Ariel C. Armony（coords.），*Chinese infrastructure projects in Latin America.* México：Red alc-China, Universidad de Pittsburgh.

⑤ 如希就此进行详细讨论，可参考 Monitor de la Manufactura Mexicana. 2015. "¿Por qué no invierte China en México?", en *Monitor de la Manufactura Mexicana*, vol. 11, pp. 50-55；Dussel Peters，Enrique. 2017b. "Chinese infrastructure projects in México", a publicarse en Dussel Peters，Enrique y Ariel C. Armony（coords.），*Chinese infrastructure projects in Latin America.* México：Red alc-China, Universidad de Pittsburgh。

施领域双边合作并不成功，但中国仍有极大的可能参与到由墨西哥财政和公共信贷部与联邦经济特区发展管理局牵头的经济特区中（DOF，2016a；Zamora Torres，2016[1]）。拉萨罗卡尔德纳斯港是目前已建立的3个经济特区之一，由中国香港和记港口集团（该公司是目前全球最大的港口运营公司，自2004年起隶属于和记黄埔有限公司）负责经营。两国有望在该特区实施工业园和一些特定行业的合作项目。正如前文分析，中墨双边关系存在"新的复杂性"，基于这一点，这些基础设施项目的实施具有重要的战略意义。

3. 体量大且持续增长的墨西哥对华贸易赤字

本文已对这一问题进行了探讨，而这一情况也在墨西哥国内被大量分析和评论。墨西哥对华贸易赤字体量巨大，自2014年起已超过600亿美元。自2013年起，墨西哥对华出口乏力，这一点也十分重要，但这个问题在中墨两国都没有得到足够分析，因此还需要大量深入研究。正如前文所分析，墨西哥自华进口中，半制成品和资本品占比极高；这些商品从本质上讲是以扩大生产为目的的，对其再加工后可用于墨西哥国内消费或出口。然而，中国输墨的半制成品和资本品，按其最终目的分（国内市场或出口市场），各部分的占比情况尚无具体分析。

4. 部分产业存在紧张关系

近年来，在纺织原料和纺织制品、鞋类、玩具等轻工制造业和钢铁制造业等行业中墨双边贸易关系紧张。自2001年中国加入世贸组织以来，由于其在上述行业的产能不断扩张，墨西哥已在这些领域向世贸组织起诉中国，

---

[1] *Diario Oficial de la Federación*（*dof*）. 2016a. "Decreto por el que se expide la Ley Federal de Zonas Económicas Especiales y se adiciona un quinto párrafo al artículo 9 de la Ley General de Bienes Nacionales". México：*dof*, 1 de junio.；Zamora Torres, Abraham. 2016. "Oportunidades de inversión en México：infraestructura y ZEE", en Dussel Peters, Enrique（coord.）, *La relación México-China. Desempeño y propuestas para 2016-2018.* México：unam-Cechimex, MexiCham, pp. 49-55.

并对自华进口使用关税配额、保障措施等贸易救济措施。[①] 尽管中国政府已努力限制产能过剩情况及相应产品的对外和对墨出口，但在纺织原料和纺织制品及钢铁领域至今仍存在紧张关系。[②]

5. 现有双边机制存在不足

自 2004 年起，中墨两国已建立了一系列双边机制，中墨双边关系进入新的阶段。截至目前，两国已经建立的双边机制包括：中国—墨西哥混委会、中墨企业家高级别工作组、两国政府间高级经济工作组和高级投资工作组，此外还有两国政府、司法机构和政党等的代表团互访和会议。然而应当注意到，这些机制都难以为双边关系中的重要问题给出解决办法，在经贸领域亦是如此。[③] 自 2013 年起，两国关系升至全面战略伙伴关系。习近平主席和培尼亚·涅托总统在多次会晤中也表达了深化双边关系的意愿。唯有切实落实这一点，才能解决双边机制的问题。

6. 其他尚待解决的问题

2001 年，中国签订的入世议定书中包含了"十五年市场经济地位过渡期"这一条款，即过渡期后承认中国为"市场经济国家"。尽管中方反复要求墨方承认中国市场经济地位，两国还召开专项会议研究这一问题，但时

---

① Monitor de la Manufactura Mexicana. 2007. "Extinción de la Cláusula de Paz entre México y China en diciembre de 2007. ¿Inicio de una 'Guerra' o rendición anticipada?", en *Monitor de la Manufactura Mexicana*, vol. 3, núm. 6, pp. 44-49.; Grijalva, Amapola. 2007. "Los efectos de las incongruencias arancelarias en las relaciones comerciales México-Estados Unidos-China. Una propuesta alternativa a la política de protección", en Dussel Peters, Enrique y Yolanda Trápaga Delfín (coords.). *Hacia un diálogo entre México y China. Dos y tres décadas de cambios socioeconómicos.* México: unam-Cechimex, cicir, Fundación Friedrich Ebert y Senado de la República, pp. 392-415.; Yang, Zhimin. 2010. "Trade Frictions Facing China", Ciclo de Conferencias China-México. México: unam-Cechimex, 20 de octubre.

② Flores Ayala, Jesús. 2017. "La industria del acero en México y en China: condiciones y tensiones recientes", en Ciclo de Conferencias del Centro de Estudios China-México. México: unam-Facultad de Economía, 8 de marzo.

③ Agendasia, 2012; Oropeza Garcs. 2016.

至今日仍未就此达成协议。[①] 亚洲基础设施投资银行自 2016 年 1 月起投入运营，目前已有 70 个成员国。中方希望墨方加入亚洲基础设施投资银行，以便墨方使用其资金和各类金融工具，但截至目前墨方仍未就此予以答复。这些问题对于中墨双边关系都十分重要。

四、结论："一带一路"倡议下的中墨双边议程

中墨两国的国内、国际发展战略使双边经贸往来大幅增长成为可能，本文即以此战略出发展开分析。随后介绍了多项地区性机制和中墨双边机制，并探讨了两国在各经贸结构中切实落实各项双边机制的巨大潜能，此外还对 21 世纪经贸等领域的双边关系紧张等问题有所分析。这些机制都是筹划"面向中墨经贸协议的短中长期经贸议程"的基础。

本文第二部分具体分析了两国进出口贸易的主要结构、贸易情况和关税情况。该部分对以下内容进行了具体分析：两国在对方国不断增长的贸易份额、墨西哥对华出口表现出的相对集中性、墨西哥对华出口自 2013 年起的停滞、两国在中高技术领域贸易的不对等及墨西哥对自华进口商品征收关税税率相对较低。本文认为，通过谈判解决两国间贸易领域的各项问题完全具有可行性，并且对于两国而言都十分重要。对于不直接涉及经贸但对经贸产生影响的领域，在会谈中应当专门探讨。此外还应研究下列问题：中国在墨直接投资、中国在墨基础设施项目、有可能开展的经济特区项目及部分行业引发的双边经贸关系紧张等。

基于本文所做的分析，下面将为双边全面合作议程战略的设计提出一些必要的建议。切实落实 2013 年两国达成的"全面战略伙伴关系"也是上述

---

① Martínez Cortés, José Ignacio. 2016. "Acuerdo de asociación estratégica: institucionalización de la relación México-China", en Dussel Peters, Enrique (coord.), *La relación México-China. Desempeño y propuestas para 2016-2018.* México: México: unam-Cechimex, udual, Cámara de Comercio de México en China, pp. 80-84.

战略的起点。

首先，尽管中国在 2008 年、2016 年和中拉论坛期间提出了对一些对拉美和加勒比地区的战略，但中墨双方还应当注重落实中国提出的"一带一路"倡议，这就要求建立大量有深度的双边机制。目前在中墨关系上的探索还不够。

其次，应当组建一支由中墨两国政府官员、企业界代表和学术机构代表组成的工作组并定期召开会议，从而对现有双边机制提供支持。工作组应当分析近 5 年中墨两国提出的各项建议[①]，并通过现有双边机制获得资金支持以发挥其职能。工作组要确定短中长期需要处理的各项重点议题，所取得的成果将提交现有双边机制供其研究和落实。工作组应定期召开会议，解决过去 10 年来遇到的各种问题，如双边经贸领域出现的问题、世贸框架下的问题、奇科森坝二期水电站等项目的解决办法及贸易和外资统计问题等。此外，还应当探讨拉萨罗卡尔德纳斯港经济特区的发展潜力等问题，推动尽快签订中国市场准入高级议定书。[②]工作组的工作还应涉及贸易差额不平衡问题，通过贸易和投资消除两国贸易的技术差距，以农业、纺织原料和纺

---

① 目前已有一大批专门针对经贸方面的建议，如 Agendasia. 2012. Agenda estratégica México-China. Dirigido al C. presidente electo Enrique Peña Nieto. México：Agendasia.；Dussel Peters, Enrique（coord.）. 2016. La relación México-China. Desempeño y propuestas para 2016-2018. México：UNAM-Cechimex y MexCham.；Wu, Hongying. 2010. "Treinta años de relaciones de China y México como socios estratégicos：desarrollo económico y social", en Dussel Peters, Enrique y Yolanda Trápaga Delfín（eds.）. *Hacia un diálogo entre México y China. Dos y tres décadas de cambios socioeconómicos.* México：Senado de la República, cicir, unam-Cechimex, pp. 9-38；Yang, Zhimin. 2016. "México y China：condiciones y propuestas desde una perspectiva china". en Dussel Peters, Enrique（coord.）, *La relación México-China. Desempeño y propuestas para 2016-2018.* México：unam-Cechimex, MexiCham, pp. 38-48。数百位公共、私人和学术界人士参与了上述建议的编写，建议针对当前经贸方面和一些特定的问题及领域。

② Zapata, Roberto. 2016. "La relación económica México-China：desempeño y propuestas para 2016-2018", en Dussel Peters, Enrique（coord.）, *La relación México-China. Desempeño y propuestas para 2016-2018.* México：unam-Cechimex, udual, Cámara de Comercio de México en China, pp. 56-63。也希望墨西哥相关部门尽快承认中国市场经济地位并加入亚洲基础设施投资银行。

织品、鞋类、电气设备和汽车零部件—汽车等特定产业项目为基础，提高贸易整合度。

最后，中墨两国应以短中期取得的成就为基础，从长远角度出发，思考与 2013 年确定的"全面战略伙伴关系"相关的一些具体内容。拉美和加勒比国家共同体及亚太经合组织等区域性机制对于双边关系具有战略性作用，中墨两国应在这些机制中提出一些能够发挥区域效应的贸易协定。墨西哥如能加入亚洲基础设施投资银行和区域全面经济伙伴关系协定，将会切实释放长期战略意义，也有望实现中国在 2016 年末发布的对拉白皮书中提出的各项战略和机制。

第十一章 "一带一路"的智利机遇：吸引中国的投资

[智利] 奥斯瓦尔多·罗萨莱斯[*]

一、中国在国际舞台上扮演着重要角色

按美元不变价格或购买力平价能力计算，中国现在已经是世界上数一数二的经济体。它是世界第一大商品出口国、第一大制造国，同时拥有世界上最大的外汇储备。在世界十大银行中，5 家中国银行榜上有名。中国的经济实力毋庸置疑，它在诸如国际贸易、境外投资、国际金融以及当今的创新产业和知识产权等方面的主导能力都在不断增强。因此，中国与亚洲、非洲、拉美各国的发展也开始紧密相连。

如今，唐纳德·特朗普在西方世界制造种种混乱，以英国脱欧、法国"勒庞论调"为代表的民粹主义在欧洲抬头，而中国继续坚持开放的经济体系，以贸易协商寻求共赢，这具有非凡的意义。中国坚持区域全面经济伙伴关系协定（RCEP）磋商、积极推动亚太经济合作组织（APEC）自由贸易协定，这都是探索多边合作、扩大贸易投资的良好表现。

区域全面经济伙伴关系协定是由中国、日本、韩国、东盟十国、澳大利亚、印度、新西兰联合签署的一项贸易协定。如今，跨太平洋伙伴关系协定（TPP）计划不尽如人意，美国与欧盟之间的跨大西洋贸易与投资伙伴关系协定（TTIP）又遭冻结，区域全面经济伙伴关系协定遂成现存贸易协商大框

---

* 奥斯瓦尔多·罗萨莱斯（Osvaldo Rosales），系联合国拉美和加勒比经济委员会（CEPAL）国际贸易与一体化司前司长（2005—2015），智利外交部国际经济关系司前司长（2000—2004），是同美国、欧盟、韩国、中国自由贸易协定的首席谈判代表。

架中最雄心勃勃的一个。

毫无疑问，区域全面经济伙伴关系协定的确突出了亚太地区在国际经济贸易中的重要地位。因此，智利和太平洋联盟各国应该以此为准则，大力争取与亚太地区的合作。南方共同市场和太平洋联盟之间的合作有助于巩固拉美与亚太地区之间的联系，并能在互惠的基础上提供更多的投资贸易机会。

当今世界的经济秩序显然由西方世界主导，21世纪又带来了巨大的挑战。中国为了适应这些情况付出了巨大的努力，近年来成立的金砖国家银行和亚洲基础设施投资银行就是具体体现。更为重要的是，中国提出的"一带一路"倡议不仅仅是古丝绸之路的现代翻版，更是"合作—投资—贸易"三部曲的绝佳体现。事实上，即便"一带一路"不是自贸协定，以其在道路基建、铁路、航海方面的优惠政策，也足以为亚洲、欧洲、非洲多国间的贸易合作提供大量机会。总有一天，一系列新的贸易协定会证明这一点，如果能得到中国各大银行、金砖国家银行和亚洲基础设施投资银行等机构的资助，效果将更加明显。

面对欧美对国际贸易和对外投资的怀疑，中国正以各种积极手段逐渐改变全球贸易投资版图。面对这些足以改变世界经济状态的重大活动，智利，一个与中国、亚洲联系不断增强的开放经济体，绝不能置身事外。在这一点以及其他很多问题上，与中国建立更加深厚而审慎的关系是重中之重。为此，一方面，智利应采取积极行动，继续遵照并实施2018年1月在圣地亚哥举行的中国—拉美和加勒比国家共同体论坛第二届部长级会议上通过的各项协议；同时，向太平洋联盟成员及拉美其他国家强调这个问题的重要性。

区域全面经济伙伴关系协定、"一带一路"倡议、亚洲基础设施投资银行和金砖国家银行对智利意义重大。智利加入这些组织能够学习到宝贵的经验，从而应用到拉美一体化的进程中去。另外，2019年亚太经济合作组织峰会将在智利召开，贸易投资的全球管理、现存协议的转型及优化等问题都应该成为本次会议的重要议题。

二、中智关系的卓越发展

在中国外交史上，智利堪称拉美"第一之最"。智利是第一个与中华人民共和国建立外交关系的南美洲国家（1970），第一个支持中国加入世界贸易组织并为此商讨各自条款的拉美国家（1999），世界上第一个与中国商讨自由贸易协定的国家（2005）。严格来说，在 2003 年，中国内地分别与香港、澳门两个特别行政区进行磋商，签署《关于建立更紧密经贸关系的安排》。中国真正包含广泛内容的自由贸易协定是 2005 年与智利签署的①。此外，智利还是在贸易协商开始之前，第一个承认中国市场经济地位的拉美国家（2004），第一届中拉企业家高峰会举办地（圣地亚哥，2007），中国—拉美和加勒比国家共同体论坛第一个拉美举办地（圣地亚哥，2018）。

虽然智利与亚洲相距遥远，智利的经济总量从全球乃至地区角度来说都微乎其微，但中国高层领导人的频繁访问传递了特别的信息，反映了两国政治上的相互亲近，也说明了两国具有巨大的合作空间。我们应该有效利用这些可能的合作空间，制定中期战略规划，增加贸易、投资、技术、交流沟通等各方面的活动。对智利进行过访问的中国国家领导人包括：江泽民主席（2001）、胡锦涛主席（2004）、习近平副主席（2011）、温家宝总理（2012）、李克强总理（2015）和习近平主席（2016）。同时，智利领导人也对中国进行了国事访问：里卡多·拉戈斯总统（2001），米歇尔·巴切莱特总统（2008，2009，2014，2017）和塞巴斯蒂安·皮涅拉总

---

① 双方从 2003 年开始进行接触，2004 年开始进行可行性研究，笔者时任智利外交部国际经济关系司长，于 2004 年 8 月出访中国，与中方贸易部副部长进行磋商，共同对该可行性研究进行评估。双方都认为，该研究结果对双方都具有积极意义，并决定借在 2004 年 APEC 峰会胡锦涛主席访问智利的机会，双方在圣地亚哥开始进行协商。

统（2010）。

自2010年前后，中国就已经成为智利第一大贸易伙伴和第一大出口国。智利产品的25%出口到中国，两国经济发展紧密相连。通过中智频繁的贸易往来，我们发现了一个问题：其实智利向中国大量出口的产品并不多，只有数量巨大的铜及铜制品，占向中国出口贸易的3/4。铜制品和其他三四种商品占智利向中国出口产品的85%。显然，这绝非一个可持续的发展状态。所以，实现智利出口中国——我们的第一大出口国的商品多样化，是现阶段我们面临的一大挑战，也是促进智利经济发展、创新，增加就业，提高劳动者职业素质的一大关键。

考虑到中国与亚太其他国家的紧密联系，与亚太地区建立贸易关系成为智利国际格局和发展计划的重中之重。智利出口到中国大陆的商品占出口总量的26%，日本占9%，韩国占7%，中国台湾占2%。以上国家和地区总计占智利商品出口的44%，而美国与欧洲占智利出口总量的13%。两相比较，亚太地区的关键性不言而喻。

如果说，所有的中短期经济计划都显示，在未来几十年中，亚太地区具有巨大发展潜力，那么智利就必须采取更加积极的手段发展在这些地区的贸易和投资。在这些未来的经济政策中，强化与中国的关系无疑是我们的首要任务。中国经济和社会发展"十三五"规划（2016—2020）与2015年9月联合国大会通过的《2030年可持续发展议程》及17项可持续发展目标可谓异曲同工。因此，中拉合作就有路可走。比如，不论中国、智利还是整个拉美，面对各自不同的情况与关切，都急需使各自的出口商品多样化，尤其是智利需要解决近年来原材料依赖型出口贸易抬头的不良趋势。

中国、智利，包括整个拉美地区都需要在一个科技高速进步、产业价值链不断重组以及生产过程高度电子化的环境下平等地发展。这在生产、创新、基础设施建设、后勤管理、人力资源获取与培训等方面都给我们提出了巨大的挑战。因此，中拉合作中，我们需要面对的一大关键问题是，这种合作能为生产创新提供怎样的贡献，能够怎样推动自然资源产品加工及其产业链和相关制造服务等一系列环节的发展。只有解决了这个问题，拉美地区才能够实现出口商品多样化，提高科学技术水平。

在本文中，笔者对中方的政策探讨得更为全面；相比之下，对智利和拉美的论述不多，也没有透彻地叙述相关具体政策。但是，吸引中资，必须要放在拉美地区具体情况下谈才有意义。对华合作可以有效促进基础设施建设、后勤管理等方面的进步，促进区域内贸易往来，优化区域或次区域级产业链的管理。在这一进程中，智利更应该为整个地区做出贡献。为此，智利一方面应加强与太平洋联盟和南方共同市场的联系，另一方面应提高地区一体化程度，增进相互合作。智利与太平洋联盟和南方共同市场之间更加紧密的合作关系能够扩大拉美地区对华合作的优势，为中拉经济、贸易、科技等方面更深入地合作拓展空间。正在筹建的智利—中国海底光缆有望大大加强智利在中拉合作上的优势地位，智利将成为连接南美洲与中国之间大量贸易投资活动的桥梁。

三、推动中国在智利的投资

（一）充分利用"一带一路"倡议

"一带一路"倡议是世界经济发展的一大分水岭，美国媒体将"一带一路"比作二战后援助欧洲重建的马歇尔计划。但是，两者之间存在极大的差异：第一，"一带一路"倡议并不是战争的产物，而是通过提高公路、铁路、港口及相关领域（如交通和后勤管理）水平的基础设施一揽子投资政策，为世界经济最活跃的地区——亚太地区的发展注入新的活力。第二，"一带一路"倡议不仅加强了亚洲各国的经济贸易联系，更使中欧往来更加密切。第三，"一带一路"倡议有创新性的金融机构（亚洲基础设施投资银行）为投资提供保障。第四，在亚洲基础设施投资银行中有多个欧洲国家参股，大大提高了"一带一路"倡议的全球格局。第五，包括卡特彼勒（Caterpillar）在内的多家美国企业对"一带一路"倡议展示出极大兴趣，中国对产品需求的增加与中国经济实力的增长是成正比的。

毫无疑问，"一带一路"倡议是当今全球化进程中重要的经贸合作项目。当然，"一带一路"倡议不是像跨太平洋伙伴关系协定一样的自由贸易协议，但是，如果有人认为"一带一路"倡议最后不能像贸易协议一样为各方提供大量贸易投资机会，那就大错特错了。之所以这么说，是因为"一带一路"倡议包含对基础设施建设和财政金融方面的大量投资。只有在原本投资贸易受到抑制，自由贸易解除这种压制的情况下，自贸协议才能够催生大量的贸易投资机会。跨太平洋伙伴关系协定显然不属于这种情况，因为在多数成员国之间已经存在一系列协议。"一带一路"倡议不一样，这一倡议立足于基础设施建设投资，因此马上能够产生大量贸易机会。随着这些投资的逐渐落实，"一带一路"倡议所涉及国家间的贸易必将出现明显增长，这就会为这些国家签署商品、服务、投资和人员自由贸易协议提供基础。因此，"一带一路"转变了"一切来自投资贸易"的传统模式，相反，它通过其他途径，促进贸易增长。

事实上，只要在北京待一周以上，你就会明白什么叫全世界都在努力吸引中国投资。不管特朗普以及他的政治贸易顾问们放出什么样的话，由政府官员和银行机构陪同的美国访华企业家团从来没有停止过。2017年4月初，习近平主席和特朗普在美国西棕榈滩举行会晤，特朗普宣称"对华关系是十分重要的"。毫无疑问，这位美国总统和他的顾问们想必是发现了中国市场和"一带一路"倡议中潜藏的巨大商业机会。

（二）在吸引中国投资的竞争中把握主动

在加强与亚太地区联系的全球战略中，推动中国的海外投资绝不是一个孤立的问题，更不是某一个部门能够独立解决的。理由如下：

（1）世界各国都在寻找机会，吸引中国投资。

（2）许多国家的政府正为此投入大量精力与资源，其力度远远超过智利。

（3）中国国内投资机会很多。想要吸引中国到海外投资，就必须向中国投资者展现更大的吸引力。

（4）亚太地区文化一脉相承，这决定了中国初期对外投资大部分集中在这一地区，比如新加坡、马来西亚等地。除了与中国的紧密联系，这些地区本身经济也比较发达。

（5）"一带一路"倡议不仅是中国国有企业的行为指南，更意味着强有力的中国各大银行将为相关投资设立专门的基金。

基于以上分析，拉美想要吸引中国企业投资，就必须提供比以上 3 个投资机会（国内投资、亚太地区投资、"一带一路"地区投资）更高的收益与更小的风险。在吸引投资方面，别国并没有我们智利所谓的"平行政策""无差异政策"（智利不提供补贴，但是政府的确会给予生产性和科技类产品一些优先特权）。中国投资者对我们的这些政策还是不能理解，如今，"英特尔之痛"依然困扰着智利[1]。因此，只有展现精确的政府管控、对具体项目的大力扶持以及各部门的协调合作（各部委及其下属部门能够精诚合作、勠力同心），智利才能吸引中国投资。

除此之外，智利政府应该借助中国国家发展和改革委员会的良好布局，与我们感兴趣的行业中的中国企业高层人士广泛接触。比如，我认为智利生产促进委员会和电力部可以以智利北部"太阳能技术专区"为基础开展相关项目，研究相关费用、发展期限和预期目标。同时，在基础设施建设和锂产业上也大有可为。不止一家财富 500 强的中国大企业对建立锂技术工业园区

---

[1] 20 世纪 90 年代末，英特尔集团就半导体生产投资征询智利政府意愿。投资方希望能在税收和土地上得到优惠，然而智利政府则回应说本国采取"平行政策"，即所有投资方无差异，也没有任何补助。之后英特尔集团考察了其他许多国家，最终决定在能够提供多项优惠政策的哥斯达黎加投资。几年后，在英特尔的大力扶持下，哥斯达黎加的出口产品实现了极大的多样化，同时，英特尔的进驻也促进该国大学设立了多个新兴专业，并极大提高了从业人员的英文水平。反观智利，实际上并没有严格执行所谓的"平行政策"，因为在诸如林业、运输业和农业等多个行业中，依然存在着数量可观的补助和税务折扣。

很感兴趣。为此，我建议智利方面积极组织部长级会见，向中方表达我们的意愿，争取投资机会。而如果智利政府和企业能够制定一个长期项目方案，将锂产业和太阳能技术相互联系起来，肯定会产生更好的效果，因为我确信，中国政府和企业一定会非常看好这一领域。

智利能够提供多种多样的投资机会，但其中有两大领域能够更大限度地确保合作共赢。其一是能源、道路和电信服务等相关产业。在智利，该领域一般是由政府向私企招标，中标单位通过签订合约的形式提供该产业相关服务。这一模式为智利带来了极大的收益，尽管我们必须承认，许多外企并不理解，因为在其所在国该领域并不使用这种生产模式。正因如此，到目前为止很少有中国企业在智利的这一领域内投资。而这种局面正随着中国企业进军智利能源业以及参与智利首都圣地亚哥重要道路工程竞标而改变。为了吸引更多的中国企业来智利投资，我们必须加大宣传力度，优化宣传手段，向潜在的中国投资者详细介绍智利未来的招标活动和具体实施细节[①]。

其二，智利出现的一系列新兴产业也展现出极大的发展潜力。如太阳能发电及相关制造产业，矿业设备制造及科技，信息通信技术及全球集中服务，精加工食品和旅游业等。这些产业有极大的投资潜力，中方企业可以通过提供技术，获得自然资源、高质量的人力资源以及优先进入包括整个拉美地区在内的广阔市场的权利。

（三）用创新思想吸引中国投资

必须承认，在吸引中国海外投资的竞争中，智利已经被甩在了后面。正如我之前所说，中国国内有着巨大的投资机会，想要让中国企业跨出国门进行投资，我们必须提高自己的吸引力。

经济改革为投资开辟了新的方向。2015年中国政府发布的《中国制造

---

① 中国政府建议在中国组织宣讲会，详细介绍招投标的组织思路和行政手续，并且提出希望：最好能用中文进行讲解。

2025》受德国"工业 4.0"概念影响，在纺织品行业大力推进技术创新，转变廉价劳动力优势，将能源密集型产业转型为技术密集型产业，强调设计、质量的重要性，加强传统产业与现代新产业、新技术的联系，形成"中国制造"新的竞争力。随着《中国制造 2025》的推进，中国涌现出大量专利产品，赶超德国，跃居世界第二，与美国几乎不相上下。一方面，投资集中在已经成熟的传统工业的转型上，以期为新型工业开辟道路。在钢铁、铝、水泥、玻璃等行业的投入大大减少；另一方面，大量企业重组，各地区工人失业增多。当地政府面对企业停产所带来的政治、社会压力，积极寻找新的生产方式，解决工人就业问题。

这是一个非常重要的现象，因为中国地方政府有大量的资源、完整的体制，也有现成的企业愿意进行海外投资。虽然与中国相比，我们的经济规模和地区面积有限，但是有必要随时跟进中国产业转型的进度，吸引政府投入减少的传统产业转移到智利继续发展。换句话说，为了避免欧美的反倾销起诉，有一些中国企业需要停产或大量减产。但是这些企业可以转移到智利，到智利更有优势的地区继续发展。这样，作为在智利生产并且免关税的产品，这些商品可以被出口到任何一个与智利签署自由贸易协议的国家，并且这些产品产于智利，标准比中国更低，可以免受反倾销的困扰。也就是说，一部分在减产的中国产品可以转移到智利来，这样，国际附加值不受影响，但是却能够提高智利的生产、就业和技术附加值。

因此，我们面对的一大问题是如何与中国国家发展和改革委员会和已经与智利外资委签署谅解备忘录的全面与进步跨太平洋伙伴关系协定（CPTPP）进行沟通。同时，我们需要对中国需停产或减产的企业进行了解，并评估其转移到智利生产的可能性。此外，我们必须细化转移政策，如果没有中方技术人员或员工，投资则不可行。一个折中办法是拿出这种产业模式下在智利生产所获产值的一部分，用以支持在智利工作的中国工人回国一年之内再就业。我们可以与现在在圣地亚哥设有分行的中国建设银行协商，以获得投资。

（四）了解亚洲产业链，以推动贸易和吸引投资

亚太地区文化一脉相承，因此，初期中国对外投资基本集中在以新加坡、马来西亚为代表的亚洲国家及地区。除与中国紧密地联系之外，这些国家和地区本身经济活动也都非常活跃。此外，中国在日本、韩国的投资也非常多。

如果理解了这一点，那么我们设在亚太地区的贸易机构就必须改变活动策略。当然，每一个国家和地区都有其自身的特点和重要性，但是我们必须承认，中国企业作为大量产业价值链的组织者，才是帮助我们打开出口交易市场、推广智利品牌、吸引投资、复制相关产业结构的重点。所以，我们的贸易机构一定要在亚太地区事务中把与中国有关的活动作为工作重点，通过投资贸易网络寻找机会。举个例子，想要接触到一个有资质的中国投资人，从他在韩国或者马来西亚的活动入手，可能不失为一条捷径。

这就要求智利驻亚太地区各机构，乃至驻各国大使领馆之间通力合作，协调管理，定期召开电话会议，召开月度会议，交流活动与未来计划，开展跨国大项目（可以包含多个亚洲国家）。这些都是可行的好办法。如果中国投资人或投资机构感受到我方更加系统的新组织形式，我们获得中方投资机会的可能性会大大增加。

（五）推介吸引外资和授权的优惠政策

智利的外资政策与其他国家不同，所以中方向来很难理解智利所谓的"平行政策"和"无差别政策"。在智利，外资没有补贴，但是对于生产和技术型投资，政府的确会给予优惠政策。

因此，接下来我们必须详细向中国企业介绍智利投资政策和基建许可。召开宣讲会、制作介绍材料是非常有必要的，如果能用英文或中文，那是最好的。然而，目前业内竞争激烈，同时也应该考虑到，中方走出亚太地区，甚至走出国门在海外投资面临着很大的风险和费用问题，如此，宣讲会和宣

传材料是远远不够的。智利政商各方必须团结合作，向中国投资方拿出详细的投资方案，如果能够做好投资前期分析，拿出与当地企业合作的方案，那就再好不过了。

资产和储蓄量在全世界名列前茅的中国建设银行在圣地亚哥设有分行，我们对这一便利条件理应合理利用。但是智利政界和商界的精英们却完全忽视了智利的这一大优势，相比起欧美的银行，他们完全低估了中国建设银行的专业性和巨大潜力。中国建设银行现在已经进驻欧美，大量开展商业活动。因此，智利政府和企业领导人继续加强与中国建设银行的接洽，建立良好关系，这与亚洲国家同西方银行加强往来是一个道理。智利应该加强与中国建设银行的联络，了解该行的业务、目标、公务流程、其最大的关切以及中国建设银行总行安排他们的任务。由此，寻找能够实现双赢目标的业务，提高中国建设银行总行对圣地亚哥分行的重视程度。

（六）出访中国：在形式和内容上进行创新

我们的企业家必须面对现实，接受中国越来越大的影响力，承认中国的技术水平，习惯用人民币结算，使用中文制作宣传材料。招商引资访华团随行成员必须既有"公"又有"私"，政商结合，而且数量一定要保证。首先派出一个纯商务的企业家代表团，之后再由部长带领官员举办所谓"智利周"这样的安排并没有什么意义，这种模式性价比太低，组织起来既复杂又昂贵。如果不能把政商两界有效地统筹起来，是无法取得显著效果的。为达到这一标准，智利外资委可以对相关产业前 10 强、与中国国家开发银行和中国进出口银行中拉合作基金有业务往来的企业进行访谈。如果访华团中能有财政部官员，或者央行的金融信贷专家，那么效果会更好。

除此之外，我们必须转变访华思路。现阶段我们已经非常明确地向中方表明，智利拥有稳定的经济、开放的体系，依照各种国际指数评估，智利都取得了良好的成绩。中国政府和大企业对这一点也已经非常了解，所以，我们现在需要做的是拿出具体的方案，详细介绍投资机会，最好能够做投资前期研究。现在，全世界都在积极吸引中资，竞争十分激烈。目前我们必须克服摆在眼前的困难。如果智利企业家希望在国际化进程中再进一步，那么从现在开始就必须习惯与中方合作，成立合资企业。

实际上，智利具有许多非常有开发空间的巨大优势。比如，中国建设银行在圣地亚哥设有分行，双方央行之间有"清分"协议，可以直接用人民币交易，这样，我们就有得天独厚的优势，吸引中国企业在智利设立区域总部，随后将其分部延伸至整个拉美地区。因此，连接两国的海底光缆至关重要。"中国建设银行智利分行 + 货币兑换协议 + 央行间清分协议"一揽子计划，为人民币国际化的区域金融建设开辟了空间。当然，这个计划不能一蹴而就，还有很多工作要做。但是，我认为现在我们就可以开始这项工作，对具体步骤进行评估，这对我们是大有裨益的。

（七）制定吸引中国投资战略的必要性

1. 要利用好智利外资委驻上海办公室

即将在上海成立的智利外资委分部将会对吸引中国投资的政策蓝图发挥极大的助力作用。智利外资委与中国政府的不断接触将为智利吸引中国海外投资提供包括计划、产业和利益等方面的重要信息。此外，智利外资委也表达了将会不断接洽各行业前 10 强企业的良好意愿。

如果能效仿哥伦比亚、哥斯达黎加和秘鲁的先例，通过有效协调，把智利外资委与商务专员的工作紧密结合，必将会产生更好的效果。智利外资委的任务是不断传递政策、机构设置、许可、规定和投资项目等方面的最新信息。

一个有趣的问题是，中国对外投资往往与香港有着密不可分的联系。所以，智利外资委设在上海的分部也需要开辟新途径，关注通过香港进行的中国对外投资。因此，智利外资委需要与内阁和财政部进行沟通，同时，要在工作团队中安排投资金融方面的专业人士。

2. 加强吸引中国投资的战略协调

提出进军亚太地区这项战略，我们需要解决的第一个问题就是像澳大利亚和新西兰所做的那样，认真思考我们是否真的需要这么做。第二个问题是，我们能否比中国——我们的出口目的国更有能力应对它经济体系中的缺陷。如果我们不能清楚明白、高屋建瓴地解决这几个问题，其他事情不过是一盘散沙，最终沦为空想。

吸引中国投资的战略，需要我们明确目标、期限、物力和人力投入。这个计划绝不可能一蹴而就，但我们现在就需要着手准备。为此，我提议组织智利—亚太地区间最高层政商界圆桌会议。我建议会议就在总统府举行，邀请总统和部长参加。在会议中，学术机构、公司高层和政府官员进行磋商，制定明确的优先权利，推动智利与中国、东盟、区域全面经济伙伴关系等其他组织的双边关系。同时，2019年亚太经济合作组织峰会将在智利举行，借此圆桌会议也应尽快明确智利的关切。

这将是一个决定我们未来几十年发展的重要战略决策。毫不夸张地说，吸引中国投资能让我们提升自己的能力，改变依靠自然资源的"食利"状态，开辟创新生产的道路，毕竟，这才是通向发展的不二法门。

当政策需要转向，无论是政府，还是政商两界的参与者，都应该直接对接、互相协调，这是至关重要的。政府部门和下属机构之间的协调是确定优先权、为共同目标分配资源和政治能量的关键。这种协调需要通过智利与中国之间不断对话和合作来实现。在实施计划之前，智利内部应该首先协调好，因为每一次的部长级访问都是在向中方传递一个信息：中国在智利享有优先权。这一定能赢得中方的好感。

（八）探索中智合作的空间

正如我在本文中阐释的，智利和中国之间有着极大的合作空间，特别是在以下领域：

（1）向智利引进更多的中国投资。提高投资数量，引进基础设施建设、制造业、服务业和新兴科技产业，提升投资多样化程度。

（2）争取中国支持智利出口商品的多样化。

（3）积极组织贸易对话。比如有中国参与的新跨太平洋伙伴关系协定、区域全面经济伙伴关系。

（4）通过一系列计划和项目优化对华关系，并借此实现与太平洋联盟和南方共同市场的一体化。

（5）智利促进生产委员会和能源部应该在"太阳能技术专区"的基础上继续在该领域进行拓展，以及推进基础设施建设方面的项目，明确投资、期限和预期结果。基础设施建设方面同理。

（6）锂制品行业的重要地位。不止一家中国财富500强企业对建设锂制品工业园区表示出极大的兴趣。为达成这个目标，就要安排智利促进生产委员会、智利外资委和能源部人员组团出访北京，接洽在锂制品和太阳能领域的合作。

（7）伊基克 Zofri 区工业园。

（8）积极参与人民币国际化进程。

（9）积极参与亚洲基础设施投资银行（AIIB）的活动。该行曾明确表示要在拉美投资有利于亚洲的项目。所以，拉美区域内各国之间以及拉美与亚洲之间的各种联系（无论实体还是虚拟）显然都能够满足这一要求。

（10）跨太平洋海底光缆。海底越洋光缆覆盖整个亚洲，包括中国电信、中国移动、谷歌、新加坡电信、日本 KDDI 集团和马来西亚环球通信公司在内的企业纷纷参与，足以表明此项目规模之大。该项目框架宏大，吸引多国参与，有着重要的经济反响。智利也应鼓起勇气，参加到这样的全球大项目中去。不论是大型企业，还是以美洲开发银行和中国各大银行为代表的银行机构，都会为该项目提供源源不断的资金支持。

在智利吸引中资的战略中，全局观至关重要。要用全面的眼光看待每个问题，促进拉美国家一体化，尤其是 ABC 三国，即阿根廷、巴西和智利之间、太平洋联盟和南方共同市场之间的合作。

这就是目前为了吸引中国投资我们需要做到的。当中方投资者看到，在智利有着准确的政府管理、具体的商业项目、有力的政府间调控、各部委及其附属机构勠力同心、齐头并进时，中国的投资，尤其是在铜、锂、能源、基建和通信等领域，就会源源不断地到来。

四、结论："一带一路"与 2018 年—2030 年的中智和中拉合作

"一带一路"的基本框架建立在深化中国与其他亚欧非国家的经济贸易往来之上，但是，这一倡议也为中拉之间开展合作开辟了广阔空间。"一带一路"倡议的基本目标是推动中国对外投资，加强中国与其他亚欧国家经济一体化程度。因此，据 2018 年 1 月西班牙对外银行（BBVA）题为"'一带一路'将为拉美带来什么？"的调查显示，"一带一路"倡议目前已覆盖了70 余个亚洲、非洲、中东、大洋洲和欧洲国家，占世界经济总量的 33%、世界总人口的 68%、外国直接投资的 1/4。

不管从哪一方面，我们都可以肯定地说，"一带一路"倡议是目前世界上首屈一指的经济合作项目。此外，"一带一路"倡议还着力于推动投资。在中国银行、金砖国家银行以及亚洲基础设施投资银行的支持下，"一带一路"倡议显然也是一项强有力的贸易合作项目：一方面，投资基础设施建设必然需要大量的材料、设备和机械；另一方面，项目一旦投入使用便会大大促进交通物流的发展，因此，"一带一路"对贸易的促进力度之大，恐怕是许多贸易协议都难以望其项背的。

很有可能，在不远的将来，"一带一路"投资建设的基础设施项目投入使用之后催生的大量贸易活动，也会大大促进更多贸易协定的签署。通过这些协定，很有可能我们不仅能够免除关税，甚至还能取消其他非关税壁垒，将各种不同规定有效整合，减少其对货物贸易和投资服务的影响。

那么问题来了，拉美与中国远隔重洋，"一带一路"倡议究竟能给拉美带来些什么呢？我们必须坚定不移地相信，山海不为远，遥远的地理距离从

来没有阻挡中国在拉美如火如荼的商业活动。笔者与中国政府官员保持着密切的联络，通过与他们的交流，笔者可以得出结论："一带一路"倡议向拉美敞开大门，同时，亚洲基础设施投资银行不仅欢迎基建投资项目，更愿意大力支持一切有利于拉美与亚洲之间贸易往来的活动。

因此，如果想在以下方面进行突破，拉美各国可以着重考虑"一带一路"倡议：

（1）能够刺激拉美对华、对亚洲贸易，优化基建、物流、交通条件，推动区域间经贸往来的基建投资项目。

（2）光纤电子通信方面的投资，能够促进电子贸易、电子支付，减除烦琐冗余手续，促进"无纸化"贸易、加强公众参与度的电信合作项目。

（3）增加在经济特区的投资，以提高资本、服务和投资的协同性，增强出口多样性，促进技术创新发展。

在这些方面，亚洲国家尤其是参与"一带一路"倡议的国家，有许多宝贵经验值得我们拉美国家学习。当然，借鉴经验绝不是无视拉美自身的特点，简单盲目地复制亚洲国家的道路。无论于"公"于"私"、于企业还是于创新系统，我们都要以一个开放的姿态去吸取他人的经验，转化成适应拉美自身特点的新方法，为我们所用。在开放的经济体系中，我们更要加大生产创新力度，把资源和知识结合起来，争取在自然资源相关产业链上取得更加重要的地位。

2015年5月，李克强总理在拉丁美洲和加勒比经济委员会总部圣地亚哥提出了中拉合作战略新部署，拟定"3×3"模式，以推动区域生产能力，促进中拉在物流、基建、能源和信息技术等方面的交流。"3×3"新模式的目标是：满足这三大方面的区域需求，加强企业、团体和政府间的合作，提高三大金融渠道的作用（基金、信贷、保险）。

"3×3"模式可以说是"一带一路"倡议在拉美的一个变体。为了让这一模式更好地为我们服务，满足我们的要求，拉美各国应加强一体化进程，将对华经济活动摆到更加优先的位置上。只有这样，中拉合作才能够达到新的高度，并且有利于以下 4 个方面：提高拉美出口中国商品的多样化程度；提高中国在拉美投资项目的数量及多样化程度；促进基建项目投资，并借此促进拉美与亚洲的贸易往来及区域内各国的经济合作，大力开发有利于区域产业链管理的新途径；拓展拉美加入人民币国际化进程的新途径，参与人民币国际化能推动拉美出口和投资的多样化，也能加强中拉间的经济联系，提高中拉贸易往来的质量。这是拉美各国都将面对的一大挑战。

第十二章 "一带一路"在秘鲁：
促进南美洲基础设施一体化

[秘鲁] 罗萨里奥·圣加德亚[*]

一、导言

本文将从促进南美洲基础设施一体化和提升在亚太竞争力的战略视角出发，分析秘鲁应如何与中国的"一带一路"倡议进行衔接。这种研究视角的合理之处在于，"一带一路"倡议与南美洲基础设施一体化倡议（IIRSA）在部分理念上存在重要的契合。后者由南美洲国家多位总统于 2000 年提出，并在 2010 年后成为南美洲国家联盟（UNASUR）下设机构南美洲基础设施和计划委员会（COSIPLAN）的技术论坛。

本文将首先对中国"一带一路"倡议的内容与核心理念进行解析，然后介绍南美洲基础设施一体化倡议的关注焦点，并力图通过比较的视野寻找两大倡议在多大程度上相互契合。

"一带一路"延伸到南美洲的美好愿景可以通过建立一条跨太平洋的"21 世纪海上丝绸之路"来实现，而秘鲁在此过程中将发挥重要作用。秘

* 罗萨里奥·圣加德亚（Rosario Santa Gadea），法国巴黎第十大学国际经济学博士，秘鲁太平洋大学中国与亚太研究中心主任，大学研究中心经济、贸易与国际关系项目负责人。感谢秘鲁太平洋大学中国与亚太研究中心助理莱奥利诺·雷森德（Leolino Rezende）和大学研究中心经济、贸易和国际关系项目助理加布里埃尔·阿列塔（Gabriel Arrieta）对本项研究的辛勤付出。雷森德对第五部分有关跨洋铁路的内容做出了杰出贡献；阿列塔主要参与了第二部分关于"一带一路"倡议方面的研究。两位助理还在本研究的准备阶段参与了其他支持性工作。同时感谢上海国际问题研究院国际战略研究所所长助理，美洲研究中心副主任、副研究员牛海彬博士对"一带一路"倡议相关内容提出的看法以及对本研究初步设计的建议。

鲁位于南美洲太平洋沿岸的中心，地理上的优势能使其成为连接南美与亚洲之间国际贸易的支点。与此同时，南美洲基础设施和计划委员会提出的"一体化和发展轴心"（EID）则是亚洲—南美跨太平洋海上直航必要的补充。因此，"一带一路"延伸到拉美也将重启南美洲基础设施一体化议题。

为揭示"一带一路"倡议与南美洲基础设施一体化的合作潜力及其在实践中面临的难题，本文将以中国参与建设的巴西—秘鲁两洋铁路项目为例进行分析。另一方面，新的发展机遇还包括建设一条连接中国和拉美地区的跨太平洋海底光缆。对此，许多拉美国家都表示有意愿成为南太平洋一侧的连接点，而秘鲁也应研究自身的可能性。本文还将简要介绍秘鲁在改善与中国空中连接方面的兴趣。

文章的最后一部分将总结中秘两国关系在"一带一路"倡议各重点合作领域所取得的重大进展。本文认为，最近建立的中秘关系中长期战略规划有必要将"一带一路"延伸到秘鲁纳入长期思考，以秘鲁为切入点，进而推动倡议延伸到整个南美地区。

二、"一带一路"倡议：焦点与核心理念

2013 年，习近平主席对哈萨克斯坦和印度尼西亚先后进行了国事访问，其间首次提出基于古代中国与中亚、欧洲和非洲之间的商贸路线，共建"丝绸之路经济带"和"21 世纪海上丝绸之路"（简称"一带一路"）的倡议。

这项新的倡议不仅意在重新利用古代商道来扩大中国与贸易伙伴之间的合作，同时根据埃塔尔和冈萨雷斯的说法，这是"一项基于两条路径来扩大贸易和投资的发展计划：'丝绸之路经济带'由一系列经济走廊构成，通过中亚和中东将中国与欧洲连接起来；'21 世纪海上丝绸之路'则是海上航线的集群，通过穿越印度洋、太平洋以及部分非洲海岸，将中国沿海地区与地

中海相连。"①

2015 年 3 月，中国国家发展和改革委员会、外交部和商务部联合发布了《推动共建丝绸之路经济带和 21 世纪海上丝绸之路的愿景与行动》，为"一带一路"倡议描绘了未来的发展蓝图。②2017 年 5 月 14 日—15 日在北京举办的第一届"一带一路"国际合作高峰论坛是"一带一路"倡议发展的一座里程碑。29 位外国元首、政府首脑及多位政府官员、国际组织官方代表共同出席了高峰论坛。③目前，已有来自不同大洲的 70 个国家加入了"一带一路"倡议。④

阿米尼认为⑤，"一带一路"作为一个综合框架，能帮助中国的内政和外交政策取得令人满意的结果。这些政策是近年来中国领导人在"十三五"规划和中共十九大中提出的。2016 年 3 月公布的"十三五"规划纲要明确了中国 2016 年—2020 年的经济社会发展政策。关于"一带一路"倡议，规划指出：中国与"一带一路"沿线国家应在互利共赢基础上开展广泛的合作，推动各国发展规划、技术标准体系对接。此外，要通过加强多式联运和基础设施网络建设，促进亚洲内部以及亚洲、欧洲和非洲之间的互联互通；积极推进海上战略支点建设，发展共建临港产业集聚区，确保海上路

---

① Erthal, Adriana, y Ariel Gonzalez. "Trans-Regional Cooperation in a Multipolar World: How is the Belt and Road Initiative Relevant to Latin America?" *LSE Global South Unit Working Paper Series*, N° 1/2018. Londres: London School of Economics and Political Science, 2018.

② NDRC, MFA y MOFCOM. *Vision and Actions on Jointly Building Silk Road Economic Belt and 21st-Century Maritime Silk Road*. Beijing: 2015. https://eng.yidaiyilu.gov.cn/qwyw/qwfb/1084.htm.

③ Xinhuanet. "(Franja y Ruta) Líderes mundiales se oponen a toda forma de proteccionismo." 15 de mayo, 2017. http://spanish.xinhuanet.com/2017-05/16/c_136286461.htm.

④ Belt and Road Portal. "Profiles." Última modificación noviembre de 2017. https://eng.yidaiyilu.gov.cn/info/iList.jsp?cat_id=10076&cur_page=1.

⑤ Amighini, Alessia. "Towards a New Geography of Trade?" En *China's Belt and Road: a Game Change?*, ed. Alessia Amighini, pp. 121-139. Milán: Italian Institute for International Political Studies (ISPI), 2017.

线的更好运作。[①]

2017 年 10 月召开的中国共产党第十九次全国代表大会也阐明，"一带一路"倡议将有助于实现中国国内的均衡发展，通过东部海上连接点和西部陆上连接点提高对外开放水平。互联互通将为国际合作提供新平台，有助于创造发展新动力。[②]

（一）"一带一路"与经济走廊

"一带一路"倡议包括 3 条陆路和两条海路。结合地理因素，倡议规划建设六大经济合作走廊，分别为：（1）新亚欧大陆桥经济走廊；（2）中蒙俄经济走廊；（3）中国—中亚—西亚经济走廊；（4）中国—中南半岛经济走廊；（5）中巴经济走廊；（6）孟中印缅经济走廊。

经济走廊的 6 种互通方式——铁路、公路、海上交通、空中交通、石油和天然气管道以及空间信息网络，是"基础设施互联互通的主要内容"[③]。然而，基础设施并不是经济走廊建设的唯一支柱。以中巴经济走廊为例，除基础设施建设外，合作互通还包括能源开发、农业和农田灌溉项目、信息技术和通信业发展，以及工业园区和自由贸易区建设。[④]

概括而言，"一带一路"倡议提出了 5 项合作重点：（1）政策对接，包括构建政策协调机制，共同制定符合各国发展的政策和战略；（2）通过基础设

① Niu, Haibin. "Belt and Road Initiative: Definition, Evolution and Implications." PowerPoint presentado en reunión con el Centro de Estudios sobre China y Asia-Pacífico, Universidad del Pacífico, Lima, 24 de noviembre de 2017.

② Niu, Haibin. "Belt and Road Initiative: Definition, Evolution and Implications." PowerPoint presentado en reunión con el Centro de Estudios sobre China y Asia-Pacífico, Universidad del Pacífico, Lima, 24 de noviembre de 2017.

③ Oficina del Grupo Dirigente de Fomento de la Construcción de la Franja y la Ruta. *Construcción conjunta de "la Franja y la Ruta": Concepto, Práctica y Contribución de China.* Beijing: Ediciones en Lenguas Extranjeras, 2017, p. 11.

④ Niu, Haibin. "Belt and Road Initiative: Definition, Evolution and Implications." PowerPoint presentado en reunión con el Centro de Estudios sobre China y Asia-Pacífico, Universidad del Pacífico, Lima, 24 de noviembre de 2017.

施建设促进互联互通；（3）贸易自由化，包括贸易便利化和建立自由贸易区；（4）金融一体化，扩大人民币的使用范围，鼓励银行和基金更多地参与资助项目[1]；（5）通过文化和学术交流、媒体合作、发展旅游等方式促进民心相通[2]。

（二）内部逻辑和外部逻辑

在内部逻辑层面，"一带一路"倡议旨在提高中国内陆地区（欠发达地区）与周边经济体的一体化程度，从而缩小其与沿海地区之间的经济增长和发展差距。[3]当前，全球经济复苏乏力，内陆地区发展需要新的战略动力。[4]另一方面，"一带一路"建设能推动国内运输成本的降低，从而扩大内需。中国目前的物流成本尚高于世界平均水平。[5]

从外部逻辑来看，首先，"一带一路"倡议能为中国产品开拓海外新市场。这不仅指商品出口，还包括对外出口本国在运输、基础设施、钢铁和水泥等行业的过剩产能。[6]其次，该倡议有助于建立区域生产链，中国则能成为其中的"先进制造业和创新中心，制定新的标准"[7]。另外，值得强调的是，"一带一路"倡议是中国提升其世界领导力、强化与邻国关系的大战略。因此从这一层面看，"一带一路"可以被视作促进全球化的典范[8]。

---

[1] Entre ellos se puede destacar el AIIB, el Fondo de la Ruta de la Seda, los bancos de desarrollo chinos（Eximbank y el Banco de Desarrollo de China），así como los bancos comerciales de dicho país.

[2] NDRC, MFA y MOFCOM, *Visions and Actions*, 2015.

[3] Cai, Peter. *Understanding China's Belt and Road Initiative*. Sydney: Lowy Institute for International Policy, 2017.

[4] Niu, Haibin. "Belt and Road Initiative: Definition, Evolution and Implications." PowerPoint presentado en reunión con el Centro de Estudios sobre China y Asia-Pacífico, Universidad del Pacífico, Lima, 24 de noviembre de 2017.

[5] Amighini, "Towards a New Geography of Trade?", 2017.

[6] Amighini, "Towards a New Geography of Trade?", 2017.

[7] Cai, Peter. *Understanding China's Belt and Road Initiative*. Sydney: Lowy Institute for International Policy, 2017. p. 5.

[8] Niu, Haibin. "Belt and Road Initiative: Definition, Evolution and Implications." PowerPoint presentado en reunión con el Centro de Estudios sobre China y Asia-Pacífico, Universidad del Pacífico, Lima, 24 de noviembre de 2017.

（三）"一带一路"延伸到拉美

尽管发展和加强中国与中亚、欧洲及非洲的关系是"一带一路"倡议的侧重点，但它已成为向所有国家开放的全球进程。习近平主席在"一带一路"国际合作高峰论坛上首次向美洲大陆发出明确邀请[①]，而许多拉美国家代表都参加了此次活动，其中就包括智利和阿根廷两国的总统。秘鲁的官方代表是外贸与旅游部部长爱德华多·费雷罗斯，这也反映出拉美国家对"一带一路"倡议的兴趣。

2017年11月，巴拿马总统胡安·卡洛斯·巴雷拉对中国进行国事访问，其间两国政府签署了《关于共同推进丝绸之路经济带和21世纪海上丝绸之路建设的谅解备忘录》[②]。值得注意的是，根据"中国一带一路网"的相关信息，巴拿马是第一个同中国签署共建"一带一路"合作文件的拉美国家。[③]

另一方面，亚洲基础设施投资银行（以下简称"亚投行"）已接受拉美7国的入行申请（阿根廷、玻利维亚、巴西、智利、厄瓜多尔、秘鲁和委内瑞拉），这些国家被列为"潜在新成员"（AIIB，2018）。[④] 就秘鲁而言，2016年9月秘鲁时任总统佩德罗·巴勃罗·库琴斯基访问中国时承诺将加入该银行。同月28日，秘鲁正式向亚投行提交申请并于2017年3月23

[①] Xi, Jinping. "Work Together to Build the Silk Road Economic Belt and The 21st Century Maritime Silk Road". Discurso en la ceremonia de apertura del Belt and Road Forum for International Cooperation. Xinhuanet，14 de mayo de 2017. http://www.xinhuanet.com/english/2017-05/14/c_136282982.htm.

[②] Ministerio de Relaciones Exteriores de Panamá（MIRE）. "Resumen de Acuerdos firmados entre Panamá y China". Consultado en 17 de enero de 2018. http://www.mire.gob.pa/images/PDF/resumen_de_aceurdos.pdf.

[③] 截止到2018年6月，先后有5个拉美国家同中国签署了共建"一带一路"合作文件，分别是：巴拿马（2017年11月）、特立尼达和多巴哥（2018年5月）、苏里南（2018年5月）、安提瓜和巴布达（2018年6月）、玻利维亚（2018年6月）。

[④] "潜在新成员"对应尚未向亚投行缴纳完准入存款的成员国（AIIB，2017）。但巴西情况比较特殊，被列为意向创始成员国。

日获准加入[①]。

此外，中国—拉美和加勒比国家共同体（CELAC，以下简称"拉共体"）论坛第二届部长级会议于 2018 年 1 月 21 日—22 日在智利圣地亚哥举行。会议通过了《关于"一带一路"倡议的特别声明》，其中中国再次向拉共体国家发出邀请，并指出"拉美和加勒比国家是海上丝绸之路的自然延伸和'一带一路'国际合作不可或缺的参与方"。拉共体成员同样表示，欢迎和支持这一倡议，并有意愿深化与中国在经济、贸易、投资、文化、旅游等领域的合作。[②]

鉴于上述情况以及中拉关系的发展演变，双方还同意制定《中国与拉共体成员国优先领域合作共同行动计划（2019—2021）》，旨在加强中拉多领域合作，其中就包括上述"一带一路"倡议 5 项合作重点。[③]

（四）"一带一路"与南美洲基础设施一体化焦点契合？

作为"一带一路"国际合作高峰论坛的成果文件，《"一带一路"国际合作高峰论坛圆桌峰会联合公报》（以下简称《联合公报》）中明确表示，倡议同样欢迎亚欧之外的其他地区。《联合公报》第六条中还指出，南美洲基础设施一体化倡议（以下简称"一体化倡议"）作为"推进互联互通和可持续发展"的合作框架和倡议之一，能够与"一带一路"倡议进行"沟通协调"[④]。

① Novak, Fabian y Sandra Namihas. *La Inserción de China en ALC y el Perú. Su Impacto en la Relación con la UE.* Lima：Instituto de Estudios Internacionales - Pontificia Universidad Católica del Perú y Konrad Adenauer Stiftung，2017.

② Declaración Especial de Santiago de la II Reunión Ministerial del Foro CELAC-China sobre la Iniciativa de La Franja y la Ruta. Foro CELAC-China. 22 de enero de 2018. https://minrel.gob.cl/minrel/site/artic/20180122/asocfile/20180122175940/declaracio__n_de_santiago__ii_foro_celac_china_vf_22_01_2018.pdf.

③ Plan de Acción Conjunto de Cooperación en Áreas Prioritarias CELAC-China（2019-2021）. Foro CELAC-China. 22 de enero de 2018. http://www.itamaraty.gov.br/images/2ForoCelacChina/Plan-de-Accin-II-Foro-CELAC-China-VF-22-01-2018.pdf.

④ Joint Communique. Leaders Roundtable of the Belt and Road Forum for International Cooperation. 15 de mayo de 2017. https://eng.yidaiyilu.gov.cn/zchj/qwfb/13694.htm.

正如下文第三部分将阐述的，"一体化倡议"的聚焦点与核心理念都与中国的"一带一路"倡议相一致。在 21 世纪的头 10 年（2000 年—2010 年），南美洲基础设施一体化发展是在"一体化倡议"框架下开展的。此后就交由南美洲基础设施和计划委员会（以下简称"委员会"）负责，"一体化倡议"成为其技术论坛。在新框架下，基础设施一体化战略得到持续发展，并已制定未来 10 年（2012 年—2022 年）的计划。[①]

应当指出，"一带一路"倡议比"一体化倡议"的内容更广泛。虽然两者都有强大的区域根基并着眼于互联互通，以之作为发展原动力，但中国的倡议涉及面更广，例如还包括加强政策沟通、促进资金融通等内容。此外，尽管互联互通有利于贸易往来，但有关贸易自由化的议程并非"一体化倡议"的内容；而"一带一路"倡议则把贸易畅通作为五大合作重点之一。因而，后者更接近一个全面的经济一体化计划。

基础设施一体化同时也重塑了南美洲区域一体化的聚焦点，使其将发展目光从部门扩大到区域，通过投资交通运输、能源和通信等领域的"一体化基础设施"，以此作为引导区域发展的关键力量，实现区域的互联互通。在这一焦点上，"一体化倡议"和"一带一路"倡议有重要的契合。而这种契合必将成为推动中国和南美以及中国和秘鲁之间产生新合作议程的基石。

三、区域一体化新焦点：南美洲基础设施一体化

基础设施一体化作为南美洲区域一体化的新焦点，将一体化的核心议题从消除贸易壁垒转向了基础设施建设和区域互联互通。这并非给一体化添加一项新内容（一体化还包括许多方面），而是来源于区域解决当前发展问题和参与国际事务的内在需求。南美洲基础设施一体化的核心在于其区域性和

[①] COSIPLAN, *Plan de Acción*, 2011；COSIPLAN, *Agenda de Proyectos*, 2011；y COSIPLAN, *Plan de Acción Estratégico*, 2017.

全球性的双重特点。具体体系如下：

（一）一体化和发展轴心

传统的基础设施一体化常局限于关注对运输成本的影响，然而新的一体化焦点意在打破传统思维，将基础设施建设视为实现分散式发展的手段。该理念首先出现在"一体化倡议"中，随后在委员会框架下以"一体化和发展轴心"的形式得到明确。这些轴心也可被看作是南美洲的一些大区域。[1] 轴心概念的设立不代表在各区域内开展基础设施建设，它们应该被看作是区域整体基础设施项目上不同的地理组成部分。

尽管基础设施一体化有助于促进（区内和区外）贸易，例如：新建交通运输走廊将使商品流动更为便捷，但其主要目标是在轴心基础上实现区域的分散式发展。因而，光从运输便利角度来理解"一体化倡议"是不合适的。[2]

由于南美洲的地貌特征，即安第斯山脉、亚马孙雨林、亚马孙河、潘塔纳尔湿地等珍贵的自然和地理资源，同时也将南美大陆切割成不连续的各部分，好比形成了一个个人口密集的"岛屿"，基础设施一体化的核心便是要在这些"岛屿"之间架起"桥梁"，使其互联互通。这些"桥梁"即为"一体化和发展轴心"，也是"一体化倡议"区域规划的核心理念。[3]

---

[1] IIRSA, *Planificación Territorial*, 2005；y COSIPLAN, *Cartera de Proyectos*, 2017.

[2] IIRSA, *Planificación Territorial*, 2005；COSIPLAN, *Plan de Acción Estratégico*, 2017；y COSIPLAN, *Cartera de Proyectos*, 2017.

[3] IIRSA, *Herramienta de Trabajo*, 2003；y Santa Gadea, "Integración Sudamericana y Globalización: El Papel de la Infraestructura." En *Revista de la Integración: La Construcción de la Integración Sudamericana*, pp. 45-61. Lima: Secretaría General de la CAN, 2008. 南美洲基础设施一体化的 10 个"一体化和发展轴心"分别为：安第斯轴心（AND-EID）、主亚那地盾轴心（GUY-EID）、秘鲁—玻利维亚—巴西轴心（PBB-EID）、亚马孙轴心（AMA-EID）、中部腹地轴心（IOC-EID）、巴拉圭—巴拉那河轴心（HPP-EID）、南方共同市场—智利轴心（MCC-EID）、南回归线轴心（CAP-EID）、南部轴心（DES-EID）和南安第斯轴心（ADS-EID）。

（二）新兴东西走向轴心

从历史上看，南美洲的人口和生产力主要集中在大西洋和太平洋沿岸地区，中部或腹地则基本长期处于孤立和欠发达状态。[1] 因此，南美洲基础设施一体化的第二个核心理念是：区分新兴轴心（Ejes emergentes）与传统轴心（Ejes consolidados）[2]。后者指在既有区域一体化框架内，例如：南方共同市场（MERCOSUR）和安第斯共同体（CAN），通过贸易流通已经连接起的地理空间，涵盖南美洲国家的主要城市。

与之相对的新兴轴心，是指轴心内部很少有连接，又与南美区域内主要贸易和生产中心缺乏联系的地区。对这类轴心而言，基础设施建设带来的互联互通将是发展和提高人民生活水平的关键因素。"横向型"是新兴轴心的一大显著特征，即在地理上呈东西走向，将腹地或内陆地区与最具活力的沿海地区相连。

由此形成地缘经济视角下的基础设施一体化，其中传统轴心主要呈南北向，新兴轴心则多为东西向。一体化面临的主要挑战是将新兴轴心转化为传统轴心，从而在扩大南美区域整体互联互通的基础上，推动各地区分散式发展。[3]

（三）新焦点：从基础设施到发展

新焦点的提出是基于以下结论：通常情况下，基础设施项目都建在传统

[1] Pares, Ariel. "Integración Física Sudamericana y Salida al Pacífico: La Perspectiva de Brasil." En *Integración Física Sudamericana Diez Años Después: Impacto e Implementación en el Perú*, ed. Rosario Santa Gadea, pp. 89-113. Lima: BID, CEPEI y Universidad del Pacífico, 2012.

[2] IIRSA, *Herramienta de Trabajo*, 2003.

[3] Santa Gadea, "Oportunidades y Desafíos de la Integración Sudamericana: Una Perspectiva Andina." En *A América do Sul e a Integração Regional*, editado por Fundación Alexandre de Gusmão（FUNAG）& Instituto de Investigación de Relaciones Internacionales（IPRI）. Brasilia: Ministerio de Relaciones Exteriores de Brasil, 2011.

轴心。实际上，交通基础设施盈利性的传统评估方法是根据以往记录来估算未来的交通流量。从经济金融角度看，仅有传统轴心的交通流量才足够让基础设施项目盈利，从而值得投资。相反，新兴轴心在传统评估中往往被忽略，因为它们无法盈利：历史记录为零或极少，未来预期也颇为堪忧。

相反，新焦点则把基础设施看作是"触发"交通流量的工具，试图打破因传统逻辑形成的恶性循环，即没有交通流量是因为没有基础设施，而没有基础设施又是因为没有交通流量。在新兴轴心进行投资是基于这样一个假设：一旦建立了基础设施，交通就会发展，进而对相关区域的经济和社会发展产生积极的影响。但这一进程不是自发的，必须在生产、物流、贸易促进等方面采取配套措施。

（四）南美轴心和太平洋盆地

南美洲基础设施一体化的战略视角还包括轴心发挥超越区域的国际作用。其基本思路在于：如果物流成本降低，横向型的轴心（连接太平洋沿岸港口和次区域内部，反之亦然）便可成为连接亚洲国家和南美洲内陆之间的通道。

对于南美洲太平洋沿岸国家，这还意味着出口的增加，不仅是商品，还包括物流服务，以及通过地缘位置提升国际竞争力的好机会。[①]以此观之，随着太平洋重要性的日益凸显，南美洲太平洋沿岸国家必将成为连接南美与亚洲市场的贸易支点、平台或桥梁，并置身于全球活动的中心位置。

四、秘鲁、南美洲基础设施一体化及与太平洋的连接

秘鲁地处南美洲的中间位置，面向太平洋盆地，与巴西的边界长达3000千米。因此，"一体化倡议"启动指示性区域规划（2003—2004）之

[①] Santa Gadea, "Integración Física Sudamericana y Globalización: Visión Estratégica del Perú." En *Integración Física Sudamericana Diez Años Después: Impacto e Implementación en el Perú*, editado por Rosario Santa Gadea, 131-154. Lima: BID, CEPEI y Universidad del Pacífico, 2012.

初，秘鲁政府就提出要实现南美洲陆路基础设施的战略连接，并提议将其列入"一体化倡议"的优先项目，主要目的是实现与巴西的基础设施一体化。

自那时起，基础设施的战略连接便成为秘鲁和南美国家的优先项目之一。[①] 亚马孙轴心一侧的项目包括：多式联运（公路—水路）建设、亚马孙轴心北部的海港建设以及轴心中部的内河港口建设[②]；在秘鲁—玻利维亚—巴西轴心一侧，则包括巴西—秘鲁南跨洋公路（以下简称"南跨洋公路"）[③]。

（一）国家基础设施一体化与秘鲁—巴西轴心：一枚硬币的两面？

从战略视角看，打造秘鲁—巴西方向的联通符合秘鲁国内建设"大区"（macrorregiones）的理念。这些"大区"在地理上具有"横向性"（连接沿海地区—山地—雨林）。一体化轴心贯通后，秘鲁的经济就能通过太平洋出海口，以及与邻国的联系得到快速发展。值得注意的是，南美一体化不仅是在国与国的边境区域实现联通，还涉及更广泛的区域。例如：位于秘鲁安第斯山脉"另一侧"的安第斯高原区和亚马孙热带雨林区是秘鲁国内相对发展程度最低的地区，基础设施联通能使这些地区也融入国家发展与全球化进程。因此，一体化与发展轴心不但可以作为加强南美洲区域大融合的"桥梁"，也是促进国家一体化发展的手段。[④]

反观巴西，其土地利用率高低的变化趋势是自东南向中西部和北部不断减少。北部的亚马孙地区虽占国土面积的60%，在富裕程度上却排名国内倒数第二。为此，南美洲基础设施一体化的发展理念能使巴西内陆地区与发

---

① IIRSA, *Agenda de Implementación*, 2010；COSIPLAN, *Agenda de Proyectos*, 2011；y COSIPLAN, *Agenda de Proyectos*, 2017.

② 多式联运项目的公路路段在秘鲁分别被称为北部IIRSA（IIRSA norte）和中部IIRSA（IIRSA centro）。多式联运项目是一体化优先项目议程（Agenda de Proyectos Prioritarios de Integración, API）的组成内容，于2011年获得批准（COSIPLAN, 2011b）。

③ 巴西—秘鲁南跨洋公路（亦称作"南部IIRSA", IIRSA sur），是一体化优先项目议程的自愿实施议程（Agenda de Implementación Consensuada, AIC）中的优先项目，先于一体化优先项目议程的制定（IIRSA, 2010）。

④ Santa Gadea, *Oportunidades y Desafíos*, 2011.

达地区相连；但与此同时，巴西也将面临亚马孙河流域未来发展所带来的挑战。^① 由此可以得出结论：秘鲁和巴西两国发展战略上的共同目标进一步推动了秘鲁—巴西基础设施一体化。

（二）去中心化的一体化：秘鲁各省和巴西各州

在亚马孙轴心中，秘鲁的沿海和山地地区与巴西的马瑙斯之间存在经济互补性。现在，马瑙斯的食品主要依赖从圣保罗空运，但如果这条联结秘鲁和巴西的海陆联运线路建成，将使现有的供给线产生巨大竞争力，因为秘鲁的农产品完全可以出口马瑙斯。^② 其实早在 2003 年，两国就签署了《秘鲁—巴西基础设施和经济一体化谅解备忘录》作为建立战略联盟的一部分。此举也被认为是最近几十年来秘鲁外交政策上的一大里程碑。^③

秘鲁—巴西基础设施一体化的设计内容，包括在秘鲁亚马孙地区城市伊基托斯建立一个针对亚马孙轴心西部产业的加工、出口和物流集散中心，通过与马瑙斯的互补性以及对第三国出口，促进秘鲁工业、贸易和旅游业的发展。另外，两国也将共同利用生物多样性，通过技术创新和发展生物产业促进亚马孙地区的出口。^④ 尽管多式联运项目已在秘鲁获得重大进展，但上述两项议程都还处于待定状态。^⑤

---

① Pares, *Integración Física Sudamericana*, 2012；y Bara Nieto, Pedro, Ricardo Sánchez y Gordon Wilmsmeier. *Hacia un Desarrollo Sustentable e Integral de la Amazonía：Los Corredores de Transporte en la Cuenca Amazónica Central-Occidental y sus Afluentes Principales en Brasil, Colombia, Ecuador y Perú*. Santiago de Chile：División de Recursos Naturales e Infraestructura de la CEPAL, 2006.

② Urrunaga, Roberto y José Bonifaz. *Conexiones para el Desarrollo：Beneficios del Eje Multimodal Amazonas Norte*. Lima：Universidad del Pacífico, 2009.

③ Wagner, Allan. "Prólogo." En *Integración Física Sudamericana Diez Años Después：Impacto e Implementación en el Perú*, ed. Rosario Santa Gadea, pp. 11-13. Lima：BID, CEPEI y Universidad del Pacífico, 2012.

④ Memorándum de Entendimiento sobre Integración Física y Económica entre Perú y Brasil. MRE - Ministerio de Relaciones Exteriores de Brasil. 25 de agosto, 2003.

⑤ 有关秘巴两国基础设施一体化执行状态的详细信息，请参阅 COSIPLAN, 2017c。

有必要指出的是，秘鲁—巴西基础设施一体化中有中国企业的参与，即中国水电建设集团国际工程有限公司。该公司系中国电力建设集团有限公司旗下子企业，2017 年 7 月通过与秘鲁本土企业建筑与管理公司组成联营体，成功中标秘鲁亚马孙疏浚项目。该项目旨在"改善并提高亚瓦利加亚河、马拉尼翁河、乌卡亚利河及亚马孙流域的适航性，发展客运及货运，促进地区、国内和国际贸易"[1]。与此同时，"与多式联运的北部和中部路段实现连接后，大型船只也能由此通过"[2]。

"南跨洋公路"已于 2011 年正式通车，也由此打通了秘鲁各省直达巴西边境各州（阿克里和亚马孙）以及邻近各州（朗多尼亚、马托格罗索和南马托格罗索）的通道。该跨洋公路也将打破巴西传统的利马—圣保罗运输模式（经海运连接两大港口），代之以更分散的运输模式（可经由陆路），促进秘鲁南部"大区"与巴西北部、中西部各州的贸易。事实上，这些州距离圣保罗比距离秘鲁更远，因而与邻国的直接连通能使他们获得更近的供应商、新的市场以及太平洋出海口。[3]项目的核心理念是实现两国贸易的分散化，促进两国国内各地区的发展。

根据市场调研，秘鲁的许多产品在巴西具有市场潜力。这些产品主要集中的部门如下：农业及农产品加工业、纺织服装业、建材、化肥等等。[4]另外，由于巴西国内传统供给模式的物流及运输成本过高，邻近秘鲁的巴西各

[1] Montoya, Karina. "Hidrovía Amazónica se adjudicó a Consorcio Peruano-Chino." *Semana Económica*. 6 de julio de 2017. http://semanaeconomica.com/article/sectores-y-empresas/conectividad/234235-hidrovia-amazonica-se-adjudico-a-consorcio-peruano-chino/?ref=a-arc.

[2] Montoya, Karina. "Hidrovía Amazónica: Una Empresa China y Otra Peruana conectarán Cuatro Ríos." *Semana Económica*. 7 de julio de 2017. http://semanaeconomica.com/article/sectores-y-empresas/conectividad/234390-hidrovia-amazonica-las-empresas-que-conectaran-cuatro-rios-del-peru/.

[3] De Souza, Miguel. "La Perspectiva Brasileña: La Proyección al Pacífico. Oportunidades para el Desarrollo Regional de los Estados Brasileños Fronterizos." En *La Integración Regional entre Bolivia, Brasil y Perú*, ed. Allan Wagner y Rosario Santa Gadea, pp. 175-180. Lima: CEPEI, 2002.

[4] *Plan de Desarrollo del Mercado de Brasil - POM Brasil*. Lima: MINCETUR, 2007. http://www.dirceturcusco.gob.pe/wp-content/uploads/2015/08/poms-POM_Brasil.pdf.

州企业都在寻找可行的替代供给方案。①秘鲁要迎接的挑战正是通过基础设施一体化，以具有竞争力的物流成本使秘鲁的供应满足巴方需求。

"南跨洋公路"中跨越边境的路段分别由秘鲁的伊尼亚帕里和巴西的阿西斯巴西连接。通过对比 2010 年和 2017 年经由此处的双边贸易数据，便可发现贸易额有明显的增长。2010 年公路尚未开通时，阿西斯巴西海关登记的两国双边贸易额仅为 340 万美元；而在 2017 年，该数值已翻了 10 倍有余，达到 3690 万美元。②但相对于秘巴两国贸易总额，这部分双边贸易额又显得微乎其微（2010 年占 0.1%，2017 年占 1%）。由此可见，"南跨洋公路"带来的双边贸易发展并未能改变全球趋势，海运依旧在秘巴贸易中占主导地位。

与此同时，根据 2017 年阿西斯巴西海关数据，双边贸易中 94% 的出口均来自巴西，这意味着秘鲁方面，尤其是南部"大区"的供应商尚未充分利用这一陆上连接。对此，有必要对造成不充分利用的原因进行深入研究，以从中汲取经验教训。另外，位于秘巴边境亚马孙雨林区的马德雷德迪奥斯仍是秘鲁国内最贫困的地区，有近 30% 的人口至少有一项基本需求无法得到满足。③

以上情况表明，交通基础设施的建设还必须结合国家积极推动的配套政策和措施，包括促进相关区域的生产力一体化、发展国际贸易、规划土地、提供公共安全等方面。国家履行区域规划相关职能的努力和效率必不可少，尤其是针对那些通过基础设施一体化项目首次获得与外部联通的区域。

另一方面，"南跨洋公路"虽完成了交通基础设施建设，但并没有推动最核心的一体化和发展轴心的建设。事实表明，依靠交通基础设施同样难以

---

① *Plan de Desarrollo del Mercado de Brasil - POM Brasil*. Lima：MINCETUR，2007. http://www.dirceturcusco.gob.pe/wp-content/uploads/2015/08/poms-POM_Brasil.pdf.

② AliceWeb - Sistema de Análisis de Información de Comercio Exterior.（Exportación 1997 - 2017 NCM 8 dígitos；consultado en 16 de enero de 2018）. http://aliceweb.mdic.gov.br.

③ Instituto Nacional de Estadistica e Informática（INEI）.（Necesidades Básicas Insatisfechas；consultado en 9 de mayo de 2018）. https://www.inei.gob.pe/estadisticas/indice-tematico/sociales/.

向秘鲁亚马孙地区及南美洲中部地区推进，因为公路需要穿过社会环境非常敏感的地区。对此，国家必须保持小心谨慎的态度，并在避免和减轻基础设施可能产生的直接和间接影响方面采取有效措施。

此外，由于"南跨洋公路"的特许经营权转让中存在腐败问题，该项目目前遭到巨大质疑。曾经被认为会带来积极影响的秘鲁—巴西基础设施一体化，在过去 10 年里渐渐丧失公信力。因此，更大程度的信息透明化，以及对成本和预期收益准确、深入的技术性研究是未来开展新项目、继续推动基础设施一体化所必不可少的。这对中国参建巴西—秘鲁两洋铁路（以下简称"两洋铁路"）项目也具有重要启示，本文将在第五部分对该案例加以分析。

在当前背景下，秘鲁应当利用中国提出将"一带一路"延伸到拉美的契机，实现与南美洲国家，特别是与巴西的基础设施一体化。秘鲁尤其要重视如何以务实而进取的姿态将自身打造成为南美洲与中国及亚洲国家之间的连接支点。

（三）秘鲁的潜在作用：扩大南美洲在太平洋盆地的影响

秘鲁的目标是提升港口货运量，并通过建立南太平洋与亚洲之间的海上直航，降低国际贸易中的物流成本。秘鲁地处南美洲太平洋沿岸的中心，得天独厚的地理位置将在此过程中发挥重要价值。利用基础设施一体化，秘鲁可以将来自巴西的货物运抵最适宜的太平洋沿岸港口，从而在与中国和其他亚洲国家的贸易中更具竞争力。[①]

巴西有两大区域与亚洲国家双向或单向的货物贸易联系密切。第一个区域是马瑙斯自由贸易区（ZFM）所在的亚马孙州，自贸区中许多产业的电子产品供应中心位于亚洲。一体化设施建成后，新的物流方案能将巴西自贸区与亚洲供应商通过南太平洋直接相连。在秘鲁北部海港建立跨洋物流中心将

---

① Santa Gadea, *Integración Física Sudamericana*, 2012.

成为该路线重要的货运中转点。①

　　然而，这种替代选择只有比传统路线更具竞争力时才行得通。从马瑙斯出发，目前绝大多数通往亚洲的航线都使用巴拿马运河。另有一条多式联运航线经由北太平洋，连接马瑙斯、迈阿密、洛杉矶以及亚洲地区。秘鲁的港口若想开通连接马瑙斯自由贸易区的南美—亚洲替代路线，就必须在制定物流政策、投资建设主要联运点、维护亚马孙水道适航性等方面采取措施。②

　　第二个大量对华出口的区域是巴西的中西部，即国内主要的大豆产地。建设"两洋铁路"的主要用途之一便是将巴西的大豆运往中国。事实上，"两洋铁路"并不是一个新话题，早在 2000 年圣保罗举办的秘鲁—巴西商务论坛上就被提出。③此后在 2008 年，该项目得到秘鲁和巴西两国政府的支持。④2014 年中国加入"两洋铁路"的建设，巴西、中国和秘鲁 3 国领导人表示，愿共同挖掘潜力，实现"两洋铁路"贯通，"扩大南美洲交通基础设施建设，推动南美洲和亚洲市场相互连接"⑤。本文下一部分就将分析该项目的影响和面临的困难。

　　对于秘鲁而言，另一种需要研究的可能性是：如果不存在与巴西的基础设施联通，主要由于铁路在穿越社会环境非常敏感的亚马孙地区时将面临诸多困难，在这种情况下，秘鲁如何成为连接中国和南美洲之间国际贸易的枢纽、中心或门户？问题的关键在于，如果算上其他周边邻国（玻利维亚、厄

---

① Memorándum de Entendimiento sobre Integración, 2003.

② Urrunaga y Bonifaz, *Conexiones para el Desarrollo*, 2009.

③ Ilustración Peruana Caretas, "Tren Transcontinental", 2007.

④ 2008 年 3 月，秘鲁颁布第 29207 号法令，宣布跨洋铁路项目为"公共需求和国家利益"（Congreso de la República del Perú, 2008）。同年 9 月，巴西颁布第 11772 号法令，将该项目纳入"国家交通运输计划"（Casa Civil, Presidencia da República de Brasil, 2008）。

⑤ Declaración para el Establecimiento de Cooperación entre Brasil, Perú y China sobre una Conexión Bioceánica. MRE, 16 de julio de 2014.（Obtenido a través del oficio Nº 0-2-B/189 de la Oficina de Transparencia y Acceso a la Información, MRE, 24 de abril de 2017.）

瓜多尔、哥伦比亚和智利）的产品，秘鲁某一港口的货运量是否足以使之成为中国—南美海上直航的目的地？

然而，对外贸易数据（见表一）否定了这一想法，2016年，巴西占南美对华贸易总份额（出口额和进口额）的41%，智利占总份额的22%，秘鲁则为12%。这3个国家共占中国—南美洲贸易总份额的75%。其他南美洲国家中，只有阿根廷和哥伦比亚在对华贸易中占据相对较大的份额，剩余国家都只占2%~3%。

表一　2016年南美洲各国对华贸易总额

国家	贸易总量（亿美元）	贸易总份额（%）
巴西	58.5	41
智利	31.5	22
秘鲁	16.7	12
阿根廷	14.9	10
哥伦比亚	9.8	7
厄瓜多尔	3.7	3
巴拉圭	2.7	2
乌拉圭	2.4	2
玻利维亚	2.2	2
总计	142.3	100

〔资料来源：UN Comtrade（2018）。备注：资料来源不包含委内瑞拉的数据〕

另一个相关的问题是：秘鲁需要在多大程度上与中国建立海上直航路线，才能成为南美洲与亚洲国际贸易的枢纽？换言之，利用到北美中转的路线（例如墨西哥的曼萨尼约港）是否依旧可以成为南美支点？需要指出的是，如果建立海上直航线的目的是增加对华出口的竞争力，那么缩短到达目的地市场所需的时间（特别是针对易腐产品）是必不可少的一点，而建立新的直航航线是关键。与此同时，与传统航线相比，新航线必须具备运输成本更低、往返频率更高的优势。

概言之，秘鲁具备成为"一带一路"特别是"21世纪海上丝绸之路"与南美洲衔接的战略支点的潜力。但在物流成本方面，还需与传统海上航线进行更多比较研究，计算出用时、频率和成本上的差异。针对可能从秘鲁港口始发的货物，还需测算出以上变量在不同数量及类型货物情况下的变化趋势。只有这样，秘鲁才能充分利用自身的地理优势、对港口的大量投资、与巴西的基础设施一体化，以及不断增长的中国—南美洲贸易关系，提升自身在亚太地区的竞争力。[1]这一观点似乎也与一些中国专家的分析相契合，即"建设一条连接拉美（和'一带一路'）的跨太平洋经济走廊"[2]。

与此同时，相悖的观点也有助于各方客观务实地看待问题。有分析指出，大西洋港口和太平洋港口到亚洲的距离没有太大差异，但以铁路为代表的陆路运输需要穿越安第斯山脉，成本相当高。另外，通过南美洲大西洋港口运输的货物量比太平洋一侧大得多，这影响到贸易频率、船舶承载能力，以及海运费用。因此，"不应指望南美洲中部地区的大量货物会转移到太平洋沿岸港口"[3]。中国参建的"两洋铁路"就面临类似困境，本文将在下一部分加以分析。

五、"两洋铁路"与中拉海上直航

巴西、中国和秘鲁3国政府就"两洋铁路"项目先后签署了两份谅解备

---

[1] 2001年—2016年，中国—南美洲贸易额增长了15倍，占2016年中国—拉美贸易总额的59%（数据来源于2018年ITC TradeMap）。

[2] Zhang Yong y Shi Peiran. "Expansion of Cooperation Scope on the 'Belt and Road Initiative': A Research on Status Quo, Opportunities and Challenges of Sino-Latin American Integrated Cooperation". En *Expanding the Belt and Road: A New Perspective on China-Latin America Integrated Cooperation*, ILAS-CASS, pp. 1-42. Beijing: China Social Sciences Press, 2017.

[3] COSIPLAN, *Insumos para Elaborar una Estrategia que facilite la Integración Ferroviaria de Suramérica*. Buenos Aires: Grupo de Trabajo sobre Integración Ferroviaria, 2017, p. 20. http://www.iirsa.org/Document/Detail?Id=4622.

忘录（2014 年和 2015 年），并提出通过建立三方联合工作组共同推进铁路项目可行性基础研究。其中，中国负责与可行性研究相关的大部分内容，巴西和秘鲁主要负责对环境影响的初步评估以及对项目相关国家法律和政策的研究，同时协助和支持中方的研究任务。[1] 此外，中国还向秘鲁提供 1630 万美元用于资助秘方开展可行性基础研究的相关工作。[2]

"两洋铁路"将连接巴西中西部，经由马托格罗索州、南马托格罗索州、戈亚斯州和联邦区，最终通向秘鲁太平洋沿岸港口。对于秘鲁境内的路段，研究分析了 3 条可能的路线（北线、中线、南线），并建议：选择秘鲁北部作为"两洋铁路"的修建地点是最优方案。[3]

（一）"两洋铁路"对巴西和中国的潜在利益

"两洋铁路"的主要用途，如上文所述，是将巴西中西部地区生产的大豆运往中国。[4] 大豆作为巴西最主要的出口产品（2017 年的出口额达 257 亿美元），其中近 80% 都被销往中国。[5] 而中西部地区的问题在于，交通运输网络主要由公路构成，因而相比其他运输方式平均物流成本更高。此外，有分

---

[1] Memorándum de Entendimiento sobre la Creación, 2014；y Memorándum de Entendimiento sobre la Conducción, 2014.

[2] 协议签署当天（2015 年 5 月），国际货币基金组织公布的汇率是：1 亿人民币兑 1630 万美元。参阅 Convenio de Cooperación Económica y Técnica, 2015。

[3] Bi, Qiang. "Apresentação do Estudo Básico de Viabilidade da Ferrovia Transcontinental Brasil-Perú". PowerPoint Presentation exibido durante audiencia pública para tratar del proyecto del ferrocarril transcontinental, senado brasileño, Brasília, 29 de junio de 2016. https://www12.senado.leg.br/ecidadania/visualizacaoaudiencia?id=7734.

[4] Adins, "La Ferrovía Transcontinental", 2016；Dourojeanni, "Impacto Ambiental", 2016；y Vallim y Mello, "Perspectivas desde Brasil", 2016. En *Las Relaciones de China con América Latina y el Ferrocarril Bioceánico Brasil-Perú*, eds. Jorge Caillaux, Fabián Novak y Manuel Ruiz, pp. 119-147. Lima：MacArthur Foundation, Pontificia Universidad Católica del Perú y Sociedad Peruana de Derecho Ambiental, 2016.

[5] AliceWeb, Exportación, 2018.

析指出现有运输路线已处于饱和状态或存在缺陷。[①]

根据巴西卡布拉尔皇家基金会的调查数据[②]，在巴西中西部地区，物流成本占受访公司总收入的30%，而这一占比在全国的平均值还不到12%。同样，交通运输问题也成为限制该地区扩大农业生产的重要因素。[③] 由此可见，只要"两洋铁路"项目在经济上比现有公路路线及其他可选的大豆运输路线更具竞争力，其建造便能扩大巴西农业生产，显著提高产品竞争力。

对于中国而言，"两洋铁路"也属于国家重要议程。该项目有助于保障和推动国外农产品（尤其是大豆）的供应，以满足中国市场的需求。[④] 铁路同样能促进中国对巴西的出口，但在路线设计上有必要连通巴西东南部（圣保罗、里约热内卢、米纳斯吉拉斯州和圣埃斯皮里图州），因为以上地区占2017年巴西对华进口的近50%。[⑤] 此外，大型项目建设意味着大量投资，从而为中国提供合理投资部分外汇储备的机遇，并有助于消化国内钢铁和水泥等行业的过剩产能。[⑥]

因此，无论对巴西还是中国而言，"两洋铁路"项目的益处都十分明显，而秘鲁也应在这方面明确自己的利益。

（二）秘鲁量化收益的必要性

2015年秘鲁外交部指出，"两洋铁路"项目"能促使全国物流链效率的

---

① Castro, César. "O Agronegócio e os Desafios da Infraestrutura de Transporte na Região Centro-Oeste". En *Desenvolvimento Regional no Brasil - Políticas*, *Estratégias e Perspectivas*, *orgs.* Aristides Monteiro, César Castro y Carlos Antonio Brandão, pp. 247-274. Brasília: Instituto de Investigación Económica Aplicada, 2017.

② Resende, Paulo Tarso Vilela de, Paulo Renato de Sousa, Paula Oliveira, Bruna Catão Braga, Larissa de Freitas Campos, y Rafael Barroso de Oliveira. *Pesquisa de Custos Logísticos no Brasil em 2015*. Nova Lima: Fundação Dom Cabral, 2015. https://www.fdc.org.br/conhecimento/publicacoes/relatorio-de-pesquisa-32576.

③ Bi, "Apresentação do Estudo Básico", 2016.

④ Adins, "La Ferrovía Transcontinental", 2016.

⑤ AliceWeb, Importación, 2018.

⑥ Cai, *Understanding China's Belt*, 2017.

提高，（改变）当前物流成本过高的特点"①。同样，在《"两洋铁路"可行性基础研究中期报告》中，中方强调"两洋铁路"将会成为秘鲁主要的矿产资源出口走廊，以及推动秘鲁东北部发展的重要物流渠道。②此外，铁路也将有利于秘鲁对巴西的出口，特别是来自巴约瓦尔港（位于秘鲁北部）的磷酸盐能被用在巴西大豆产区作为肥料。③

然而，明确秘鲁预期效益的关键是对来往货运量进行分析。铁路一端是面向中国的出口，另一端是面向秘鲁最大出口市场巴西，主要出口目的地为其中西部（出口磷酸盐）和东南部。由于可行性基础研究的报告并未公开，因此尚不清楚这系列研究是否被包含其中。

秘鲁外交部从地缘战略角度分析指出，"大幅提升运输到秘鲁港口的货物数量将是我国成为南美西海岸枢纽的首个具体措施，而这同样也是邻国智利和哥伦比亚所追求的目标"④。铁路运输将带来货运量的增加，从而吸引来自中国的大型船舶停靠秘鲁港口，为把巴约瓦尔港建设成为南太平洋大型港口以及建立中国与秘鲁之间的海上航线创造条件。

另一方面，巴约瓦尔港自身也具备转型升级所必要的地理条件。与秘鲁南部的伊洛港不同，巴约瓦尔港为深水港，油码头装载（吃水）深度为21米~22米，表明其有能力服务于超大船舶，具有成为大型港口的潜力。相比之下，伊洛港油码头的吃水深度仅为11米~12米。⑤

因此，从地缘战略角度来看，开展深入、细致的研究必不可少，特别是从两大功能上对"两洋铁路"进行整体性分析：一方面，铁路运输将推

① Ministerio de Relaciones Exteriores del Perú（MRE），Dirección General de Asia y Oceanía para MRE，Dirección de Cooperación Internacional，"Memorándum N° DA00377/2015"，19 de junio de 2015. En Presidencia de la República y MRE para Presidencia del Congreso de la República，*Oficio N° 114-2015-PR*，pp. 45-46，12 de agosto de 2015. Lima. http://www.leyes.congreso.gob.pe/Documentos/2016_2021/Tratados_Internacionales/C-10720170120.pdf.

② Bi，"Apresentação do Estudo Básico"，2016.

③ Adins，"La Ferrovía Transcontinental"，2016.

④ MRE，"Memorándum N° DA00377/2015"，2015，p. 45.

⑤ SeaRates（website）. *Puertos Marítimos del Perú*. Consultado el 5 de febrero de 2018.

动秘鲁对中国的商品出口；另一方面，秘鲁港口作为连接中国和南美的枢纽，将提供物流服务出口。与此同时，确定是否有足够的回程货物也至关重要。

（三）确保预防和减轻社会环境影响

建设"两洋铁路"这样的大型项目，其施工和运营期间都会对相关区域产生一系列直接和间接的社会环境影响，这也成为该项目最敏感的问题之一，多次在官方声明中被提及并遭到环保专家的批评。其中，部分负面影响也是由于缺乏项目相关信息所致。正如前文所述，在三方政府共建的工作组框架内进行的社会环境研究并未公开，换言之，没有官方信息明确指出铁路走向会影响到哪些地区。

秘鲁对社会环境的担忧主要是针对迪维索尔山（为秘鲁和巴西所共有）国家公园的自然保护区和缓冲区——阿苏尔山国家公园、奥拓马约保护森林（以上两者均在秘鲁），以及火车途经的秘鲁亚马孙雨林各省的森林区域。铁路项目对环境的最大危害在于，建造车站等人为行为可能导致森林砍伐和环境退化，且施工行为本身亦会对环境产生直接影响。另一大担忧是该项目对当地印第安社区（西皮波、阿沙宁卡和伊斯科纳瓦）以及对传统沿河聚居群体的影响。因此有建议称，铁路不应穿过当地印第安社区领土，否则可能产生严重的间接影响。[①]

对于铁路穿越原始森林，即迄今为止未遭到外界干扰的原生林，秘鲁政府高层也指出了可能对环境构成的威胁。[②]基于以上种种担忧，铁路工作组首先，应当将已完成的社会环境研究结果公之于众；其次，应当进行深入的分析，并以透明的方式对所有疑问和不安予以准确回应；另外，必须设计相应

---

① Dourojeanni, "Impacto Ambiental", 2016.

② Kuczynski, Pedro Pablo. "PPK: 'Fuerza Popular ha hecho Cosas Positivas para Nosotros'". Entrevista concedida a Sebastian Ortiz M. *El Comercio*, 18 de setiembre de 2016. https://elcomercio.pe/politica/gobierno/ppk-fuerza-popular-hecho-cosas-positivas-260237.

的计划来预防和减轻对社会环境的影响。连同量化经济效益，这些都是项目可行性研究中不可或缺的要素。

（四）所需的投资估算

对"两洋铁路"项目所需的投资，前后有过 3 个估算值（见表二）：第一个值是非常初步的，由企业家团体在 2000 年提出项目草稿时一并提供；另两个估算值是最近的，由进行可行性基础研究的中国专家提供。

表二 "两洋铁路"项目所需的投资估算（亿美元）

估算值	总计	秘鲁	巴西
第一次	10	–	–
第二次	60	35	25
第三次	72	41.6	30.4

〔资料来源：笔者根据以下数据制表：（1）Ilustración Peruana Caretas, "Tren Transcontinental", 2007；（2）Vizcarra, Martín. "China Calcula que el Tren Brasil-Perú Costaría 60, 000 Millones de Dólares". Entrevista concedida a Raul Vargas. RPP TV, 15 de septiembre de 2016.; y（3）Empresa de Planejamento e Logística（EPL）para Secretaria de Fomento para Ações de Transportes, "Oficio Nº 29/2017 – DPL/EPL - Ata da Reunião realizada 06/01/2017 do Subgrupo Técnico Brasileiro – Análise Quanto ao Relatório Final da Ferrovia Bioceânica". En Secretaria de Fomento para Ações de Transportes para Serviço de Informação ao Cidadão, *Memorando Nº 95/2017/SFP*, 22 de mayo de 2017〕

考虑到秘鲁自身的经济规模以及经济发展对基础设施的需求，这些数字无疑是巨大的。在秘鲁境内建造的铁路路段预计总投资 416 亿美元，约相当于 2016 年秘鲁国内生产总值的 20%，并可覆盖超过 70% 的国内长期交通基础设施缺口。[1]得知铁路项目所需的投资金额后，秘鲁时任总统佩德罗·巴

---

[1] 根据世界银行数据，2016 年秘鲁国内生产总值为 1920 亿美元（Banco Mundial, 2018a）；另据秘鲁国家基础设施促进协会数据，2016 年—2025 年，秘鲁交通基础设施缺口将达到 575 亿美元（Asociación para el Fomento de la Infraestructura Nacional-AFIN, 2015）。

勃罗·库琴斯基在 2016 年 9 月访华期间接受一家秘鲁媒体采访时表示，秘鲁还得考虑其他的优先项目。秘鲁境内铁路建造所需的投资额足以为全国的家庭提供饮用水。[①]

在巴西，据预计，使用中国的技术标准和规范将大大增加项目所需的投资，因为中国每千米铁路的平均成本几乎是巴西平均参考成本的 3 倍。[②] 这与中国的设计方案中包含大量桥梁和隧道有关。近日，巴西规划、预算和管理部国际事务司司长在接受国际媒体采访时称："该项目现已暂停，因为造价过高，可行性研究极不令人满意。"[③]

（五）资金结构有待明确

由于"两洋铁路"工程可能的融资状况尚不明确，因此无法确定是采取特许经营权形式，还是在政府和社会资本合作制（PPP）模式下需要公共部门的参与。假设中国能够提供融资并负责施工建设，包括提供施工技术、设备和技术 / 运营支持，在这种情况下，感兴趣的中国企业必须参与国际竞标。如果中标获得特许经营权，则会出现一个问题：执行项目期间必然产生的债务是否将由中标企业自行承担？这种方案的可行性取决于项目能否在财务上实现自我维持。显然，秘鲁无法承担如此巨大的资金保障，因为铁路所需的投资额相当于目前公共债务总额的近 79%。[④]

---

① Kuczynski, "PPK: Fuerza Popular", 2016。根据世界银行数据，2015 年秘鲁仍有超过 13% 的人口（近 400 万人）无法在家中获得饮用水（Banco Mundial, 2018b）。

② Empresa de Planejamento e Logística（EPL）para Secretaria de Fomento para Ações de Transportes, "Oficio Nº 29/2017 – DPL/EPL - Ata da Reunião realizada 06/01/2017 do Subgrupo Técnico Brasileiro – Análise Quanto ao Relatório Final da Ferrovia Bioceânica". En Secretaria de Fomento para Ações de Transportes para Serviço de Informação ao Cidadão, *Memorando Nº 95/2017/SFP*, 22 de mayo de 2017.

③ Arbache, Jorge. "Brasil desiste de Proyecto de Tren al Pacífico por los Altos Costos". Entrevista concedida a Anthony Boadle y Leonardo Goy. *Reuters*, 2 de febrero de 2018. https://lta.reuters.com/article/domesticNews/idLTAKBN1FM1TI-OUSLD.

④ 根据秘鲁经济和财政部数据，秘鲁目前公共债务总额上升至 530 亿美元，占 GDP 的近 30%（MEF, 2018）。

（六）长远的眼光

显而易见，有关"两洋铁路"项目尚有许多问题悬而未决。对此，首先有必要将已完成的可行性基础研究结果公之于众，其次应当加以深入分析。但从长远来看，各方必须意识到：关于该项目的争论，大部分注意力都集中在铁路上，但这只是建设运输走廊的一部分。

正如前文所述，中国与南美洲的整体性连接包括多个组成部分：巴西—秘鲁两洋铁路；秘鲁海港；中国—南美海上直航。其中，连接太平洋盆地两岸的重要性超过铁路"连接两洋"的重要性。由此可见，"两洋铁路"的可行性研究还必须考察当地是否有能力确保条件，以建立完整、双向且具有成本竞争力的中国—南美连接。

基础设施联通是实现秘鲁—中国—秘鲁海上直航的重要契机，但前提条件是双向都必须有足够大的货运量。如果引入部分巴西与中国的贸易往来，则货运量可能达到需求的水平。另外，铁路路线的选择也取决于秘鲁对海港的选择。条件最优的港口能在未来成为大型港口，使秘鲁成为货运物流服务的出口国及南美贸易枢纽。

最近，一份中国的研究报告也指出："'两洋铁路'为秘鲁开启了进入南美和太平洋国家的大门……可以将这些国家的货物集中在秘鲁的港口……这不仅是一条铁路，也是一条与中国相连接的海运路线。"[①]

然而，如果铁路建设所需的总投资确如可行性研究所预计，那么实现这一愿景的希望将变得遥不可及。对此，有必要设法降低成本，同时避免对亚马孙地区环境造成潜在的破坏；融资方案也不可或缺，以分担秘鲁公共资源承担的压力。只有满足以上条件，项目的落实才具备可能。另外，投资不能局限于铁路项目，还应当考虑太平洋沿岸港口的建设。

此外，明确指出该项目未来成本—收益能取得积极发展，是建立项目可

---

① Zhang y Shi, "Expansion of Cooperation", 2017.

信度的基础。尤其应当估算出，通过在秘鲁境内建设"两洋铁路"，对华出口物流成本的减少幅度和秘鲁方面能获得的最大收益，以及作为"两洋铁路"和跨太平洋直航的始发点和目的地，大型港口建设能在多大程度上提升秘鲁的物流服务出口能力。

（七）其他选择

玻利维亚推动的"两洋铁路中央走廊"（以下简称"中央走廊"）计划连接巴西的桑托斯港与秘鲁的伊洛港，途中穿越玻利维亚境内。因此，除了玻利维亚，该项目还直接涉及巴西和秘鲁两国。玻利维亚已与上述两国分别签署了谅解备忘录[1]，其中与秘鲁的谅解备忘录为 2016 年 11 月在秘鲁—玻利维亚第二届双边内阁会议上签署的，旨在"推动'中央走廊'项目的实现"。秘鲁时任总统佩德罗·巴勃罗·库琴斯基在记者招待会上表示支持该项目，并指出列车应穿过玻利维亚，而不是亚马孙地区，最终到达秘鲁南部的某个港口。这样设计路线最短，而且能避免环境问题。[2]

根据玻利维亚国家通讯社（ABI）的信息，瑞士和德国将联合成为工程实施方，项目总投资预计在 100 亿美元 ~150 亿美元。[3] 玻利维亚境内路段的投资估算为 70 亿美元，目前正处于预施工阶段，预计于 2024 年完成建设。[4]

尽管有媒体和官员在提及该项目时称其将取代中国支持的"两洋铁路"，但事实上这两条铁路的功能有所不同。玻利维亚推动的"中央走廊"无法到达巴西主要的大豆产区，即马托格罗索州；但"这条走廊途径巴西乌鲁库姆

---

[1] Memorándum de Entendimiento para Promover, 2016; y Memorándum de Entendimiento sobre el Corredor, 2017.

[2] "PPK: Tren Bioceánico debe pasar por Bolivia para no afectar la Selva Peruana". Declaración a la prensa. *Gestión*, 4 de noviembre de 2016. https://archivo.gestion.pe/politica/ppk-tren-bioceanico-pasar-bolivia-no-afectar-selva-peruana-2173958.

[3] Agencia Bolivia de Información（ABI）. "Consorcio Suizo Alemán acompañará la Ejecución del Tren Bioceánico". 18 de diciembre de 2017. http://www1.abi.bo/abi/?i=392786.

[4] COSIPLAN, *Insumos para Elaborar*, 2017.

山铁矿和锰矿矿区，以及玻利维亚穆图姆山铁矿产区。后者……被认为是全球最重要的铁矿区"[1]。因此，"中央走廊"的主要功能是为玻利维亚产品打通太平洋出海口。

讨论上述两个"可互相替代的"跨洋铁路项目时，应当研究分析哪一个项目的太平洋港口出货量更大，哪一个项目自亚洲回程的货物量更多。此外，还需考虑秘鲁哪个港口在深度和宽度方面更有利于建设大型港口，以及港口与铁路衔接所需的总投资。简言之，如果要获得全面的比较结果，就必须对整体往返的连接进行评估，而不仅仅是铁路的部分。

值得注意的是，另有一些替代路线也能将巴西的产品运往亚洲，但都不经过太平洋出海口。其中一条即为"两洋铁路"的一段延伸线路，连接巴西大豆产区和大西洋港口。这种连接方式在技术上比连接太平洋更容易实现，所需的投资也更小。[2]

制定南美洲铁路一体化战略的必要性是当下热议的话题。南美洲基础设施和计划委员会最近的一份研究报告[3]中指出了 7 条南美铁路走廊，其中 4 条为"两洋"铁路，分别连接两个秘鲁港口和两个智利港口。这 4 条"两洋铁路"具体为："两洋铁路中央走廊"（巴西—玻利维亚—智利—秘鲁）、"巴西—秘鲁两洋铁路"、"巴拉那瓜—安托法加斯塔两洋铁路"（巴西—巴拉圭—阿根廷—智利）和"跨安第斯山脉铁路中央走廊"（阿根廷—智利）。这与中国社会科学院拉美研究所最新一份对南美地区"四横"铁路的研究描述相一致，该研究建立在南美洲基础设施一体化和南美洲基础设施和计划委员会的研究之上。[4]

---

[1] COSIPLAN, *Insumos para Elaborar*, 2017, pp. 144-145.

[2] Bi, "Apresentação do Relatório Final", 2017.

[3] COSIPLAN, *Insumos para Elaborar*, 2017.

[4] Xie, Wenze. "The Cooperation of Infrastructure Construction between China and Latin America from the Perspective of the Belt and Road Initiative: Taking the Cooperation of Railway Construction between China and South America as an Example". En *Expanding the Belt and Road: A New Perspective on China-Latin America Integrated Cooperation*, ILAS-CASS, pp. 119-152. Beijing: China Social Sciences Press, 2017.

然而对于每一条连接走廊，南美洲基础设施和计划委员会的研究报告都指出其"在缩短海外进出口货运时间方面不具有竞争力"[①]。因此，一体化战略还有很长的路要走。中国提出将"一带一路"倡议延伸到拉美，尤其是南美洲，便可将建立中国与南太平洋港口之间的海上直航议题一并引入区域基础设施一体化战略中，而智利和秘鲁则最有可能成为连接亚洲与南美之间国际贸易的枢纽。

六、"一带一路"倡议延伸到秘鲁的其他可能

为促进国际通信的互联互通，"一带一路"倡议还提出推动国际和洲际海底光缆建设，即建立"信息丝绸之路"[②]。因此，中国与南美之间的跨太平洋海底光纤网络将成为该倡议延伸至南美的另一重要机遇。

（一）推动建立跨太平洋数字连接

当前全球光纤网络中有三大数据传输中心，分别是亚太、美国和欧洲。相比之下，南美洲与外界连接甚少，且主要通过美国和欧洲传输。这一现状会在一定程度上限制南美地区与其他国家（例如中国）的通信，因为信息传输必须先经由北美或欧洲，可谓路途遥远。

为促进中国与南美之间的信息交流，一种可能是建立一条海底直连通信光缆，将中国的一个点与南美洲某一点连接起来，后者将成为亚太地区的数字枢纽。秘鲁得天独厚的地理位置，即地处南美洲太平洋沿岸中心，可被视为连接点的最佳选择之一。

然而在该议题上，不少中美洲和南美洲国家都表现出浓厚的兴趣，特别是智利已与中国签署相关协议并开展项目预可行性研究。[③] 因此，秘鲁方面也

① COSIPLAN, *Insumos para Elaborar*, 2017, pp. 147, 152, 163 y 167.

② NDRC, MFA y MOFCOM, *Visions and Actions*, 2015.

③ Ramírez, Rodrigo. "El Plan de Huawei para unir Shanghai y Chile con un Cable Submarino". Entrevista concedida a *Las Últimas Noticias*, 14 de noviembre 2017. http://www.infraestructurapublica.cl/el-plan-huawei-para-unir-shangai-y-chile-con-un-cable-submarino/.

应积极研究建设海底光缆的可行性，并努力将其纳入与中国的双边对话议程。

（二）扩大秘鲁与中国的空中连接

2016 年 10 月，秘鲁外贸与旅游部、秘鲁运输和通讯部、秘鲁出口和旅游促进委员会与中国东方航空公司（以下简称"东航"）签署合作协议，旨在通过东航将秘鲁的产品空运直达中国。[①] 该协议为秘鲁时任总统佩德罗·巴勃罗·库琴斯基同年 9 月访华期间取得的对话成果[②]。

项目计划在第一年开设 7 趟由卡亚俄（利马机场所在地）飞往上海的货运直达航班。2016 年 11 月，该航线完成首航，成为双边关系发展的一个重要里程碑。空中连接为非传统产品的运输提供了便利，特别是易腐食品，其中包括蓝莓、杧果、鳄梨、芦笋等，有利于秘鲁出口的多样化。[③] 预计东航未来还将开设客运航班，推动更多中国及亚洲游客前往秘鲁，这与秘鲁政府设定的目标相契合，即在两年内使中国游客数量增加 3 倍，从 2 万人次提升到 6 万人次。[④]

在"一带一路"倡议的框架下，空中连接必将推动"一带一路"倡议部分优先合作项目的蓬勃发展，例如以运输便利促进自由贸易，以旅游发展、文化交流和贸易往来促进民心相通。

七、总结：迈向"一带一路"与秘鲁相连的新议程

正如第二部分所述，"一带一路"倡议包括五大合作重点：（1）政策

---

① Ministerio de Comercio Exterior y Turismo del Perú（MINCETUR）. "MINCETUR：China Eastern Airlines Firma Convenio con Autoridades Peruanas para Realizar Envío de Productos del Perú a China", 25 de octubre de 2016.

② El Comercio. "Aerolínea China Eastern evaluará Conexión con Lima, dice MTC". 25 de octubre de 2016. https://elcomercio.pe/economia/peru/aerolinea-china-eastern-evaluara-conexion-lima-dice-mtc-225284.

③ Xinhuanet, "Carguero Chino", 2016, y Xinhuanet, "Primer Vuelo", 2016.

④ Andina. "Gobierno Espera triplicar Flujo de Turistas Chinos al Perú en Dos Años". 21 de noviembre de 2016. http://www.andina.com.pe/agencia/noticia-gobierno-espera-triplicar-flujo-turistas-chinos-al-peru-dos-anos-641454.aspx.

沟通；（2）设施联通；（3）贸易畅通；（4）资金融通；（5）民心相通。可以看到中秘两国在以上五大领域皆取得进展，尽管各领域的发展程度不一。

在政策沟通方面，秘鲁是中国在拉美地区的 7 个全面战略伙伴之一，与中国拥有最高级别的合作关系。[1]中国前总理温家宝曾指出[2]，全面战略伙伴关系意味着双方的合作更深入、涵盖领域更广泛，且具有长期性和稳定性的特点。事实上，自中秘两国 2013 年建立全面战略伙伴关系以来，双方已在不同领域签署了近 50 项协议，其中包括制定双边中长期战略规划和确定共同合作目标的相关文件。[3]

2014 年，中国与秘鲁建立经济合作战略对话机制并规划每年举行相关会议。[4]2016 年，两国签署关于经济合作战略对话机制的项目清单，确定了18 个符合共同兴趣和利益的项目。[5]同年，两国发表《中秘关于深化全面战

[1] Cui, Shoujun. "China's New Commitments to LAC and its Geopolitical Implications". En *China and Latin America in Transition：Policy Dynamics, Economic Commitments and Social Impacts*, eds. en Shoujun Cui y Manuel Pérez García, pp. 15-33. New York：Springer, 2016.

[2] Wen, Jiabao. "Wen Stresses Importance of Developing China-EU Comprehensive Strategic Partnership". Declaración a la prensa. *People's Daily*, 7 de mayo de 2004. http://en.people. cn/200405/07/eng20040507_142556.html.

[3] Santa Gadea, "La Presidencia China del Grupo de los 20 y su Política de Cooperación con América Latina：Perspectivas para el Perú". En *La Conexión China en la Política Exterior del Perú en el siglo XXI*, eds. Javier Alcade, Chris Alden, y Alavaro Mendez. Bogotá：Pontificia Universidad Católica del Perú y London School of Economics（LSE）Global South Unit, 2018（por publicar）.

[4] Memorándum de Entendimiento para el Establecimiento de un Mecanismo de Diálogo Estratégico sobre Cooperación Económica y entre el Gobierno de la República del Perú y el Gobierno de la República Popular China. MRE - National Development and Reform Commission of China（NDRC）. 12 de noviembre de 2014.（Obtenido a través del oficio N° 0-2-B/359 de la Oficina de Transparencia y Acceso a la Información, MRE, 12 de julio de 2017.）

[5] Memorándum de Entendimiento sobre el Programa del Mecanismo de Diálogo Estratégico sobre Cooperación Económica. MRE - NDRC. 21 de noviembre de 2016.（Obtenido a través del oficio N° 0-2-B/472 de la Oficina de Transparencia y Acceso a la Información, MRE, el 1 de diciembre de 2016.）

略伙伴关系的联合声明》[1]及《中华人民共和国政府与秘鲁共和国政府 2016 年至 2021 年共同行动计划》，规划双方在 18 个领域的交流与合作[2]。这些文件内容相通，并且形成了一个初步框架，旨在推动中秘两国各合作领域之间的协调与协作。将"一带一路"议题纳入两国对话，能为这一目标的实现提供机遇。

另一方面，"战略伙伴关系"与"全面战略伙伴关系"的重要区别在于，后者"不仅涉及政治、经济与合作，而且延伸到社会，即民间交流"[3]。这意味着两国之间的民心相通同样能在全面战略伙伴框架下得到持续发展和推进。

贸易畅通是"一带一路"倡议的另一项合作重点。秘鲁是拉美 3 个与中国签订自由贸易协定的国家之一，该协定自 2010 年 3 月起实施。2016 年，两国又签署了一份关于自由贸易协定升级联合研究的谅解备忘录，旨在加强和深化两国关系，提升双边经贸关系。[4]就资金融通方面而言，如本文第二部分所述，秘鲁是加入亚投行的 7 个拉美国家之一。因此，秘鲁有必要制定相关战略，充分利用成为亚投行成员所能带来的机遇。

"一带一路"倡议提出的设施联通，在中秘双边议程中则主要体现为中方参与巴西—秘鲁两洋铁路项目的可行性基础研究。然而，正如本文第五部分的分析所示，这一雄心勃勃的计划面临许多难题，且目前尚不具备条件来

---

[1] Memorándum de Entendimiento para el Fortalecimiento de la Asociación Estratégica Integral. MRE - NDRC. 21 de noviembre de 2016.（Obtenido a través del oficio Nº 0-2-B/472 de la Oficina de Transparencia y Acceso a la Información, MRE, 1 de diciembre de 2016.）

[2] Plan de Acción Conjunta 2016-2021, 2016.

[3] Novak, Fabian y Sandra Namihas. *La Inserción de China en ALC y el Perú. Su Impacto en la Relación con la UE*. Lima: Instituto de Estudios Internacionales - Pontificia Universidad Católica del Perú y Konrad Adenauer Stiftung, 2017.

[4] Memorándum de Entendimiento para la Optimización del Tratado de Libre Comercio Perú-China. Ministerio de Comercio Exterior y Turismo del Perú（MINCETUR）- MOFCOM. 21 de noviembre de 2016.（Obtenido a través del oficio Nº 0-2-B/472 de la Oficina de Transparencia y Acceso a la Información, MRE, 1 de diciembre de 2016.）

推动项目的实施。针对该项目所提出的诸多疑问，还需要通过进一步研究来做出解答。但另一方面，本文第六部分提出的数字连接和空中连接也能为中国和秘鲁之间的设施联通打开新渠道。

对于拉美地区的基础设施建设，有必要结合中国在拉美的投资新趋势来加以分析。中国对拉美的直接投资兴趣日益增加。以 2010 年为界点，比较此前 20 年（1990—2009）和此后 5 年（2010—2015）中国对拉美地区的直接投资情况，可以发现投资增幅明显加速，投资总量增长了 7 倍。秘鲁的情况也不例外，目前秘鲁是继巴西之后中国在拉美直接投资的第二大目的地。[1] 这些在拉美的投资大部分集中在采掘业，在秘鲁主要是采矿业。然而最近的一个现象是，中国的大型企业对投资拉美基础设施的兴趣在上升[2]，秘鲁的情况可以印证这一点。

一些中国基础设施和工程类企业已进入秘鲁市场，例如本文第四部分中提到的成功中标秘鲁亚马孙疏浚项目的中国水电建设集团国际工程有限公司；中国铁路工程总公司，该公司有多家成员企业，其中就包括负责巴西—秘鲁两洋铁路可行性基础研究的中国中铁二院工程集团有限责任公司；中国电力建设集团有限公司和中国交通建设股份有限公司，此二者均名列对海外投资最多的 30 家中国企业榜[3]；等等。

综上所述，"一带一路"延伸到秘鲁已具备基础。因中国不久前才向拉美国家发出加入倡议的邀请，"一带一路"将以何种方式延伸到拉美还是中拉议程上的一个新议题。同样，秘鲁和中国的双边对话文件中亦未明确提及该倡议。但鉴于其重要性，中秘两国有必要将"一带一路"倡议作为战略规

① CEPAL, *Relaciones Económicas entre América Latina y el Caribe y China: Oportunidades y Desafíos.* Santiago de Chile: Naciones Unidas, 2016.

② CEPAL, *Explorando Nuevos Espacios de Cooperación entre América Latina y el Caribe y China.* Santiago de Chile: Naciones Unidas, 2018.

③ Ministry of Commerce of China (MOFCOM), National Bureau of Statistics of the People's Republic of China (NBSPRC) y State Administration of Foreign Exchange (SAFE). *2015 Statistical Bulletin of China's Outward Foreign Direct Investment.* Beijing: 2016.

划机制中的优先议题列入双边议程。

此外，为推动双边对话取得良好的成果，秘鲁首先应当明确自己的目标。然而确定目标的过程不应局限于政府部门的参与，也应向商界和学界开放对话和提议的渠道，从而结合不同的观点和看法提出最佳战略和措施，实现"一带一路"延伸到秘鲁和南美洲区域的愿景。

第四部分

新视界

第十三章 "一带一路"：
拉美中小微型企业的机会

[阿根廷] 阿尼瓦尔·C. 索特雷，[阿根廷] 埃斯特万·索特雷[*]

一、引言

　　"一带一路"倡议由中国国家主席习近平于 2013 年提出，其历史渊源可追溯到古代丝绸之路。通过加强对基础设施建设和互联互通的投资，这一倡议促进了成员国之间的贸易及文化方面的合作交流。目前，"一带一路"倡议迎来了快速发展期，并已经自然延伸到拉美地区，因为一个不容忽视的因素是中拉合作有其历史渊源："中国船"（Nao de China）。在一直延续到 1815 年的 250 年间，这一海运方式扩大了双方贸易及文化和人员的交流。

　　为使这一计划得以实施并可持续发展，应该考虑到中小微企业（Mipymes）的重要性。这类企业在拉美的许多国家中占企业总数的90%以上，在该地区的收入分配中发挥着重要的作用，是社会发展的中坚力量。中小微企业的基本作用就是保障人民衣食住行等基本权利，所以也是近年来许多专家学者普遍关注的焦点。[①] 此外，中小微企业被纳入其中还因为它们可以推动就业，并且促进国内生产总值的增长。

＊　阿尼瓦尔·C. 索特雷（Aníbal C. Zottele），墨西哥韦拉克鲁斯大学教授、研究员，韦拉克鲁斯—中国研究中心（Cechiver）主任，*Orientando* 杂志主编；埃斯特万·索特雷（Esteban Zottele），博士，墨西哥韦拉克鲁斯大学韦拉克鲁斯—中国研究中心研究员，常州大学拉美研究中心研究员。

①　Zottele, A., Li Y., & Santiago M.（2017）. Anexo I. En Z. A., L. Y., & S. M., *Las Pymes mexicanas y chinas ante el crecimiento acelerado de las relaciones económicas entre ambas naciones.* México：Universidad Veracruzana.

中小微企业发展面临多重困境。难以获得风投以及盈利较少的问题使得初期的税款几乎全部由创业者或其家庭来承担（特别是在这些企业的创业初期）。因此，小企业（特别是微型企业）非常容易受到技术革新的影响，全球化以及能够接触到世界各地客户的机会对于它们来说都是非常有吸引力的。但是，如果缺乏对市场、客户、订单要求、外贸条件的深入了解，很多小公司无法从当地市场跨越到海外市场，在某些情况下，甚至会导致公司破产。[①]

与此同时，据估算，在大多数发展中国家，中小微企业能够得到金融体系支持的比例低于20%。然而，尽管很多多边机构[②]普遍关注这个问题，近年来这种趋势并没有得到改善。

根据这一思路，在设计"一带一路"计划时，承认上述困难是该倡议最初应该考虑的问题之一。为此，本文重点关注的一个问题是提供多种可行的方法，以便帮助拉美的多数中小微企业找到发展机制。这些发展机制应与（尤其是包括教育在内的）基础设施发展同步且让中小微企业联盟积极参与到工程投标中来。同样，也希望这些企业能够找到合作途径来完善、满足社会需求的计划和经营方式。

本文将详细分析拉美中小微企业的主要特点、优势和劣势，及其加入"一带一路"倡议的策略。

二、"一带一路"倡议与拉美的历史渊源

拉美和中国有着悠久的文化、贸易和人员往来交流的历史。[③]19世纪初，因其产品出口量大且在世界经济中的产能高，中国一度是经济强国。值得一

---

① Swatman, P. (2000). Internet for SMEs: A New Silk Road? (cover story). *International Trade Forum*, (3), 22.

② 这些机构包括二十国集团、亚太经合组织、拉美经济体系、拉美和加勒比国家共同体、联合国拉加经委会、世界银行、中美洲开发银行以及各国相关主管机构。

③ Zottele, E. , & Wei, Q. (octubre-marzo de 2017). La Franja y la Ruta: Oportunidad para América Latina y búsqueda de un desarrollo sostenible. *Orientando*, *1* (13), pp. 45-80.

提的是，1850 年前的几个世纪中，中国在经济和社会发展方面都是全球制造业的佼佼者。

在长达 1500 多年的时间里，将美洲、亚洲和欧洲连接起来的"丝绸之路"便是上述事实的一个强有力的证明；另一个例证就是中国学者全毅、林裳所描述的"海上丝绸之路"，即在 1565 年—1815 年中国与拉美之间开展的海上贸易。[①]

从 16 世纪末开始，中国与拉美之间的贸易往来逐渐频繁，此贸易又被称为"银丝"（Comercio de la Plata y Seda）贸易、"中国船"贸易、"马尼拉大帆船"（Galeón de Manila）贸易或"阿卡普尔科船（Nao de Acapulco）"贸易。这一海运体系促进了中拉之间产品的交流。[②] 在这一时期，大量中国产品，如丝绸、瓷器和茶叶等被运往美洲。

马里亚诺·波尼亚利安指出，"中国船"贸易运输的货物一部分在美洲当地销售，另一部分被分送到韦拉克鲁斯港，促进了商品的流通和世界经济体系的形成。"中国船"和新西班牙管控的贸易航线通过太平洋水域向大陆延伸并到达了秘鲁。沿着太平洋向南并不是唯一的路线，除此之外，从阿卡普尔科还延伸出一条自西向东跨越整个新西班牙总督领地、抵达位于韦拉克鲁斯的圣胡安德乌卢阿港的航线。历史上这条伟大的中拉贸易路线是"一带一路"倡议的自然延伸。[③]

三、中小微企业在经济发展中的作用

近几十年来，中国在经历了快速的现代化进程之后，已成为世界上国内

[①] 全毅、林裳：《漳州月港与大帆船贸易时代的中国海上丝绸之路》，《福建行政学院学报》2015 年第 6 期。

[②] 刘文龙：《马尼拉帆船贸易——太平洋丝绸之路》，《复旦学报（社会科学版）》1994 年第 5 期。

[③] Bonialian，M.（2012）. *El pacífico hispanoamericano：política y comercio asiático en el Imperio Español*（*1680-1784*）. México：El Colegio de México.

生产总值增长率最高的国家之一，同时也成为全球主要经济体之一。[①]

中国的迅速发展强有力地推动了亚洲乃至全球中产阶级的崛起，中产阶级已经成为世界商品和服务消费的增长引擎。中国旅游业的发展就是这一趋势的明显例证。2016 年中国出境旅客人数超过 1.3 亿人次，引领世界出境游市场，极大地推动了旅游接待国的就业。值得一提的是，"2016 年，出境游旅客人数上升了 6%，达到 1.35 亿人次。自 2012 年以来，这些数据强化了中国在世界上排名第一的出境游旅游市场地位"[②]。

对此，联合国拉丁美洲和加勒比经济委员会（CEPAL，以下简称"拉加经委会"）预测：到 2030 年，全球 65% 的中产阶级将来自亚洲国家。但是，包括中国在内的这些国家希望增长带来的效益能够转化为发展动力并使其成果惠及全体人民。[③]

社会制度应扩大人民的基本权利，同时出于可持续发展的目的，应该坚持包容性增长，多开创并扶持中小微企业，因为它们不仅创造了大量的就业机会，而且是提高拉美发展潜力之所在。

尽管拉美中小微企业对国内生产总值的贡献大（约占国内生产总值的 60%），但其平均生产率较低。相比之下，拉美大型企业的收益率要比中小微企业高出 6 倍，而在经济合作与发展组织（OECD）成员国中这一数据差仅为 2.4 倍。[④]

然而这些劣势并没有阻碍拉美国家中小微企业的发展，它们已经成为生产力发展的主动力，并为创造就业机会和开设新公司做出了重大贡献。中小微企业的生产主要面向国内市场，因此这些国家的人民和经济在很大程度上

[①] Fanjul, E.（marzo de 2011）. Hacia un nuevo modelo de crecimiento chino. *Economía exterior*（58）.

[②] OMT, O. M.（2017）. *En 2016, los turistas chinos gastaron un 12% más en sus viajes al extranjero*. OMT, Departamento de prensa.

[③] OCDE/CEPAL/CAF.（2015）. *Perspectivas económicas de América Latina 2016：Hacia una nueva asociación con China*. París：OECD Publishing.

[④] OECD.（2018）. *OECD*. Obtenido de OECD：http://www.oecd.org/newsroom/nuevaspoliticasparap ymesserequierenparaimpulsarelcrecimientoenamericalatinasegunlaocdeylacepal.htm.

依赖这些企业的发展。此外，就人员构成方面来说，这些公司的另一个特点是：它们主要是由妇女、少数民族群体和弱势群体组成的生产结构体。

与较发达国家不同的是，由于缺乏竞争力，中小微企业很少参与出口贸易，与大公司明显的生产率差距也是造成中小微企业无法迅速发展壮大的原因之一。[①] 在这一点上，欧盟—拉美和加勒比共同体（EU-LAC）于 2015 年指出拉美经济的增长并未与提高生产率同步：

> 如果我们将该地区国家的生产力差距（相对于美国）与东南亚国家进行比较，就会发现实质性差异……拉美和加勒比地区国家的生产率差距变化很大。在经历了 20 世纪 80 年代初和 1990 年的显著上升后在 2000 年又明显回落了……与拉美国家相比，从 1980 年起，亚洲国家的差距就已经缩小了。[②]

根据国际劳工组织拉美局发布的一份报告，在拉美约有 1000 万家中小微企业，该区域 47% 的就业岗位由它们提供。[③] 对于一个国家的经济而言，这一庞大的企业数量是非常重要的，因为它们不仅影响着就业，而且即使在经济衰退或减速时期也在发展生产力等方面具有重要意义（见表一至表三）。

表一　区域内中小微企业的重要性

公司规模，2016—2017（比例）			
国别	微型（%）	小型（%）	中型（%）	大型（%）
阿根廷	69.6	22.9	5.6	1.9
巴西	90.1	8.5	0.8	0.6

---

① Stumpo，G.，& Ferraro，C.（2010）. *Políticas de apoyo a las Pymes en América Latina.* Santiago de Chile：Comisión Económica para América Latina y el Caribe.

② Fundación Unión Europea-América Latina y el Caribe.（2015）. *Espacios de diálogo y cooperación productiva：el rol de las pymes.* Hamburgo, Alemania：Fundación EU-LAC.

③ Milano，N.（20 de junio de 2016）. La importancia de las PYMES en la generación de trabajo en América Latina. *Portal PYME.*

续表

公司规模，2016—2017（比例）				
国别	微型（%）	小型（%）	中型（%）	大型（%）
智利	78.3	17.6	2.7	1.4
哥伦比亚	96.4	3.0	0.5	0.1
哥斯达黎加	80.7	13.0	4.4	1.9
厄瓜多尔	95.4	3.8	0.6	0.2
萨尔瓦多	91.2	7.1	1.3	0.4
墨西哥	95.5	3.6	0.7	0.2
秘鲁	94.5	4.5	0.4	0.6
乌拉圭	82.6	13.7	3.2	0.5
德国	82.8	14.0	2.7	0.5
西班牙	93.1	6.0	0.8	0.1
法国	93.0	5.9	0.9	0.2
意大利	94.3	5.1	0.5	0.1

〔资料来源：自编[①]〕

表二　拉美就业比率（按照公司规模划分）

拉美就业比率（按照公司规模划分）				
国别	微型（%）	小型（%）	中型（%）	大型（%）
阿根廷（1）	22.5	20.7	20.6	36.2
巴西（2）	23	21	19	37
智利（3）	44.1	17.7	13.2	25
哥伦比亚（3）	50.6	17.5	12.8	19.1
厄瓜多尔（3）	47.3	17.7	12.1	22.9

① Stumpo，G. M.（2014）. División de Desarrollo Productivo y Empresarial. Obtenido de CEPAL：https://www.cepal.org/sites/default/files/news/files/giovanni_stumpo_ppt_adi_2012_sesion_3.pdf.

拉美就业比率（按照公司规模划分）			
微型（％）	小型（％）	中型（％）	大型（％）
萨尔瓦多（3）	37.7	16.1	11.6	34.6
墨西哥（4）	45.6	13.3	10.3	30.8
秘鲁（3）	48.4	10.3	8.9	32.4

〔资料来源：自编①〕

表三　拉美企业就业、国内生产总值和出口占比

	微型企业（％）	小型企业（％）	中型企业（％）	大型企业（％）
就业	30	17	14	39
国内生产总值	7	10	11	72
出口	0.2	1.8	6.4	91.6

〔资料来源：自编②〕

因此，需要强调的是中小微企业能够促进区域经济平稳增长，平衡并改善不同地区的收入分配。例如，在政府政策的指引下，旅游业、农工业和服务业已经取得成效，中小微企业也为一些拉美长期存在的问题找到了解决方法，这些问题是由于拉美城市化不合理而产生的特有问题。大量劳动力持续涌向城市造成工作需求的不平衡增长，而中小微企业则缓解了这方面的压力。③另一方面，多年来，在解决一些大规模生产的瓶颈问题时，中小微企业作为"大企业"生产的代工厂，成为其重要支撑，一直被不断研究。④

中小微企业提出的解决途径之一是鼓励低收入人群就业，以使其有机会

---

① （1）Instituto de Estudios Laborales y Sociales, 2015；（2）OECD, Meeting of the OECD Council at Ministerial Level, 2017；（3）Dini, 2014；（4）INEGI, 2016.

② SELA.（2017）. *Desafíos para la inclusión financiera Pyme en Argentina*. SELA .

③ Milano, N.（20 de junio de 2016）. La importancia de las PYMES en la generación de trabajo en América Latina. *Portal PYME*.

④ Cam, D. W.（1997）. *Los grandes pequeños negocios. Empresarios y finanzas. Lima: Universidad del Pacífico* . Centro de investigación .

进入劳动力市场，间接为大公司的生产做出贡献。但是，应该指出的是，中小微企业不是第三世界的新兴工业化国家独有的现象。在德国有 200 万家中小型企业为大众、西门子、巴斯夫和拜耳等巨头供货。[①] 日本 80％的国内生产总值源自中小型企业。在美国，信息技术领域重要的大型公司都是从小企业发展而来的，一个典型的例子就是 40 多年前诞生于家庭车库的品牌苹果，其启动资金仅为 2 万美元。

微型企业不仅在工业化国家取得了成功，而且在转型期经济体中也取得了成功。比如中国台湾，其居民总数不到 2600 万，却拥有 70 多万家企业，且几乎均为中小型企业（占 98％）。[②]

一切似乎都在表明，新一轮世界科技革命将进一步提高小型生产单位的生产力，因为新技术有助于提高个人或家庭的生产率。从这个意义上讲，沟通的实效性会促进成本的降低，教育水平的提高使劳动力同质化，并使其符合国际化工作的规范。[③] 但是，正如下文将强调的一样，中小微企业接触技术革新的基本条件是不断壮大的经济体的存在且有相应的政策来扶持它们的发展。

关于中小微企业在国家发展中的重要性，马丁内斯等人做过论述，并认为中小微企业有如下特质[④]：

（1）通过分散劳动力来保证劳动力市场的供应，并在劳动力市场的正常运作中发挥重要作用；

（2）由于少数公司的收入和生产能力集中到更大的公司，因此它们具有重要的社会经济效应；

---

① Cabello，S. Y.（2014）. Importancia de la micro，pequeñas y medianas empresas en el desarrollo del país. *Revista LEX*，*II*（14），2012.

② Cabello，S. Y.（2014）. Importancia de la micro，pequeñas y medianas empresas en el desarrollo del país. *Revista LEX*，*II*（14），2012.

③ Orbe，C.（2008）. *Comentarios a la Constitución*. Lima：Juristas Editores.

④ Martínez，D.，Pelcastre，A.，Reynoso，A.，& Suarez，V.（2009）. Impacto económico de las Pymes en México.（pp. 26-27）. México，D.F：Instituto Politécnico Nacional.

（3）员工与雇主之间的社会关系更为紧密，这将形成和谐的工作关系，中小企业的起源一般是以家庭为单位的；

（4）拥有更先进的技术和更少的基础设施成本；

（5）通过公司间合作扩大规模经济，而非将投资集中在一家公司。

四、拉美的中小微企业情况

据费兰蒂等人的观点，拉美和加勒比是世界不平等程度最高的地区之一。"不平等"指的是资源分配的分散趋势，拉美不平等现象极为严重。[①]拉美收入差距最小的国家的收入差距，仍然比经济合作与发展组织成员国或东欧的任何国家的差距都大。这些差距表现在生活的各个方面，如教育、医疗和公共服务、购买土地和其他资产、正规信贷和劳动力市场的运作，以及政治参与度和影响力。[②]

正如福利有不同的形式，不平等现象也有很多指标，其中持久不变的指标包括教育、医疗、住房、安全和基本福利。[③]从这个意义上讲，生活质量是每个国家的一个特殊指标，取决于受教育的范围、基础设施的改善、互联互通的推进，以及政府对于区域经济和收入分配的举措等。

综上所述，拉美地区国家的文化、经济和历史等既有相似之处，也有不同之处，这也是为什么中国虽然是受该地区青睐的合作伙伴，但到目前仍然不存在一个双方联合机制。因此，"一带一路"倡议是拉美国家领导人关注

① De Ferranti, D., Perry, G., Ferreira, F. H., & Walton, M.（2003）. Desigualdad en América Latina y el Caribe：¿ruptura con la historia? El Banco Mundial, Estudios del Banco Mundial sobre América Latina y el Caribe. El Banco Mundial.

② De Ferranti, D., Perry, G., Ferreira, F. H., & Walton, M.（2003）. Desigualdad en América Latina y el Caribe：¿ruptura con la historia? El Banco Mundial, Estudios del Banco Mundial sobre América Latina y el Caribe. El Banco Mundial.

③ Zottele, E., & Wei, Q.（octubre-marzo de 2017）. La Franja y la Ruta：Oportunidad para América Latina y búsqueda de un desarrollo sostenible. *Orientando*, *1*（13）, pp. 45-80.

的焦点，他们对加入这一倡议表现出浓厚的兴趣。

中国和拉美在过去有过密切的联系，拥有合作的历史基础。这是两个地区希望恢复彼此交流最主要的原因之一，拉美将从中受益颇深，并对提高人民生活质量有着重大的意义。以下方面可能出现重大转变：

（一）中小微企业和基础设施

在全球范围内，衡量国家发展水平的重要标志是其基础设施与内部生产结构的契合程度。拉美的一个重大问题是基础设施薄弱，这反映在其人类发展指数较低这一点上。关于这个问题，佩罗蒂和桑切斯指出，在拉美和加勒比地区，近年来基础设施建设投资的减少造成了基础设施需求与其现状之间的差距。基础设施建设可创造就业机会，并影响国家的生产力，促进整体和区域经济的增长。[1]

基础设施缺失衍生出的一些问题反映在了社会福利的保障方面。基础设施匮乏会产生很多严重问题，会对教育（无网络）、交通（进城难）、就医（缺乏饮用水、医院偏远）、就业等方面产生直接影响，这些因素是贫穷和边缘化的根源。[2]

鉴于这一趋势，拉美冲突频发，发展贸易、提高竞争力就成为迫切需求。从这个意义上说，拉美各国政府加强国内基础设施建设是推动区域经济发展最直接的手段，同时也会促进人民生活质量的改善。

与此同时，似乎已存在一个共识，即基础设施投资是经济增长战略的主要推动力之一。二十国集团的决定和 2014 年国际货币基金组织发布的《世界经济展望》标题中的简明信息，无一不印证了这一观点，但是，基础设施融资似乎是这一战略增长的重中之重。

---

[1] Perrotti, D. E., & Sánchez, R.（2011）. La brecha de infraestructura en América Latina y el Caribe. *Serie Recursos Naturales e Infraestructura*（153）.

[2] Zottele, E., & Wei, Q.（octubre-marzo de 2017）. La Franja y la Ruta：Oportunidad para América Latina y búsqueda de un desarrollo sostenible. *Orientando*, *1*（13）, pp. 45-80.

新兴市场经济体成立了两个新的开发银行，并于 2015 年开始运营，其中包括由金砖国家共同出资设立的新开发银行（NDB）和中国提议筹建的亚洲基础设施投资银行（AIIB）。截至 2015 年年底，AIIB 共有 57 个意向创始成员国，它们都将推动全球经济的发展。[①]

（二）中小微企业和互联性

技术革命改变了全球格局：一方面，电子商务迅猛发展，预计到 2020 年可占全球贸易总值的 20%；另一方面，数字经济也带来了更多更好的就业机会。

如今，中国等国家的数字经济投资已经增加了一倍，因为大部分工作趋于自动化。技术的进步已经改变了传统生产模式，行业领导者必须积极制定新的规范、措施，与同行、政府和政府间组织互动。同时，现代化滞后的公司将面临被淘汰的危险。[②]

信息获取不足是拉美社会不平等增长的主要原因之一。尽管技术发展和全民推动国家科学进步关乎所有人的利益，但在拉美地区，科技发展的不均衡削弱了人民的经济福祉，更在生产和资金方面影响了中小微企业。

"信息鸿沟"（brecha digital）这一概念被很多作者提及，其中值得一提的是卡洛斯·科尔特斯所提出的观点："信息鸿沟"是关于一个国家现有信息访问权的示例性术语。研究表明，它很大程度上可以衡量一个国家个人和群体的发展状况。[③]

因此，由于获取数字媒体和信息工具的便捷程度不同而造成的社会内

① Lin, J., & Wang, Y.（2016）. New Structural Economics and Resource Financed Infrastructure. *Pacific Economic Review*［serial online］. February；21（1）：pp. 102-117. Available from：Business Source Complete, Ipswich, MA. Accessed February 21, 2018.

② Gravier, M.J.（2018）. Customs & Regulations Update：10 observations on the "digital trade transformation". *Logistics Management*. 57, 1, pp. 36-39, Jan. 2018.

③ Cortés, C. E.（marzo de 2006）. La fluidez de la información en la era digital. *Revista Latinoamericana de Comunicación CHASQUI*（093）.

部的明显差异，在当今社会是通过服务交易的方式体现出来的。对于那些贫困地区而言，几乎无法获得类似服务。近年来，在拉美这种差距正在不断扩大，这表明需要加强拉美国家之间的联系，特别是中美洲和南美洲的联系。

（三）中小微企业和区域经济

经济分布与区域经济的整合密切相关。在拉美，中小微企业受到不承认民族小工业重要性的排斥性政策的影响；即使这类企业所生产的产品（多数是家庭作坊式的）被其他不同来源的产品替代，很多时候也必须到国外去寻找新的机会。从这个意义上讲，在对外贸易中扶持区域经济，也就是对中小微企业的直接支持，是保证所有社会参与者生活质量的重要因素。如果中小微企业成为国际贸易的积极参与者，将实现两个目标：更好的收入分配，创造就业且创业者能够参与利润分配；促进区域平衡，因为中小微企业往往是最偏远和最脆弱地区的经济支柱。[1]

为了响应推动中小微企业发展的号召，各国际组织已经对它们进行政策倾斜，例如拉美经济体系（SELA）和经济合作与发展组织于 2017 年 11 月签署了《技术和体制合作协定》。该协定提出"实施旨在促进拉美和加勒比可持续和包容性经济增长的联合项目"[2]。另外，还提出了一个监测公共政策实施的专项合作计划，主要目的是监督那些旨在推进和支持中小微企业的公共政策的落实。从这个意义上说，它有助于对不同国家的监测结果进行比较分析，并且利于在其成员国中提供反馈意见。

同样，拉美经济体系与南方共同市场（MERCOSUR）秘书处在 2017 年 11 月组织召开了"生产一体化和战略联盟区域会议"。召开本次区域会议

---

[1] Zottele, E., & Wei, Q.（octubre-marzo de 2017）. La Franja y la Ruta：Oportunidad para América Latina y búsqueda de un desarrollo sostenible. *Orientando*, 1（13）, pp. 45-80.

[2] SELA（15 de noviembre de 2017）. *Sistema Económico Latinoamericano y del Caribe*. Obtenido de SELA. http://www.sela.org/es/prensa/notas-de-prensa/2017/11/sela-y-mercosur/.

的目的是"制定和传播促进中小企业商业推广的最佳战略"①。专家们强调需要将上述相关因素与这些公司联系起来，从而为中小微企业设定新的贸易目标以建立良性合作网络。专家们也提议让属于这一范畴的所有地区和相关产业参与到最新的贸易机会中，以此促进经济发展。

因此，中国为拉美小企业家提供了机会，可以拓宽企业市场和销售范围。在这项提议中，中国公司也拥有很大优势，因为它们可以增加进出口量并拓宽商业渠道。

五、中小微企业：中拉贸易议程的缺席角色

国际贸易是经济增长的杠杆，同时对人民而言，经济增长又是发展的动力。2000年—2013年，中拉贸易额增加了22倍。根据联合国拉加经委会在"中国—拉美和加勒比国家共同体论坛第二届部长级会议"期间公布的一份文件显示，2017年中拉贸易额达到2660亿美元。《探索拉美和加勒比地区与中国合作的新空间》②回顾了自2015年在北京举行第一届中国—拉美和加勒比国家共同体论坛以来双方的合作历程。在这次会议上，双方通过了《中国与拉美和加勒比国家合作规划（2015—2019）》，该规划设定了到2025年双方贸易额达到5000亿美元的目标。③

拉美向中国提供了大量原材料，中国也向拉美地区输出各种产品，其中许多产品技术含量较高。然而，就交流和参与者的角度而言，这种关系可能会带来一些问题，例如中拉双方支付平衡的巨大差异以及对不同民生产业的

---

① SELA（15 de noviembre de 2017）. *Sistema Econónomico Latinoamericano y del Caribe*. Obtenido de SELA：http://www.sela.org/es/prensa/notas-de-prensa/2017/11/sela-y-ocde/.

② CEPAL, *Explorando Nuevos Espacios de Cooperación entre América Latina y el Caribe y China*. Santiago de Chile：Naciones Unidas，2018.

③ *La República*（*Ecuador*）.（21 de marzo de 2018）. Comercio entre China y Latinoamérica se multiplicó por 22 entre 2000 y 2013.

参与度低，这也影响到了中国在拉美的积极形象。

根据联合国拉加经委会执行秘书阿莉西亚·巴尔塞纳的说法，截至 2017年，拉美对华出口只有 5 种基础产品：大豆、铁矿石、铜矿石、精炼铜和石油，占总出口量的 70％。因此，中拉双方应该寻找一种新的贸易模式，进行联合生产：中国向拉美出口更多有附加值的产品，同时拉美公司也应注重提高商品的附加值。

如佩拉萨所示，中国坚守了与其他发展中国家共同进步的承诺，并提出了亚洲基础设施投资银行和"新丝绸之路"（Nueva Ruta de la Seda）的倡议，试图创建亚洲新秩序。[①] 但中国并未止步于此，由于其全球影响力水平，中国也十分重视南南合作。

为使更多企业加入到贸易中来，中拉间的这种新贸易方式是非常重要的，而且也使双方在贸易差额和交流方面更加趋于平衡。同样，双方政府也表示，他们的目标是建立新的战略伙伴关系，并重新调整合作模式。因为过去几十年中，中国在拉美的注资形式集中于获取必需的原材料以生产在世界范围内售卖的部分商品。[②]

六、"一带一路"倡议和拉美

"一带一路"是一个对拉美具有特殊意义的倡议，旨在促进中国企业与沿线国家的经贸往来。这一倡议共包含两条主要路线：陆路（连接伊朗、土耳其和俄罗斯），及海路（连接欧洲、亚洲、非洲和拉美）。

此外，该倡议还鼓励中小微企业多参与国际市场，以生成服务和社会财产。其中包括建设互联互通的货运道路，提高海关系统的透明度，建立连接该区域所有道路的多式联运，改善港口基础设施、机场设施，推进跨境能源

① Peraza, F.（2018）China y América Latina：una alianza con futuro. *Diario Gramma*.

② Peraza, F.（2018）China y América Latina：una alianza con futuro. *Diario Gramma*.

网络和光纤网络的密集化，即建设信息丝绸之路。[①]

从这个意义上说，"新丝绸之路"是搭建旨在促进经济发展、改善基础设施及工业水平的国家之间的重要国际合作机制。

（一）主要提议

中国政府带头先后筹建了丝路基金（2014）和亚洲基础设施投资银行（2015），为"一带一路"倡议提供金融支持。[②]2017年5月，随着"一带一路"国际合作高峰论坛的组织召开，习近平主席对这一举措做出如下讲话：

> 我们要建立多层次人文合作机制，搭建更多合作平台，开辟更多合作渠道。要推动教育合作，扩大互派留学生规模，提升合作办学水平。要发挥智库作用，建设好智库联盟和合作网络。在文化、体育、卫生领域，要创新合作模式，推动务实项目。要用好历史文化遗产，联合打造具有丝绸之路特色的旅游产品和遗产保护。我们要加强各国议会、政党、民间组织往来，密切妇女、青年、残疾人等群体交流，促进包容发展。我们也要加强国际反腐合作，让"一带一路"成为廉洁之路。[③]

除了这些建议，习近平主席还指出各国应该尊重彼此主权、尊严、领土完整，尊重彼此发展道路和社会制度，这是合作协同的基石、促进全球经济开放的保障。根据这些原则，该倡议提议在多个方面进行交流合作，其中最

[①] Zottele, A., Li Y., & Santiago M.（2017）. Anexo I. En Z. A., L. Y., & S. M., *Las Pymes mexicanas y chinas ante el crecimiento acelerado de las relaciones económicas entre ambas naciones*. México：Universidad Veracruzana.

[②] Zottele, A., Li Y., & Santiago M.（2017）. Anexo I. En Z. A., L. Y., & S. M., *Las Pymes mexicanas y chinas ante el crecimiento acelerado de las relaciones económicas entre ambas naciones*. México：Universidad Veracruzana.

[③] "Work Together to Build the Silk Road Economic Belt and The 21st Century Maritime Silk Road", Speech by H.E. Xi Jinping, at the Opening Ceremony of The Belt and Road Forum for International Cooperations. 14 May 2017. http://www.xinhuanet.com/english/2017-05/14/c_136282982.htm.

重要的是与教育相关的交流，因此，将会涉及多个文化方面的合作计划。

在科技创新方面，"一带一路"倡议提议推动新知识的生产和传播，对相关专业的学生和专家进行培训。这项倡议的另一个突出特点是共同面对外交政策壁垒，因为"它促进消除边界障碍，降低业务成本并提高在欧洲和亚洲沿线运输货物的速度"[①]。

（二）拉美的一体化

在"一带一路"国际合作高峰论坛上，拉美在该倡议中的作用并没有被明确提及。尽管如此，拉美一些国家的领导人（如智利和阿根廷）表示出对加入该倡议的浓厚兴趣，借以加强与中国的合作。

参考中拉合作历史渊源和目前双方强劲的经贸、文化合作势头，将拉美和加勒比地区纳入"一带一路"倡议是可行的。"一带一路"本质上是一个国际合作的倡议，没有划定明确的地理界限，它向所有志同道合的国家和地区开放。

与此同时，参加该倡议的拉美国家详细说明了每个国家的需求。比如智利"认为中国对发展其联通性和基础设施网络具有重要作用"[②]。智利分析了拟通过大西洋将中国与南美洲的一些关键点连接起来的越洋航线。在这方面，根据设计和实施过程中提出的意见以及相关各方的态度，该地区的作用会有所不同。

另一方面，一条通过太平洋墨西哥港口将中国与墨西哥连接起来的航线已经被构想出来，这一提议是历史上"中国船"的自然延续，通过阿卡普尔科港将中国、亚洲其他地区与欧洲、美洲大片地区的产品和文化联系起来。

---

① Zottele, A., Li Y., & Santiago M.（2017）. Anexo I. En Z. A., L. Y., & S. M., *Las Pymes mexicanas y chinas ante el crecimiento acelerado de las relaciones económicas entre ambas naciones.* México：Universidad Veracruzana.

② Zottele, A., Li Y., & Santiago M.（2017）. Anexo I. En Z. A., L. Y., & S. M., *Las Pymes mexicanas y chinas ante el crecimiento acelerado de las relaciones económicas entre ambas naciones.* México：Universidad Veracruzana.

（三）"一带一路"和中小微企业

2017 年年初，中国国家开发银行同意向阿根廷投资外贸银行提供 1.5 亿美元，以资助阿根廷中小微企业的发展。这项资金主要是面向中小微企业的信贷和贷款，并为其还贷提供有利条件。此外，资金将用于"多种生产投资项目的融资，如中小企业长期项目、可再生能源、能源基础设施、农产品等等"[1]。这只是中国在世界范围内加强交流、合作的一个例子。

尽管"一带一路"目前尚处于起步阶段，但其初步的成果已在全球范围内引起了轰动。该领域专家表示："在第一阶段，与运输设备、能源和电信部门相关的中小企业可以参与世界各地公司的投标。"[2] 在不远的将来，所有沿线国家的国内生产总值都会快速增长，非常稳健的投资基金体系也将会被建立。

因此，通过增加出口量，拉美将从其行业结构的转变中受益。此外，这些国家将成为全球电子商务网中的一部分，并且能够降低生产成本，提高技术质量。

（四）中小微企业和数字丝绸之路

通过电子商务，中拉的中小微企业可直接销售其产品，对双方来说都是一个很好的机会。近年来，这两个地区之间的交流取得了突破性进展。据索特雷和韦倩的看法，"一带一路"包括：建设相互联通的货运运输道路，海关便利化，连接该地区所有公路的多式联运，改善港口基础设施、民用航空运输设施，跨界能源网络的连接，光纤网络的密集化。[3]

---

[1] Telam.（16 de 04 de 2017）. El Banco de Desarrollo de China otorgará US \$150 millones al BICE para financiar inversiones de pymes. *Telam Agencia de Noticias*.

[2] Zottele，A.，Li Y.，& Santiago M.（2017）. Anexo I. En Z. A.，L. Y.，& S. M.，*Las Pymes mexicanas y chinas ante el crecimiento acelerado de las relaciones económicas entre ambas naciones*. México：Universidad Veracruzana.

[3] Zottele，E.，& Wei，Q.（octubre-marzo de 2017）. La Franja y la Ruta：Oportunidad para América Latina y búsqueda de un desarrollo sostenible. *Orientando*，*1*（13），pp. 45-80.

中国社会科学院拉丁美洲研究所郭存海认为，虽然从短期来看，中国与拉美的跨境电子商务发展对商业价值总量没有多大贡献，但从长远来看，前景非常光明。除此之外，它还将在调整现有产业结构不平衡性方面发挥作用，并将惠及双方的中小企业，使它们享受更多全球化带来的好处。[①]

在这一方面，中国政府坚持平等互利的原则，"丝绸之路"和"数字丝绸之路"将为中国的电信公司提供进入新市场的渠道，改善中亚、东南亚和非洲国家的基础设施和服务，体现出这一倡议为双方带来了"互惠互利"。[②]

在另一方面，拉美多国政府和阿里巴巴集团举行会晤并且签订了多项合作协议，强调了拉美中小微企业发展电子商务的重要性。2017 年 9 月，墨西哥总统恩里克·培尼亚·涅托参观了位于杭州的阿里巴巴集团总部，并与该公司创始人兼首席执行官马云共同见证了一份谅解备忘录的签署。这一活动表明阿里巴巴进入拉美市场，这将改变拉美未来 10 年的面貌，并对中拉贸易的未来产生革命性影响。[③]

拉美发展电子商务的挑战之一就是缺乏基础设施，有时陈旧的基础设施和通信设备会阻碍区域经济和中小微企业的扩大。从这个意义上说，"数字丝绸之路"应该加强如港口、道路、铁路等基础设施的建设。

从拉美的角度出发，拉美被认为是"21 世纪海上丝绸之路的自然延伸"，阿里巴巴已经将拉美纳入其长期发展规划的布局之中，并打算对该地区进行长期投资。正如马云所说："我们希望通过 10 年的努力，推动贸易的增长和文化的交流。"[④] 通过这种方式，拉美中小微企业可以进入国际贸易市场，接触更广阔的市场，拓宽与中国贸易的合作领域。

---

① Guo, C.（11 de diciembre de 2017）. La revolución del comercio sino-latinoamericano. *Foro China CELAC.*

② Wenyuan, W.（2017）. China's "Digital Silk Road": Pitfalls Among High Hopes. *The Diplomat.*

③ Guo, C.（11 de diciembre de 2017）. La revolución del comercio sino-latinoamericano. *Foro China CELAC.*

④ Guo, C.（11 de diciembre de 2017）. La revolución del comercio sino-latinoamericano. *Foro China CELAC.*

（五）挑战和问题

将拉美纳入"一带一路"倡议所带来的巨大挑战之一在于中拉文化的差异。文化交流所产生的协同作用旨在为所有沿线国家创造效益，特别是在资本分配、劳动收入增长和市场扩大方面。

根据这一目标，"一带一路"倡议是一条和平之路，各国尊重彼此主权和核心利益。[①] 这揭示了拉美加入"新丝绸之路"的可行性。

从这个意义上讲，我们有必要回顾中拉之前合作的历史经验和教训：一是一些拉美贸易国际化目标未能实现，二是拉美政府频繁的领导权更换。这种不稳定性影响了其市场平稳发展，导致外国直接投资减少。

另外，由于以美国为主的西方报道歪曲了中国的国家形象，中国和拉美之间仍无法建立高度互信。因此，双方在商业和经济交流等领域受到间接影响，压缩了中拉的合作空间。

（六）经验分享

唐纳德·特朗普当选美国总统后，拉美受到了直接影响，很多经济政策都变成了一纸空文。最引人注目的变化之一是对北美自由贸易协定的重新谈判。北美自由贸易协定拟对墨西哥制造的产品提高关税。除此之外，来自拉美的移民潮引发的边界冲突也是一个突出问题。

这些挑战影响了拉美国家，而拉美国家对美国经济高度关切。鉴于拉美和美国关系的新变化，一些受影响的国家现在正在寻求机会与中国达成贸易协定。一些拉美国家已经与中国签订了自由贸易协定，例如智利（2006）、秘鲁（2010）和哥斯达黎加（2011）等。中国与这 3 个拉美国家签订自由贸易协定意味着双边合作的扩大，但这并不仅限于进入对方市场便利化或货

---

① Zottele, E., & Wei, Q.（octubre-marzo de 2017）. La Franja y la Ruta：Oportunidad para América Latina y búsqueda de un desarrollo sostenible. *Orientando*, *1*（13）, pp. 45-80.

运多样化，而是增加贸易互动和新的生产形式。①

目前中国已与 22 个国家和地区签署了 14 个自贸协定。这些协定的主要目标是自愿签订互利互惠的协议，实现区域经济一体化，消除经济发展的障碍（见图一）。

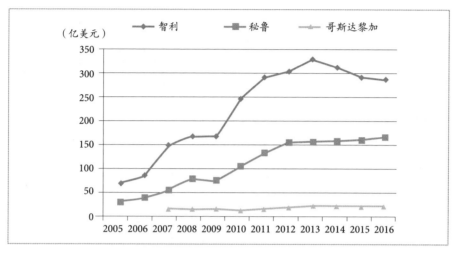

图一　中国与拉美签订自贸协定国家双边贸易额（2005—2016）

〔资料来源：Zottele, E., & Wei, Q.（octubre-marzo de 2017）. La Franja y la Ruta: Oportunidad para América Latina y búsqueda de un desarrollo sostenible. *Orientando*, *1*（13）, pp. 45-80）〕

七、结论

中小微企业是改善国家经济生活和增进人民福祉之间的纽带，不仅因为这些公司提供了大量的就业机会，还因为它们是区域经济的基础，减轻了大城市的人口压力，避免了因大量人口涌向大城市而产生的边缘化和贫困现象。

---

① 《财经观察：中拉贸易调整中保持稳定发展势头》，新华网，2017 年 2 月 18 日，http://www.xinhuanet.com/2017-02/18/c_1120488968.htm，访问日期：2018 年 7 月 4 日。

　　一方面，包括农牧业在内的中小微企业减轻了拉美因缺乏就业机会而造成的严重影响，它们为印第安人、妇女和弱势群体提供了就业机会。另一方面，标志拉美增长率的经济走向一直是判断就业机会多少的决定性因素。因此急需加强对技术创新的投资，并且避免因为国家的快速增长而造成贫富差距。这种技术平衡方面的挑战在中小微企业中非常明显，因为拉美的大型公司技术更为先进，且它们多为跨国公司。

　　从这个意义上说，中国的"一带一路"倡议能够提供必要的基础设施和互联性，从而缩小国家和公司之间的数字鸿沟。在某种程度上，这些具体的计划能够满足竞争力的需求并能够提高参与其中的民众的收入。

　　"一带一路"倡议在拉美具有很好的前景，因此中拉双方必须共同努力，使与教育、医疗和住房相关的产业成为共同合作的重点，同时兼顾小型公司的技术创新条件。通过这种方式，这一举措可以改善人们的生活质量，不仅实现经济增长，而且促进生产部门的整合，为历史上在拉美各国处于边缘化的行业提供更多机会。

　　因此，拉美应加强政策规划来充分利用金砖国家新开发银行和亚洲基础设施投资银行提供的融资机会。此外，通过利用电子商务带来的贸易多元化这一优势，在"数字丝绸之路"的挑战中，这些中小微企业的贸易额将有可能急剧增长。同时也要考虑与之配套的基础设施，这些基础设施有可能在较长时期内为经贸合作提供保障。将中小微企业纳入"一带一路"倡议不仅将成为提高沿线国家生活质量指数的转折点，而且还有助于"一带一路"倡议的可持续发展。

　　最后，这一倡议所提出的双赢理念不应该只关注国家层面的双赢，还要关注各国社会整体层面的双赢。以这种态度，无论拉美各国政府的政策如何变化，这一倡议也可以成为若干拉美国家政策的一部分。

后　记

　　行文至此，已是万千言语不知笔落何处。或许，接下来什么都无须做，什么都无须说，而只需等待，待那化茧成蝶的美丽时刻。

　　然而，眼见一个一时"冲动"的虚幻构想即将变成一本可触可见的现实著作，我的内心还是禁不住怦怦直跳，就像 10 年前我的女儿即将出生的那一刻：既激动又惶恐。

　　激动，是使命即达的成就感。

　　2017 年 6 月，即"一带一路"国际合作高峰论坛落幕后半个月，中拉青年学术共同体（CECLA）开始关注并试图构划"一带一路和拉丁美洲"的研究。这个想法的初始动力源于习近平主席会见阿根廷总统马克里时的一番话，即"拉美是 21 世纪海上丝绸之路的自然延伸"。而根本动力却源于中拉青年学术共同体责任在肩的使命感。"一带一路"国际合作高峰论坛的成功举办引起了拉美政界、学界，乃至普通公众的浓厚兴趣和热切关注。然而对"一带一路"是什么？"一带一路"跟拉美有何关系？"一带一路"将怎么开展合作？这些基本问题，很多拉美朋友都并不非常清楚。甚至有拉美朋友以为"一带一路"是一个服装品牌——或许是因其全称藏有"丝绸"二字之故。拉美对"一带一路"的浓厚兴趣和对"一带一路"严重缺乏了解形成了强烈反差，这让以增进中拉相互理解为宗旨的中拉青年学术共同体顿生一种"舍我其谁"的使命感。

　　我们的想法引起了战略合作伙伴——中国外文局朝华出版社的强烈共鸣。中国外文局素以"向世界说明中国"为根本宗旨，旗下的朝华出版社则致力于以打造对拉美地区的传播为其基本特色。我们双方一拍即合，决定共同构划并申报国家出版基金。8个月之后，2018年度国家出版基金拟资助项目名单公布，我们申报的这本《"一带一路"和拉丁美洲：新机遇与新挑战》赫然在列，这也是当年唯一一本关于拉美主题的、获得出版资助的图书。

惶恐，是等待读者检阅的紧张感。

尽管中国从2013年首次提出"一带一路"倡议至今已5年，但对世界而言，这仍然是一个新兴话题，对拉美而言更甚。向拉美地区解释"一带一路"倡议是什么以及"一带一路"倡议同拉美的关系，是我们组织撰写本书的基本目标，无疑也是一种巨大的挑战。

因此，从本质上来说，这本书是围绕"一带一路"倡议如何对接拉美而进行的一种探索、一种尝试，其中难免存在一些瑕疵，甚或引发争议。但我想这些都不重要，重要的是本书的呈现至少为这一话题提供了一个辩论的基础。我想这或许是本书更具价值和意义的所在。

我想，无论激动还是惶恐，这种情绪非我独有，因为这种探索性的努力结果是集体智慧的结晶。

首先，要感谢中拉青年学术共同体的关键参与者。从策划到组稿到翻译，乃至编辑和出版全过程，安薪竹、金晓文、楼宇、万戴等骨干成员都参与其中，贡献甚巨。可以说，没有他们的拉美情怀和敏锐触角，就没有勾画本书的原动力。

其次，要感谢我们的合作伙伴——朝华出版社。汪涛社长一直关注、支持和指导本书的策划和出版；副总编辑黄鲁和编辑吴红敏则是本书全过程的见证者、参与者和贡献者。他们的职业态度和敬业精神为本书的出版提供了强有力的保障。

当然，我们不会忘记一直支持我们的那些可爱的译者：张超（序一），郭煜坤（序二），许硕、郭晓娜（第二章），薛晓涵（第八章），郭晓娜（第九章），郭煜坤（第十章），苑雨舒（第十一章），贾诗慧（第十二章）和韦倩（第十三章）。他们认真负责的态度让我们得以畅快领略拉美学者"一带一路"的声音。

再次，我们要特别感谢巴拿马海事部部长豪尔赫·巴拉卡特·皮蒂（Jorge Barakat Pitty）先生和阿根廷驻中国大使盖铁戈（Diego Ramiro Guelar）先生慷慨为本书作序。皮蒂部长对"巴拿马完全可以成为 21 世纪海上丝绸之路向拉美自然延伸的重要承接地"非常认同，对我们邀其作序的请求，欣然应允。盖铁戈大使是阿根廷参与共建"一带一路"的热情推动者，本书策划伊始，他就给予了全力支持。

最后，我们还要将特别的感谢献给长期支持中国拉美研究新一代成长的学术前辈：中国拉丁美洲学会副会长兼秘书长袁东振研究员、中国现代国际关系研究院拉丁美洲研究所所长吴洪英研究员、中国社会科学院拉丁美洲研究所张凡研究员。没有他们的肯定和推荐意见，本书就无缘国家出版基金，更不可能有本书的呈现。

此外，我们同样期待、感谢本书的读者。你们的任何意见、建议或批评，都将是我们努力前行的动力。

郭存海

中拉青年学术共同体联合发起人兼负责人

2018 年 8 月 2 日于北京